Hans Kreis

Lebenskrisen als Chance zum Neubeginn

Entdecken Sie die Kraft, die in der Veränderung steckt

Knaur MensSana

Besuchen Sie uns im Internet: www.droemer-knaur.de
Alle Titel aus dem Bereich MensSana finden Sie im Internet
unter www.knaur-mens-sana.de

Vollständige Taschenbuchausgabe November 2006

Ein Unternehmen der Droemerschen Verlagsanstalt
Th. Knaur Nachf. GmbH & Co. KG, München.

Umschlaggestaltung: ZERO Werbeagentur, München
Umschlagabbildung: Getty Images
Druck und Bindung: GGP Media GmbH, Pößneck
Printed in Germany
ISBN-13: 978-3-426-87313-7
ISBN-10: 3-426-87313-3

2 4 5 3 1

Inhalt

Einführung

In der schwersten Krise, im härtesten Verlust und in der schmerzlichsten Trennung bleibt Ihnen immer noch die Wahl: in der Lebenskrise zu verharren oder diese als Chance zu begreifen, an der Sie wachsen können. Sie sehen vielleicht keinen Weg mehr oder können sich vor lauter Wegen für keinen entscheiden – dieses Buch zeigt Ihnen, wie Sie sich Ihrer eigenen Verantwortung bewusst werden und mit dieser klug umgehen können, damit Sie einen Weg gehen können, der Ihrem Wesen gemäß ist. Erst dann entwickeln Sie sich hin zu Ihrer Bestimmung, weil Sie herausfinden, was Sie wirklich wollen. Die Kraft, die Sie auf diesem Weg brauchen, finden Sie in sich selbst.
Dieses Buch wird Ihnen den Weg zu Ihrer Bestimmung weisen und Ihnen dabei helfen, die Krise als etwas Erlösendes verstehen zu lernen. Dabei werden sich Ihre seelischen Wunden zu Leuchttürmen in Ihrem Unbewussten wandeln. Ihnen wird mit einem Mal klar werden, warum Sie immer an den Falschen geraten, warum so vieles schief gelaufen ist, warum das, was Sie anfingen, immer zum Scheitern verurteilt war. Wer sich noch an überholte Lebensmuster klammert, hat keine freien Ressourcen, um neue Strategien zu erfinden.
Wenn Sie sich mit Ihren Wunden beschäftigen, gerade mit denen, die schon lange zurückliegen, werden Sie entdecken, dass diese für Ihre Lebensdramaturgie bestimmend waren. Sie zu interpretieren führt zur Ursache der Krise.

Ihr Mut, diese Wunden zu berühren, sie zu betrachten und zu befragen, wird Sie mit der Erkenntnis belohnen, was Sie in Ihrem Leben verändern können und was Ihre wahre Aufgabe ist. Ihre Verletzungen zeigen, wo Sie bisher von Ihrem eigentlichen Wesen getrennt waren. Oft haben Sie Ihr Handeln an den Erwartungen anderer orientiert, haben nicht das gemacht, was Sie wirklich wollten, und sind so immer wieder in die gleiche oder ähnliche unbefriedigende Lebenssituation geraten.

Führer in ein neues Leben

Alte Wunden werden zu Führern in ein neues Leben. Sie zu akzeptieren, sich um sie zu kümmern, ja sie sogar zu wirklichen Freunden zu machen führt dazu, dass Sie sich befreien - von Zwängen, Angst, Unsicherheit und übersteigerter Eigenliebe. Und Sie haben die Chance, aus dem Kreislauf von Enttäuschung und Selbstmitleid herauszutreten. Mit diesem Buch werden Sie von Kapitel zu Kapitel ein größerer Experte in Sachen Wunden und Krisen. Sie werden andere Menschen und sich selbst besser verstehen, weil Sie sich eine neue Sichtweise zu Eigen gemacht haben. Fortan wird Sie ein grundtiefes Verständnis im Umgang mit Wunden bei sich und anderen leiten.

Getragen wird dieses Verständnis von der Gewissheit, dass wir alle unsere Wunden heilen und in einen Nährboden für Neues verwandeln können. Doch wir haben zunächst Angst davor, dieses Neue zu wagen. Wir halten lieber an alten Mustern, Gewohnheiten und Beziehungen fest, die immer wieder in die gleiche missliche Lage und in das gleiche Leid führen. Aber langsam wird der Wunsch, am Bekannten und Sicheren festzuhalten, der Sehnsucht nach Freiheit weichen. Dann ist es Zeit, dass wir uns von den

falschen Führern, den trügerischen Zielen und den Lebenslügen trennen, die uns immer neue Wunden zufügen und im Leid verhaften lassen.
Den Weg der Heilung, den wir in diesem Buch gemeinsam gehen wollen, gab es schon immer. Generationen von Menschen haben ihn vor uns beschritten. Wir können aus diesem jahrtausendealten Wissen der Menschheit so viel schöpfen, wie wir möchten. Manchmal liegt es uns aber nur verschlüsselt vor, wie etwa in unseren Träumen. Wir müssen dann lernen, diese Sprache wieder zu entschlüsseln. Ein Lernprozess, der sich lohnt, weil dann aus jeder Krise etwas Positives erwachsen kann.

Warum müssen die einen unter bestimmten Situationen leiden, die anderen aber nicht? Die Ankündigung des Arbeitgebers, Stellen zu streichen, löst bei dem einen Existenzangst aus, wohingegen ein Kollege lapidar feststellt: »Dann suche ich mir etwas anderes.« Natürlich weiß auch er, dass es nicht leicht sein wird, wieder Arbeit zu finden. Auch er ist getroffen, doch er hat eine Strategie parat, einen Plan, der ihn aus der Schwierigkeit herausführen könnte. Sich seiner selbst bewusst wird er die Kündigung als Chance ansehen und sich selbstständig machen. Bei seinem Gegenüber jedoch reißt dasselbe Ereignis eine Wunde, vielleicht aufgrund einer alten Erinnerung, die in einer Krise endet: Eine tiefe Angst lähmt ihn. Er sieht sein Leben zerstört, sich in Armut und Bedeutungslosigkeit abdriften, eine Zukunft ist ihm unvorstellbar. Denn er fühlt sich wertlos.
Dieses eben ausgeführte Beispiel zeigt, dass ein Ereignis an sich nicht zwangsläufig zu einer Krise führt. Erst wenn ich mit keiner meiner bisherigen Lösungsstrategien auf dieses Ereignis eine Antwort geben kann, kann es zu einer Krise kommen.

Der Kollege, der eben noch souverän war, als er von seiner Kündigung erfuhr, ist auf der anderen Seite unsicher und ängstlich, wenn es um seine Gesundheit geht. Jede seiner Reisen plant er minutiös, dass er notfalls so schnell wie möglich ärztliche Hilfe bekommen kann. Denn die kleinste Unpässlichkeit deutet er als Vorboten einer schweren Krankheit.

So verschieden die Menschen sind, so verschieden sind auch die Anlässe, die zu einer Krise führen: etwas Schwerwiegendes wie der Tod eines Menschen, eine Krankheit, ein Verrat, eine Trennung oder etwas scheinbar Banales. Es gibt immer zwei Möglichkeiten, auf schwierige Situationen zu reagieren. Entweder wir geraten in Panik, weil wir uns überfordert und ohnmächtig fühlen – dann bringen wir gar nichts mehr zustande. Wir können aber auch mit einem klugen Krisenmanagement auf die neue Situation reagieren, indem wir versuchen das Rechte zu tun und die Wunde in uns zu erlösen. Diese Methode lässt uns reifen, sie macht uns stark, sodass wir mit ähnlichen Situationen immer gelassener umgehen werden.

Wunden, nur fälschlicherweise »Schwachstellen« genannt, haben ihre Geschichte, an deren oft weit zurückliegendem Ursprung die Medizin für ihre Heilung liegt. Irgendwann im Laufe unseres Lebens antworteten wir oder ein anderer für uns auf ein bestimmtes Problem mit einer ganz bestimmten Lösung. Meist passierte dies unbewusst. Was sich aus Mangel an Zeit, Alternativen oder Urteilsfähigkeit einst als richtig erwiesen hat, ist später oft die Quelle für Ängste, Zwänge und Schuldgefühle. Ohne es uns jemals bewusst zu machen, haben wir seit dieser Zeit immer auf dieselbe Weise reagiert und von Wahlmöglichkeiten keinen Gebrauch gemacht. Die Wunden, die so entstanden sind, lassen sich nicht mehr ungeschehen machen. Aber wir können sie ansehen, sie akzeptieren und neue Einsichten gewinnen, die uns andere Strategien bieten als die, deren unbewusste Anwendung unweigerlich in der Krise geendet hat. So können wir kompetenter und souveräner mit Wunden umgehen. Das vorliegende Buch hilft dabei und trägt mit neuen Einsichten zur Heilung bei.

Damit nicht alles Wissen nur graue Theorie bleibt, sondern auch Anwendung in Ihrem Leben findet, habe ich eine Vielzahl von *Heilsamen Übungen* aus meiner Praxis zusammengestellt, die allesamt leicht durchzuführen sind.

Lesen Sie das Buch nicht nur mit den Augen, sondern mit dem Herzen. Lassen Sie sich berühren. Denn nur wo Sie berührt werden, ist Heilung möglich.

Von der Verwundung zur Krise

Der Schmerz, den wir fühlen, wenn das Alte zerstört und das Neue geboren wird, zeigt, wo wir nachreifen müssen.

Was für ein Leben wäre möglich, wenn wir nicht verwundet wären? Wenn wir nicht verlassen worden wären? Wenn wir die große Liebe finden würden? Wenn wir all unsere Chancen genutzt hätten? Wenn wir einen anderen Beruf oder einen anderen Partner gewählt hätten?
Endlos lange lässt sich diese Liste fortsetzen, derart groß ist die Zahl der Verwundungen, deren Schmerzen uns daran hindern, so zu leben, wie wir es uns wünschen. Die Zeichen, die auf versteckte Ängste, heimliche Sehnsüchte und unterdrückte Wünsche hinweisen, offenbaren sich einem aufmerksamen Beobachter in vielfacher Weise: Ein Rücken zeichnet sich gekrümmt unter den Kleidern ab, ein Mund drückt seine Freude mit einem einseitigen Lachen aus, ein Brustkorb ist wie ein Segel aufgebläht, die Knie sind durchgedrückt, die starre Haltung gleicht der einer Statue. Auch wer genau zuhört, stößt auf untrügliche Zeichen: Warum sprechen die einen so ängstlich, so leise, während die anderen mit ihren gescheiten Reden und dem harten Klang ihrer Worte einen Widerspruch so schwer machen? Dort tritt jemand forsch auf, ein anderer hält indes seine Hände meist verschränkt. Auf welche Verwundungen weisen all diese Zeichen hin? Was müsste sich bei diesen Leu-

ten ändern? Und wie sähe jemand aus, der geheilt worden ist? Lassen Sie uns zusammen durch die Straßen der Stadt schlendern und Menschen beobachten.

Dort sitzen zwei Freundinnen zusammen, eine redet, die andere weint. Der Mann, dem sie zwei Kinder schenkte, betrügt sie seit langem, jetzt hat er sie verlassen. Gerade wenn die ersten Falten sichtbar werden, ist sie allein. Was muss alles geschehen, bis Wunden heilen, die eine verratene Liebe gerissen hat?
Der Mann, der uns hier mit gesenktem Haupt entgegenkommt, hatte einen Termin beim Personalchef. Stets war es in seinem Beruf aufwärts gegangen, doch jetzt, mit 54 Jahren, hieß es, er werde nicht mehr gebraucht. Wenige Stunden zuvor hatte er sich noch auf sein erstes Weihnachtsfest in den eigenen vier Wänden gefreut. Vor der vielen Arbeit und den Überstunden, um die Schulden zu bezahlen, hatte er sich nicht so sehr gefürchtet wie vor der Arbeitslosigkeit. Gibt es Heilung für Wunden, die eine Kündigung reißt?
Dort drüben auf dem Friedhof spielt sich eine alltägliche Szene von tiefer Traurigkeit ab. Eine Frau sucht nach Händen, an denen sie sich festhalten kann, während der Sarg für immer ins Grab gleitet. Sie greift ins Leere. Niemand ist da, der in der Verzweiflung hilft. Wo der Tod so tiefe Wunden schlägt, kann dort das Leben noch etwas heilen?
Hören Sie, wie jenes kleine Kind weinen muss? Seine Mutter hat es wütend nach oben in die leere Wohnung geschickt, weil es den Möbelpackern ständig im Weg gestanden hatte. Aber nirgends kann es sich mehr hinsetzen, alles ist ausgeräumt, alles Vertraute verschwunden; das Kind hat Angst, denn gleich muss es sein Zuhause für immer verlassen. Was muss alles geschehen, dass eine von Angst verwundete Kinderseele heilt?

Was hätte die traurige Frau da vorne zu erzählen, wenn sie aufhörte zu weinen? Es wäre die Geschichte einer großen Liebe mit einem grausamen Ende. Sie hat Familie, Heimat und Beruf aufgegeben und alles verloren. Sie ist allein. Wie können Wunden heilen, die eine große Enttäuschung riss?

Herausforderung und Chance

Es ist schwer zu glauben, dass genau diese Wunden für unsere Entwicklung notwendig sind. Sie rühren an unsere Sehnsüchte, und wenn wir uns berühren lassen, weisen sie den Weg zur Heilung. Mir begegnen oft Menschen, deren Not so groß ist, dass man sich fragt, wie sie diese aushalten. Doch dann kommt der Tag, an dem sie verändert vor mir stehen: Psychisch gewachsen und menschlich gereift strahlen sie wieder Zuversicht und Lebenswillen aus. Wie schafft ein Mensch nach all dem Leid solch eine positive Wandlung?

Wir wollen diese leidenden Menschen auf eine Reise in eine Zeit schicken, in der es ihre Verwundungen noch nicht gab. Aus meiner täglichen Arbeit weiß ich, wie die Gesichtszüge plötzlich freundlicher werden und die Augen heller glänzen, wenn ich etwa Menschen im Scheidungsstreit nach ihrer ersten tiefen Begegnung frage, wenn ich sie an ihre ersten zärtlichen Berührungen erinnere. Das Ende der Reise in die Vergangenheit markiert meist ein tiefer Seufzer. Denn wie lernt ein Mensch wieder lieben, dessen Liebe verraten wurde? Wie lernt ein Kind wieder lachen, das bitter enttäuscht wurde? Wie kommt wieder Sinn in das Leben, wenn alles sinnlos erscheint? Wie entsteht wieder Vertrauen, wenn die Angst regiert? Wie keimt wieder Hoffnung, wenn der Tod alles zerstörte? Wie lernen

wir wieder »Ja« zu sagen, wenn »Nein« jede Entwicklung blockiert?
Erstaunlicherweise haben wir alle die Antworten auf unsere offenen Lebensfragen in uns, wie einen geheimen Fahrplan zu unserem persönlichen Glück. Wir wissen mehr, was zur Heilung notwendig und Not wendend ist, als wir uns selbst in unserem Leid zugestehen und zutrauen. Oft bedarf es nur einer einzigen Person, die den Schleier des Schmerzes von den Augen der Betroffenen reißt und den Blick auf die eigenen Kräfte und in die heilsame Richtung lenkt.

Krise ist ein bedeutungsschwerer Begriff in unserer Sprache. Wir verwenden ihn ausschließlich negativ besetzt. Wer in einer Krise steckt, ist in Gefahr, hat einen Rückschlag oder eine schwere Krankheit erlitten. Im Hinterkopf schwingt meist mit, dass die Situation hätte vermieden werden können, sodass noch ein strafendes Element deutlich wird, was sich beim Betroffenen in Schuldgefühlen äußert. Das Wort *Krise* stammt übrigens aus dem Altgriechischen, dort bedeutet es *Urteil, Entscheidung, Wahl*, im Chinesischen bedeutet das Schriftzeichen ebenso *Gefahr* wie *Chance*. Die Ambivalenz der Situation hat also sogar in den Sprachen ihren Niederschlag gefunden. Aber Krisen sind keine Strafen, die den Menschen auferlegt werden, sondern sie gehören zu unserem Leben. Manche sagen, sie sind Herausforderung und Chance zugleich. Ich denke, sie sind Sollbruchstellen in unserer Entwicklung, die uns zu der Persönlichkeit reifen lassen, die jedem innewohnt.
Nehmen wir einen Apfelkern, der den Winter unter der Erde verbringt; dunkel und feucht ist es dort, aber auch sicher. Bringen die ersten Sonnenstrahlen die Wärme zurück, geschieht etwas mit dem Apfelkern dort unten, ein

Impuls drängt ihn, dem zu widerstehen Tod bedeutet: Er strebt in Richtung der Sonne. Dieser Wechsel im Bewusstsein, das Verharren unter der Erde gegen das Wachsen tauschen zu wollen, den Mut aufzubringen, die sichere Samenhaut an einer ganz bestimmten Stelle zu sprengen, ist eine Krise im Sinne einer Sollbruchstelle. Ohne diese wäre Leben überhaupt nicht möglich. Von nun an hat dieser Apfelkern die Möglichkeit zu wachsen, oder auch nicht. Die nächste Krise erlebt er beim Austritt aus der Erde oder beim Entwickeln des Stammes, der Blätter und der Blüten. So wird dieses Lebewesen, das einst im feuchten Dunkel lag, unzählige Wandlungen im Laufe der Jahre und Jahreszeiten durchmachen, jede mit einer Krise verbunden, bis hin zur letzten Krise, dem scheinbaren Sterben.

Durch Leid zur Erfüllung

Warum tun wir uns so schwer mit dem Neuen, das werden will? Warum empfinden wir den Zusammenbruch des Alten als etwas Schmerzhaftes, obwohl die Vernunft doch sagt, dass alles vergänglich ist? Liegt der Grund für die – angebliche – Grausamkeit, mit der das Schicksal die Menschen behandelt, in uns selbst, in unserer eigenen Persönlichkeit? Was ist der Sinn von so viel Grausamkeit und so vielen Wunden? Leiden wir vielleicht an mangelnder Ein-Sicht, sodass wir jemand anderen für unser Schicksal verantwortlich machen wollen?

Wenn Sie sich diese Fragen stellen, sind Sie nicht alleine. Solche Themen haben die Menschen zu allen Zeiten bewegt. Schon in den ältesten Mythen finden sich Belege für die Suche nach dem Sinn des menschlichen Leids, die zunächst immer mit Zweifel und Verzweiflung beginnt: Warum gerade ich? Selbst der verratene und ans Kreuz geschlagene Jesus ist über diesen Schmerz nicht erhaben, wenn er fragt: Mein Gott, mein Gott, warum hast du mich verlassen? Liegt die Erlösung für die Kreatur gar im Schmerz verborgen, vor dessen Unerbittlichkeit wir oft kapitulieren? Kann eine andere Einstellung zum Schmerz und zur Wunde vielleicht die Schmerzen lindern und Erlösung bringen?

Nur wer eine Frage stellt, hat die Chance auf eine Antwort: Warum sind Wunden notwendig? Wir brauchen sie für die Entwicklung der eigenen Persönlichkeit auf dem Weg zur Reife. Unsere Seele ist voller kleiner und großer Wunden, die sie im Laufe des Lebens hinnehmen musste. Meist im Rückblick lassen sie sich als Stationen der persönlichen Entwicklung ausmachen, an denen man sich seiner unbekannten Potenziale besonnen hat, die lange im Verborgenen geblieben waren oder von deren Vorhandensein man höchstens geträumt hatte.
Wenn es gelänge, den Blick, mit dem wir diese Verletzungen betrachten, radikal zu ändern, sähen wir, wie wir ebendiese zu unserem Nutzen verwenden können. Welche Möglichkeiten zur Entwicklung seiner Persönlichkeit können in einer Trennung liegen, einem Verlust, einer Enttäuschung, ja sogar in einer schweren Krankheit? Ein erster Schritt besteht darin, die zerstörerische Sichtweise abzulegen, die uns zum bemitleidenswerten Opfer macht: Die Flucht in die Opferrolle verschafft nur scheinbar Hilfe. »Womit habe ich das verdient?« oder »Warum gerade ich?« sind keine Fragen, die einen Weg aus der Situation anbieten, sondern Klagerufe, die in die Hilflosigkeit münden. Die Lösung liegt darin, *trotz* seiner beklagenswerten Lage die vom Schicksal gestellte Aufgabe zu meistern und daraus eine Lehre zu ziehen. So kann eine neue Ehrlichkeit entstehen, die der Frage nach dem Sinn eine erleuchtende Antwort gibt und

die fähig ist, uns für eine Zukunft empfänglich zu machen, die das bereithält, was uns gemäß ist.
Leider bedarf es in vielen Fällen, vielleicht sogar in den meisten, einer schmerzlichen Erfahrung, um das Alte aufzugeben und sich etwas Neuem zuzuwenden, sich eben weiter zu entwickeln. Das folgende Beispiel ist ein geradezu klassischer Fall, der dies verdeutlicht.

Eine Krise kommt nicht plötzlich

Eine Krise kommt nicht plötzlich von heute auf morgen, sie kündigt sich oft langsam an, sodass wir sie anfangs gar nicht wahrhaben wollen. So unscheinbar sind die Anzeichen, dass wir ihnen nicht die angemessene Beachtung schenken. Ich arbeite oft mit Menschen, die sich einreden, sie seien eines Tages aufgewacht und hätten bemerkt, dass es so nicht mehr weitergehen könne. Nach einigen Gesprächen müssen sie aber zugeben, dass ihnen dies schon viel früher hätte auffallen müssen. Doch als ob sie bisher wirklich »geschlafen« hätten, ist es ihnen entgangen.
Solches erlebte auch ein Verkäufer, der mir seinen »Absturz«, wie er es nannte, beschrieb. Wie er so vor mir saß, hätte ihn keiner für einen der Besten seiner Branche gehalten. Damit war es jetzt ja auch vorbei, sein Schicksal hatte ihn zu einem Schatten seiner selbst degradiert. Jahrelang lebte er auf der Überholspur, beruflich wiesen alle Pfeile in Richtung Erfolg, die Karriereleiter erklomm er mühelos. Geldsorgen plagten ihn ebenso wenig wie die Angst vor dem Scheitern. Seine Frau und die beiden Kinder boten einen zusätzlichen Halt. Unter diesen Voraussetzungen erhielt er »die Chance seines Lebens«, ein Ausdruck, dessen tiefe Wahrheit er erst Jahre später begreifen sollte. Das Unternehmen, in dem er beschäftigt war, schick-

te ihn ins Ausland, wo er Pionierarbeit leisten sollte. Wie immer wandte er alle Mühe auf, um ein Mammutprogramm zu bewältigen. Und es sollte ihm wie immer bestens gelingen. Doch danach, nach seiner Rückkehr, trat statt der großen Freude – die »große Leere« ein, wie er mir sagte. Plötzlich sei nichts mehr da gewesen. Über allem schwebte die Frage: »Was mache ich jetzt?« Brach es wirklich so plötzlich auf, wiesen wirklich keine Indizien auf das Kommende hin? Die Spurensuche in der Vergangenheit brachte etliche Kleinigkeiten zutage. Er erinnerte sich, dass seine Kinder sich in den letzten Monaten vor Beendigung der Arbeit darüber beschwert hatten, er würde leichter als sonst zornig werden. Er selbst hatte sich in dieser Zeit häufiger müde und gereizt gefühlt, seinen Zustand aber auf die viele Arbeit geschoben. Erst zwei Jahre später, als er zurückblickte, erkannte er in seiner Verhaltensweise Vorboten seiner schweren Krise.

Es gibt unzählige solcher Irritationen, die uns darauf hinweisen, dass irgendetwas in dem Räderwerk unseres Lebenslaufs nicht mehr passgenau ist, nicht mehr so wie früher funktioniert oder nicht so, wie wir es gerne hätten. Die Abstände, in denen sich die Anzeichen melden, sind anfangs noch groß, deshalb messen wir ihnen keine allzu große Bedeutung bei, oft genug nehmen wir sie nicht einmal bewusst wahr. Aber genau so verläuft die erste Phase einer Krise, manchmal dauert sie Tage oder Wochen, nicht selten sogar Jahre. Zwischendurch kann es Perioden geben, während deren alles wieder so wie gewöhnlich läuft, sodass wir uns zu dem Trugschluss verleiten lassen, alles sei in Ordnung. Aber die Irritationen kehren zurück.

Auch bei dem erfolgreichen Verkäufer kehrten sie zurück, wurden immer häufiger und intensiver und mündeten schließlich in lähmenden Selbstzweifeln. »Ich glaubte, nichts mehr Größeres schaffen zu können«, sagte er mir. Wer so denkt, hat eigentlich keine Ziele mehr, nichts mehr, wofür es sich zu leben lohnt. Eine Zukunft konnte er sich nicht mehr vorstellen, jedenfalls nicht, wenn sie so aussehen sollte, wie seine Gegenwart aussah. In seiner Handlungsfähigkeit wurde er langsam ausgebremst, weil er einfach keinen Sinn mehr in dem fand, was er tat. Die gewaltige Kraft, auf die er hatte bauen können, und seine Lebensfreude, mit der er andere angesteckt hatte, schwanden zusehends. Sogar an sich selbst begann er zu zweifeln und er resignierte, indem er alle seine Leistungen in Zweifel zog. In diesem Stadium merkte er, dass er blockiert war – »Es ging nicht mehr so weiter wie gewohnt!« Mit Sorge hatte seine Familie schon längst die Veränderung registriert. Trotzdem war es irgendwie weitergegangen: Es gab zwar öfter Streit mit seiner Frau, die Kinder zogen sich zurück, aber er wusste diese Symptome nicht zu deuten und versuchte, den gewohnten Gang der Dinge beizubehalten, anstatt etwas zu ändern. Noch mehr Arbeit sollte wieder an alte Erfolge anknüpfen.

Gefangen in den eigenen Gedanken

Dabei war er mit der Zeit ein anderer geworden. Seit einigen Monaten rauchte er wieder, trank ab und zu mehr als er vertrug und vernachlässigte sich und seine Familie. Beruflich klappte immer weniger. Verwöhnt vom Erfolg wie er war, litt er darunter, weil seine Leistungen sich verschlechterten. Aber das war kein Wunder, denn er war rund um die Uhr mit sich selbst beschäftigt. Seine Gedanken drehten sich nur noch im Kreis, oft war es so schlimm, dass Kopfschmerzen ihn quälten, gegen die keine Tabletten halfen. Es schien, als ob er nichts anderes mehr zu denken fähig war. Die immer gleichen Fragen hämmerten in sei-

nem Kopf, Verdrängung half nichts, Ablenkung half nichts, erneute Anstrengung half nichts. Sein Wille war gleichsam ausgeschaltet.
Dieser Mensch war in seinen Handlungen eingeschränkt, seine Spielräume verengten sich. Was konnte er anpacken, welche Pläne sollte er fassen, wo ihn doch stets die gleichen Themen geißelten: die Sinnlosigkeit seines Tuns, die Perspektivlosigkeit seines Strebens und die Ratlosigkeit, was er stattdessen machen sollte? Mitten am Tag wachte er nach langem Nachdenken auf und wunderte sich, wo die Zeit geblieben war. Worüber er eigentlich nachgedacht hatte, hätte er nicht zu konkretisieren gewusst.

In solchen Situationen neigen wir dazu, mit der dunklen Grundstimmung der Seele das ganze Leben zu unterlegen. Freude, Genuss und Entspannung haben dort keinen Platz mehr, wo diese abgrundtiefe Traurigkeit regiert. In diesem Zustand blieb meinem Klienten der geschäftliche Erfolg versagt. Dass er keine Aufträge für seine Firma mehr einholte, bezog er auf seine schlechte Ausstrahlung, was aber nur zum Teil richtig war. Denn zum anderen hatte sich die wirtschaftliche Lage deutlich verschlechtert. Doch selbst wenn es offensichtlich nicht an seiner Person liegen konnte, führte er seine Erfolglosigkeit auf seine innere Öde zurück, denn objektive Urteile über sich konnte er nicht mehr fällen. So zogen ihn auch die ganz alltäglichen Misserfolge immer tiefer hinunter. An allem, was in seinem beruflichen Umfeld misslang, fühlte er sich schuldig. Die Trennung von seiner Familie war nur noch eine Frage der Zeit, aber auch in einer leeren Wohnung hätte er den Grund für all die Geschehnisse nicht nennen können. Eine neue Phase von stechendem Schmerz hatte begonnen. Bis dahin waren fast zwei Jahre vergangen, zwei Jahre Talfahrt, die erst an einem absoluten Tiefpunkt zu Ende waren. Die Diagnose lautete Herzinfarkt. So nahe war er dem Tod noch nie gekommen. Aber er wollte leben.

Plötzlich, und hier hat das Wort seine Richtigkeit, besann er sich seiner Ressourcen. Doch er musste diese inneren Kräfte in die richtige Richtung umlenken. Ansonsten hätten sie sich weiter gegen ihn selbst gerichtet und ihn zugrunde gehen lassen. Bis er erkannte, auf welche Chancen ihn die schwere Krise hingewiesen hatte, war sie tatsächlich eine Gefahr für seine Existenz. Nur weil er die entsprechenden Selbstheilungskräfte mobilisiert hatte, war es nicht zu schweren Folgeschäden gekommen; Suizidgedanken hatte er von Zeit zu Zeit gehegt, zu viel Alkohol getrunken und begonnen, sich, seinen Beruf und seine Kontakte zu vernachlässigen; dies alles hätte ihn isolieren können oder in sozialem Abstieg verbunden mit finanziellem Ruin enden können. Als er viel später an diese schlimmen Tage zurückdachte, sah er sie als »Nullpunkt« an, an dem er neu angefangen hatte. Das Schicksal ließ keinen Selbstbetrug mehr zu, er musste sich die Dinge so anschauen, wie sie waren, auch sich selbst. Vorher hatte er noch die Kraft gehabt, sich an den Lebensentwurf zu klammern, mit dem er gescheitert war.
In großen Krisen sind wir schicksalhaft auf uns selbst zurückgeworfen, es bleiben dann keine Hilfsmittel in Form von Dingen oder Personen mehr, die eine Stütze oder eine Ablenkung bieten können. Erst da, wo die Zerstörung ihren Höhepunkt erreicht hat, brechen die Ressourcen auf, ein Wille packt uns, der zum Neuaufbau drängt, allerdings unter geänderten Vorzeichen. Denn eines will jede Krise lehren: So wie bisher kann es nicht weitergehen, denn eben weil es so nicht weitergegangen ist, stecken wir ja in einer Krise.

Die Wunde ist nicht die Krise

Eine Wunde selbst ist weder eine Krise, noch löst sie automatisch eine aus. Sicher vor ihr ist derjenige, der mit der Verletzung umgehen kann. Nur dann, wenn der Betroffene das nicht schafft, entsteht die Gefahr, in eine Krise zu rutschen. Sie zeigt sich zuerst daran, dass Schmerzen ausgelöst werden, die über die eigentliche Verwundung hinausreichen und in einem umfassenden Leid enden. Zum Beispiel gesellt sich zur Ohnmacht zusätzlich eine panische Angst davor, alleine gelassen zu werden. Zur Verzweiflung über den ausbleibenden Erfolg etwa kommen die fieberhafte Suche nach den Ursachen und ein Minderwertigkeitsgefühl verbunden mit einer mysteriösen Angst vor weiterem Versagen. Der Verlauf des bisherigen Lebens garantierte dem Verkäufer eine Sicherheit, auf die er sich verlassen konnte. Ist die Quelle der Normalität aber versiegt, verzweifelt der bisher Wohlbehütete, weil er mit einer neuen Situation konfrontiert ist, in der er sich scheinbar ohne sein bisheriges Wissen behaupten muss. Was sicher war, ging verloren. Des Gewohnten beraubt fühlen wir uns überfordert und wissen nicht weiter, einen klaren Gedanken können wir oft nicht mehr fassen. Ich habe Menschen in meiner Arbeit kennen gelernt, deren Angst vor Neuem so groß war, dass sie lähmend wirkte, weil sie sich selbst für etwas entscheiden und motivieren mussten. Dieses Überangebot an Freiheit, plötzlich ganz andere Dinge tun zu können als die gewohnten, und die Verantwortung für sich selbst kennzeichnen die neue Situation, mit der viele nicht umzugehen gelernt haben.

Es kam bei dem Verkäufer deshalb zu einer Krise, weil er keine Möglichkeit sah, sein neues Leben als eine neue Chance zu sehen. Ebenso kann es zwei Menschen, die einst in Liebe verbunden waren, gehen. Die Wunde des Verlas-

senwerdens wird zu einer, die nicht nur Schmerz auslöst, sondern auch tiefes Leid, und die eine Angst einflößt, die in Handlungsohnmacht endet.
Es ist ähnlich wie mit einem Schnitt in der Haut. Ein kleiner Kratzer nach der Wanderung durch einen dichten Wald wird kaum der Rede wert sein. Jeder kann mit solch einer Situation umgehen. Zwar ist der Kratzer manchmal schmerzhaft, aber wir wissen, dass die Wunde ungefährlich ist und wie wir sie behandeln können. Wir haben Erfahrungen im Umgang mit solchen Wunden gesammelt. Erst wenn wir das Gefühl bekommen, dass der Kratzer unsere Kompetenz übersteigt, droht er eine Krise auszulösen.
Was ist nämlich, wenn der angeblich harmlose Kratzer am Bein eines kleinen Kindes plötzlich stark anschwillt, dass dessen Schreie immer lauter werden? Wie werden die Eltern reagieren, wenn sie ihr Kind nicht mehr mit den üblichen Streicheleinheiten beruhigen können? Sie werden nicht mehr wissen, was zu tun ist. Dann wächst in ihnen eine Angst, dass es sich um eine ernste Verletzung mit noch ernsteren Folgen handeln könnte, etwa um einen Schlangenbiss, der tödlich enden könnte. Im schlimmsten Fall macht sie eine lähmende Angst handlungsunfähig.
Ein Fotomodel, das ich eine Zeit lang beruflich begleitete, hat es einmal auf den Punkt gebracht. Sie hatte sich aus Unachtsamkeit eine kleine Verletzung im Gesicht zugezogen. Etwas war heruntergefallen, sie erschrak, und bei einer heftigen, unkontrollierten Bewegung war es geschehen. Sie war »völlig am Ende«, denn in wenigen Stunden hatte sie einen Termin für ein Fotoshooting, bei dem sie makellos schön aussehen musste. Jemand anders hätte die Verwundung mit Salbe und einem Heftpflaster behandelt. Aber sie konnte mit dieser Situation nicht umgehen, hatte so etwas noch nicht erlebt. Ein Kratzer war zu einer existenziellen Wunde für sie geworden.

Bei vielen reicht sogar schon die bloße Vermutung, dass eine böse Verletzung vorliegen könnte. Entweder reden sich die Betroffenen selbst diese Gefahr ein oder sie setzen ein fatales Vertrauen auf die Aussagen eines anderen. Besonders die angenommene Schwere der Verwundung, die aus einer solchen Manipulation resultiert, kann zu einer Krise führen, denn plötzlich stellt sich unsere Phantasie in den Dienst unserer Angst. Je phantasievoller Menschen sind, umso größer wird die Angst. Unser Fotomodel war sehr phantasievoll.

Exkurs

Wie du mir, so ich dir und mir

Wunden bestimmen unser Leben. Manchmal sind wir Opfer, manchmal aber auch Täter. Dabei schmerzen die Wunden, die wir anderen schlagen, oft mehr als die, welche uns andere zufügen. Denn der Akt einer jeden Gewalt entspringt einer brutalen Logik: Was wir erlebt haben, geben wir ungefiltert weiter. Der irgendwann einmal im Laufe seiner Entwicklung Verletzte oder Gedemütigte wird das Erlebte selbst wiederholen, meist unbewusst. Allzu häufig stehen die Menschen dann erschüttert vor dem, was sie angerichtet haben. Sie spüren im Grunde, dass nicht das Opfer, sondern sie selbst das Objekt ihrer Aggression waren; sie kommen in solchen Situationen ihren tiefen Wunden oft ganz nah.

Was löst Krisen aus?

Was war aber der Auslöser für die Krise bei dem Verkäufer aus meinem Beispiel? Der berufliche Abstieg, der Zerfall seiner Familie, sein übermäßiger Alkoholkonsum, all dies waren Symptome einer Krise, die zeigten, dass er mit dem, was er empfand, nicht mehr umgehen konnte. Irgendeine Wunde war tief in seinem Inneren aufgebrochen und hatte zu bluten begonnen. Statt sich darauf zu konzentrieren, warum er sich Fragen nach dem Sinn seines Tuns stellte, reagierte er, wie er es gewohnt war, mit mehr Arbeit, mehr Anstrengung und noch weniger Zeit für sich: eben mit Verdrängen. Hätte er auf die Reaktionen seines Körpers und seiner Seele gehört, hätte er gemerkt, dass es so wie bisher nicht weitergehen konnte. Im Kampf gegen diese Erkenntnis musste er viele Schläge einstecken, bis er endlich in der Niederlage einsah, dass sein Weg ihn in eine Sackgasse geführt hatte. Sein Schicksal zwang ihn auf die Intensivstation, wo er, den Tod vor Augen, keine Ausflüchte mehr machen konnte.

In seinem Schmerz erkannte er, wie wichtig ihm seine Familie war und wie verhältnismäßig wenig er sich um sie gekümmert hatte. Sein Streben war auf wenige Punkte reduziert, auf Arbeit, Leistung, Erfolg. Die Krise hatte ihm die Augen dafür geöffnet, dass es noch andere wichtige Faktoren in seinem Leben gab, die beachtet werden wollten. Und er hatte gespürt, als er dem Tod nahe war, welche Kräfte in ihm steckten. Trotz des beruflichen Abstiegs und seines Schmerzes über den Verlust seiner Arbeit und seiner Familie hatte er seinem Untergang etwas entgegengesetzt: Ein Ja zum Leben. An den Rand des Abgrunds war er gedrängt worden, aber er widersetzte sich, weil er die Ressource in sich fand, die anfänglich nur ein Gefühl war, das ihm ein »Du schaffst das!« zuhauchte. Diese Quelle der Kraft hatte ihm in einer scheinbar ausweglosen Situation geholfen, einen Ausweg zu finden und nicht daran zu verzweifeln, dass er alles verloren hatte. Nach dem Leid hatte er die Kraft gefunden, auf den Trümmern seines alten Lebens neu anzufangen. Heute geht er wieder seinem alten Beruf nach, aber er setzt die Gewichtung anders. Er muss nicht mehr überall der Beste sein, er muss nicht mehr alles selbst machen, er hat führen, delegieren und teilen gelernt und ist menschlicher und sympathischer geworden. Die Arbeitszeit hat sich deutlich reduziert, er hat neue Beschäftigungen für sich entdeckt und ist mit weniger Anerkennung zufrieden. Der Schmerz, den er fühlte, als sein altes System zusammenbrach, zeigte ihm, wo er nachreifen musste. Später werden wir Methoden kennen lernen, wie das gelingt.

Wo Menschen miteinander umgehen, sind Krisen unvermeidlich. Dies trifft umso mehr zu, je enger die Beziehung ist, in der man steht. Nichts ist radikaler als die Liebe, und nichts schlägt tiefere Wunden als eine Trennung. Oft sehen wir in dem Verlassenen nur das Opfer. Er ist es, der allein zurückbleiben muss. Wie grausam muss hingegen der sein, der verlässt? Warum entschließt er sich zu diesem Schritt, warum kann es nicht so weitergehen wie bisher?

Nichts ist radikaler als die Liebe

Nehmen wir ein Paar, wie es viele gibt, zwei Menschen, die sich einst liebten. Sie haben eine gemeinsame Zeit miteinander verbracht, und eines Tages – wie aus heiterem Himmel, wird der Mann sagen – eröffnet die Frau ihm, sie wolle wegen einer besseren Stelle in eine andere Stadt ziehen. Es sei ein einzigartiges Angebot. Der Mann ist geschockt, fühlt sich verlassen und wirft ihr vor, ihn nie geliebt zu haben. »Dein Beruf ist dir wichtiger als ich!« Weil er kein Verständnis für ihren Entschluss aufbringen kann, wirft er ihr weiter vor, ihn betrügen zu wollen, woraufhin sich Phasen von Streit und Versöhnung abwechseln. Die Frau lässt sich jedoch nicht umstimmen und zieht tatsächlich weg. Die Beziehung wird durch die räumliche Trennung zusätzlich schwer belastet und zerbricht: Hohe berufliche Anforderungen lassen der Frau wenig Zeit, gemeinsame Treffen mit Gesprächen oder Unternehmungen finden nur noch selten statt. Der Mann zeigt kein Verständnis für die geänderten Umstände und will sich mit der neuen Situation, meistens alleine zu sein, nicht zufrieden geben. In einer Mischung aus Wut, fehlendem Einfühlungsvermögen und Hoffnungslosigkeit beendet er die langjährige Beziehung, eine Verständigung ist unmöglich geworden. Innerhalb kürzester Zeit hat er eine neue Partnerin. Unglücklich sind sie jedoch beide, die Verlassene und er, den auch die hastig eingegangene neue Beziehung nicht darüber hinwegtäuschen kann, etwas Gewohntes und Geliebtes verloren zu haben, das im Zentrum seines Lebens gestanden hatte. Auf diese Weise verklingt oft die vertraute Harmonie zwischen Partnern, und eine raue Tonlage setzt ein, unter der es bei beiden zu Verwundungen kommt. Was ist passiert?

Begleiten wir die beiden ein Stück ihres gemeinsamen Weges. Sie lernten sich während der Ausbildung kennen. Ihre Probleme, ihre Beschäftigungen und Freunde waren einander ähnlich. Es ging um Noten, um Lernen und Weiterkommen. Das Geld war zwar immer knapp, aber so vieles lag vor ihnen, das sie gemeinsam entdecken wollten. Am liebsten gingen sie ins Kino, zum Tanzen und auf Reisen. Diese gemeinsame Zeit schweißte sie zusammen, sie war sozusagen ihr »Projekt«, ihr Lebensinhalt. Das war es, was

sie zusammenhielt, und das war es, was sie auseinander brachte.
»Wir haben uns doch so gut verstanden«, warf er ihr später vor. Aber es war ein Verständnis, das auf einer einzigen Grundlage fußte: der Zeit, in der es wegen der gleichen Voraussetzungen bequem war, viel gemeinsam zu machen. Am Ende der Ausbildung mussten die Weichen zwangsläufig neu gestellt, die Wandlung zum Erwachsenen vollzogen werden. Was für die Jugendlichen galt, verlor seine Wirkung. Der gemeinsame Wechsel in einen neuen Lebensabschnitt war ihnen nicht geglückt. Gegenseitige Schuldzuweisungen blieben die letzte Erinnerung, die sie voneinander hatten.
Obwohl die Frau diejenige war, die sich zur Trennung durchgerungen hatte, litt sie mehr als der Mann. Mit Entsetzen hatte sie erfahren, dass er bald danach eine neue Freundin hatte. Dazu kamen die Schuldgefühle, weil sie glaubte, sich für sein Unglück, das sie ihm durch ihren Wegzug zugefügt hatte, verantwortlich zu sein. Hatte er doch während der gemeinsamen Jahre so viel für sie getan. »Hätte ich nicht lieber bleiben sollen?«, fragte sie sich, anstatt sich in ihrem neuen Umfeld einzuleben. Sie fühlte jetzt selbst die Verlassenheit, in die ihre Entscheidung sie geführt hatte.

Schuldgefühle, Einsamkeit und ein Abschied, der mehr einem Rückzug aus einem Gefecht als einer heilsamen Trennung gleicht, ergeben ein gefährliches Gemisch, woran viele Paare, die sich getrennt haben, leiden. Wie man sich richtig verabschiedet, mit der Einsamkeit fertig wird und sich von seinen Schuldgefühlen nicht in die Irre führen lässt, werde ich Ihnen noch genau zeigen. Hier wird übrigens deutlich, wie unterschiedlich Menschen auf kritische Situationen reagieren können. Der Mann stürzt sich sofort in ein neues Abenteuer, schießt vielleicht sogar übers Ziel hinaus. Die Frau zieht sich zurück, bleibt alleine und hält inne. Beide versuchen, die schmerzenden Gefühle auf ihre Weise zu kompensieren. Aber es kann nur dann zu einer neuen Ausrichtung auf die eigene Zukunft kommen, wenn beide mit der ungewohnten Situation kreativ und produktiv umgehen lernen. Dann entwickeln sie auch wieder Zufriedenheit, Freude und Selbstsicherheit. Diese waren als variable Größen bisher vom jeweils anderen abhängig.

Ihr Wert hängt nicht vom Urteil anderer ab

Zunächst ist es nur wichtig, sich selbst als das anzuerkennen, was Sie sind, auch wenn es schwer fällt: ein liebenswürdiger Mensch, der seine natürliche Schönheit und eine erotische Ausstrahlung auf andere Menschen besitzt. Sie müssen diese Eigenschaften nicht an einem Partner festmachen, schon gar nicht an dem verlassenen. Die eigene Identität definiert sich nicht über einen Partner. Sie sind auch dann schön, wenn dieser es nicht sagt; Sie können sich auf Ihre Ausstrahlung verlassen, ohne dass Sie sich die Bestätigung von Ihrem Partner holen. Nun ist ein ganz typisches Kennzeichen einer Krise, dass die Betroffenen resignieren. Viele glauben nicht, dass ihr Leben wieder gut werden kann, Hoffnung auf Besserung haben sie nicht mehr. Der Grund dafür liegt darin, dass sie nur auf die Trennung fixiert sind und gedanklich nicht von ihr loskommen. Hier hilft eine kleine Übung, den Blick zu weiten und eine andere Sicht auf das Geschehene zu gewinnen.

Heilsame Übung

Bereichert statt beraubt

Selbst wenn es sehr schmerzt, sollten Sie sich vor allem an die schönen gemeinsamen Zeiten erinnern. Rufen Sie sich in Ihr Gedächtnis, wann Sie besonders viel Freude mit dem Menschen hatten, von dem Sie sich verabschiedet haben. Schauen Sie dazu Bilder oder Filme an, auf denen er zu sehen ist. Sie werden merken, wie viel Sie gelacht haben und wie schön das Zusammensein oft war. Es gab nicht nur Treulosigkeit und Verrat, nicht nur Streit und Vorwürfe, nicht nur Schmerz und Schuldgefühle, sondern auch Liebe und Freude.

Diese gedankliche und emotionale Konfrontation mit der Vergangenheit verstärkt sicherlich die Schmerzen, die Sie fühlen. Aber mit einer ehrlichen Aufarbeitung der Beziehung nehmen Sie der Erinnerung die Bitterkeit und Sie erweitern Ihre Sichtweise, die das Vergangene weder idealisiert noch verteufelt. Im günstigsten Fall wird sich ein Gefühl von Reichtum einstellen, eine Dankbarkeit des Herzens, dass Sie eine solch intensive Beziehung erleben durften. Diese Fülle, diese Erfüllung wird an die Stelle dessen treten, was Sie bisher gefühlt haben: Hass, weil Sie sich einer lieben Person beraubt gefühlt haben.

Es ist banal, auch wenn wir es uns in einer Krise nicht immer bewusst machen: Ein Gegenmittel gegen die Isolation, in die das Leid uns treibt, liegt im Kontakt. Im Umgang mit anderen Menschen lässt sich ein großer Teil der ersehnten Bestätigungen holen und neues Selbstvertrauen gewinnen. Gehen Sie aus, trauen Sie sich auf die Tanzfläche, unternehmen Sie all das, was Ihnen Freude bereitet. Auch sein Äußeres zu ändern hilft bei dem Schritt ins

Neue. Wer anders als vorher aussieht, tritt auch anders als vorher auf und wird von seinem Umfeld entsprechend ganz anders wahrgenommen.

Warum Trennungen so schmerzen

Warum tun wir uns bei Trennungen so schwer, auch bei beruflichen, wenn wir eine Stellung aufgeben müssen? Ein Gefühl der Schwere liegt dann auf uns, das uns jeglicher Tatkraft beraubt. In alle Bereiche des Lebens schleicht sich eine gewisse Unzufriedenheit ein, die uns daran hindert, unsere Sinne für das Neue freizumachen, obwohl wir in einer solchen Lage nichts dringender bräuchten als einen klaren Verstand, der sich auf die anstehenden Herausforderung einstellt.

Schon Kinder und Jugendliche leiden an diesen Wunden des Verlassenseins, deren Schmerzen durch fehlendes Wissen und Verständnis der Eltern vergrößert werden. Manches »familiäre Problem«, das mir Eltern schildern, lässt sich auf eine Trennung im kindlichen Alter zurückführen.

Ein Fall hat mich besonders beschäftigt. Völlig unverständlich war den Eltern der schulische Absturz ihrer Tochter. Das Mädchen gehörte in der sechsten Klasse noch zu den Besten, sie hatte ein überdurchschnittliches Zeugnis nach Hause gebracht. In der siebten Klasse nahm das Debakel seinen Lauf. Die Noten wurden schlechter und schlechter, die Lust am Lernen war dahin, die ersten Verweise kamen nach Hause. Die Eltern versuchten, mit teuren Nachhilfestunden das Schlimmste abzuwenden, aber es war nichts zu machen. Die Spannungen zu Hause nahmen zu, die Eltern strafften die Regeln und sanktionierten mangelnden Eifer mit Hausarrest, doch im Grunde wussten sie sich nicht mehr zu helfen, wie sie später gestanden. Nach wenigen

Gesprächen hatte mir die Tochter ihren Kummer anvertraut. Mit Ende des alten Schuljahres hatte einer ihrer Lehrer die Schule verlassen, weil er versetzt worden war. Der Wechsel in die höhere Klasse war also mit einem Abschied von einem Lehrer verbunden, zu dem das Verhältnis ein besonderes war. Immer war er offen für ihre Fragen gewesen, hatte ihr bereitwillig geholfen und sie gefördert. Er war Antrieb und Identifikation zugleich. Aber nach dem Zeugnis erlosch die Beziehung plötzlich, die einst geförderte Schülerin fühlte sich alleine gelassen. Der geschätzte Mentor hatte sie nicht mehr an der Hand, er hatte sie im Stich gelassen. Ihr extremer Leistungsabfall rührte daher, dass die Bindung, die ihr Sicherheit gegeben hatte, abgebrochen war: Sie war nicht mehr in der Lage, Belastungen auszugleichen. Gerade Kinder aber brauchen Fixpunkte in ihrem Leben. Sie werden noch ganz anders von Eindrücken überrollt als Erwachsene. Ein sympathischer Mensch, der dazu noch eine wichtige Rolle in ihrem Leben einnimmt, ist ein solcher Fixpunkt. Geht er weg, ist die Sicherheit verloren, vieles ändert sich. Die gesamte Welt des Kindes ist von heute auf morgen eine andere, eine unsichere.

Grausamkeit oder Fürsorge?

Sogar bei wesentlich reiferen Jugendlichen und Erwachsenen ist dieses Phänomen sehr häufig zu beobachten. Jahrelang gibt es einen Lehrer, auf den sie sich verlassen können. Nach den Abschlusszeugnissen aber lässt er sie fallen, so fühlen sie es jedenfalls. Oft sind es die jungen Männer, die dann nicht mehr wissen, wie es weitergehen soll. Ist dies eine Grausamkeit oder das Gebot eines fürsorglichen Pädagogen? Ein guter Lehrer will, dass sich seine Schüler weiterentwickeln. Er weiß aber, dass Wachstum in einer allzu engen und einseitigen Verbindung nicht möglich ist. Seine eigentliche Bestimmung kann nur der wirklich Freie finden. In diesem Wissen muss der Lehrer die symbiotische Verbindung beenden und in die Rolle des Grausamen schlüpfen. Seine Aufgabe hat sich mit den Abschlusszeugnissen erfüllt, er hat seine Schüler ein Stück ihres Wegs begleitet und jetzt verlässt er sie, damit sie wachsen können. Anders gesagt: Er lässt sie wachsen. Er ermöglicht ihnen durch seine angebliche Grausamkeit eine eigene Entwicklung.

Aus diesem neuen Blickwinkel betrachtet wird das Verlassen zu einem Akt der Liebe, der unter Umständen genauso schmerzt wie das Verlassenwerden. Denn wer wirklich liebt, der schafft dem geliebten Menschen den Freiraum und die Möglichkeiten, die er braucht, um seinen Weg zu vollenden.

Heilsame Übung

Ihre Wegbegleiter

Legen Sie eine Liste von Menschen an, die in Ihrem Leben wichtige Wegbegleiter waren. Benennen Sie diese Menschen, stellen Sie sich noch einmal ihre Gesichter vor. Was waren diese Personen für Sie? Wen haben sie ersetzt, für wen könnten sie Stellvertreter gewesen sein? Was haben Ihnen die einzelnen Menschen mitgegeben? Von wem hätten Sie sich etwas anderes gewünscht?
Nach dieser Erinnerungsarbeit werden Sie sich nicht mehr so leicht dazu verleiten lassen, Weggefährten aus vergangenen Tagen zu glorifizieren oder in allzu schlechtes Licht

zu stellen. Sie werden in Ihrem Inneren wieder lebendig als das, was sie waren, nicht mehr und nicht weniger. Außerdem können Sie anhand der Begegnungen Epochen Ihrer Geschichte in einen großen Zusammenhang stellen und unter anderen Aspekten sehen lernen: mit Ehrlichkeit, Freude und konstruktiver Selbstkritik.

Dem Verlassenen bleibt trotzdem der Schmerz, der ihm zeigt, dass er die Beziehung zu seinem Lehrer auf den Prüfstand stellen muss. Er wird erkennen, dass der Lehrer auch ihn geschätzt hat, dass diese gegenseitige Beziehung ihn als Schüler aber nur noch eingeengt hätte. Denn sein Lebensweg führt aus dem Schultor heraus, wo er andere Lehrer brauchen wird. Und nur dort kann er seine Bestimmung erkennen.

In diesem Bewusstsein wird der Verlassene auch seine übertriebene Eigenliebe revidieren können, wenn er den »Verrat« seines Mentors an ihm als Ausdruck der Hochschätzung deutet, und sich klar macht, dass nicht nur er es ist, der dieses besonderen Verhältnisses bedarf. Denn wer einen Menschen verlässt, macht sich auch frei für einen anderen. Im Fall des Lehrers ist es die nächste Schülergeneration, im Falle des Schülers sind es andere Menschen, die ihm neue Wege weisen.

In diesem Licht relativiert sich die Täter-Opfer-Situation und kehrt sich sogar fast um. Die Einsicht, dass wir zwar verlassen, aber auch gelassen werden, lindert den Trennungsschmerz jedoch erst dann, wenn wir wissen, wohin uns die neue Freiheit führen möchte.

Diese blutende Wunde des Verlassen-worden-Seins wollen wir uns genauer anschauen. Jeder, der sich bisher der Hilfe eines geschätzten und geachteten Menschen sicher wähnte, wird Trauer empfinden, wenn er ihn als Begleiter verliert. Diese Trauer stellt sich auch dann ein, wenn man nicht allein gelassen wird, sondern den angestammten Rollen entwächst. Es ist ein ebenso schmerzliches Erwachen, wenn der Schüler eines Tages feststellt, dass er auf der gleichen Ebene angekommen ist wie sein Lehrer oder der Sohn auf der gleichen Ebene wie sein Vater. Umso heftiger wird die Wunde schmerzen, wenn er sein Vorbild sogar noch überflügelt hat. Zum Schmerz gesellen sich jedoch auch Freude und Stolz darüber, dem Vorbild jetzt ebenbürtig zu sein.

Kehren wir zu unserem einstigen Liebespaar zurück. Sie stehen zusätzlich zu ihrer Trauer vor der Frage, wie es mit ihrem Leben weitergehen soll. Zunächst aber werden sie in ihren Problemen gefangen sein, ihre Gedanken werden sich im Kreis drehen, immer wieder werden sie zum Ausgangspunkt zurückkommen: »Ohne den gewohnten Menschen an meiner Seite bin ich allein, überfordert, klein und irrelevant.« Neben der Ohnmacht werden sie die Hoffnungslosigkeit spüren. Sie ist eine zuverlässige Begleiterin in schweren Zeiten, die jedoch nicht zu einer Feindin zu werden braucht. Denn sie zeigt nur, dass es eine berechtigte Hoffnung auf eine Änderung der Situation, die auf der bisherigen Lebensstrategie fußt, nicht gibt. Sie ist ein Zeichen unserer Seele, das Alte loszulassen, nicht weiter sinnlose Kraft und Hoffnung damit zu vergeuden, um bereits Verlorenes zu kämpfen. Vielmehr liegt in der Hoffnungslosigkeit ein Zeichen, das bisherige Dasein als beendet anzunehmen und sich für ein neues Erleben zu öffnen. Dafür haben wir alle enorme Ressourcen in uns verborgen, die zu psychischen Kraftwerken werden können, die unser Über- und Weiterleben mit neuer Energie aufladen. Sie befähigen zu Leistungen, die sogar jenseits unserer physischen Möglichkeiten liegen können. Auf sie ist beim Weg aus der Krise Verlass. In ihnen steckt die Heilkraft für sol-

che Wunden. Man hört oft den Satz, eine Krise sei eine Chance zu einem Neubeginn. Wir wollen dies sehr genau nehmen: Sie ist sogar mehr als das. Denn ein neuer Lebensabschnitt wird auf jeden Fall beginnen. Die Krise stellt uns nur die Frage, wie wir darauf antworten wollen. Akzeptieren wir die Veränderung mit ihren Konsequenzen für uns und entwickeln uns weiter oder versuchen wir, an der alten Situation, wie sie uns lieb war, festzuhalten, und bleiben dann in unserer Entwicklung stehen?
Ein »weiter so« wie bisher kann nicht die Antwort sein. Denn das hieße für den Verlassenen, sich auf die Suche nach einem neuen Partner zu machen, unter dessen Führung er sich stellen kann. Doch dies wäre nur ein Schritt in ein neues Abhängigkeitsverhältnis. Erfolgreiche Krisenarbeit hat zum Ziel, sich bewusst zu machen, wo die eigentlichen Ursachen für das Leid liegen. Wenn dies erkannt ist, wird der Angestellte, der Schüler, werden die einst Verliebten mit der neuen Situation richtig umgehen und in Zukunft unter ähnlichen Umständen gelassener reagieren können, denn sie sind gereift. Die Krise gibt ihnen die Möglichkeit, sich ihrer Defizite und Schwächen bewusst zu werden, die Wunde des Verlassenseins zu heilen und in diesem Punkt der Persönlichkeit nachzureifen. Die Krise gibt ihnen aber auch die Möglichkeit, sich der eigenen Stärken bewusst zu werden.

Heilsame Übung

Der richtige Abschied

Wenn wir mit jemandem ein Stück unseres Weges gegangen sind, der uns etwas gegeben hat oder der uns etwas bedeutet hat, müssen wir uns auch von ihm verabschieden –

und zwar richtig. Dies gehört zur Vollständigkeit von tief gehenden Beziehungen, zu der letztlich auch die Trennung gehört. Wer sich nicht gebührend verabschiedet und mit dem Abschied die Bedeutung des Zusammenseins würdigt, der wird immer ein Bündel von »unerledigten« Gefühlen mit sich schleppen und kann eine neue Partnerschaft damit belasten.

Schreiben Sie der Person, die nicht mehr an Ihrer Seite steht, einen Abschiedsbrief. Sagen Sie ihr in Ihren Worten, was sie Ihnen gegeben hat. Danken Sie ihr dafür. Schreiben Sie ihr auch, was Sie an ihr und in der Beziehung vermisst haben. Auch für die Dinge, die Sie nicht bekommen haben, danken Sie diesem Menschen. Wer sich lieber auf seine mündliche Ausdrucksfähigkeit verlassen möchte, der kann auch eine Abschiedsrede halten. Dazu kann man einen leeren Stuhl aufstellen, auf dem man den zu Verabschiedenden imaginär Platz nehmen lässt oder auf den man ein Kissen anstelle des Adressaten hinlegt.

Wir neigen beim Abschied dazu, uns durch den Schmerz den Blick auf die Situation zu verstellen, wodurch kein Abschied gelingt, wie er für einen richtigen Neubeginn nötig wäre. Wenn wir die Lasten der Beziehung bei der Trennung nicht ansprechen, schleppen wir sie auf unserem weiteren Weg mit und bringen sie in andere Beziehungen ein. Nur ein würdiger und würdigender Abschied macht das Herz frei. Diese Übung hilft uns dabei, einen endgültigen Schlussstrich zu ziehen, selbst wenn die Trennung länger zurückliegt, und Wunden zu heilen.

Der Ablösungsprozess von einer uns wichtigen Person, die uns ein Stück des Wegs begleitet hat, wiederholt sich in unserem Leben immer wieder. In solchen Situationen werden wir in unsere Eigenständigkeit entlassen. Umso wichtiger ist es, diese Eigenständigkeit anzunehmen und von der

Leitfigur Abschied zu nehmen. Es soll kein flüchtiges »Auf Wiedersehen« sein, denn es wird kein Wiedersehen geben, jedenfalls nicht in den gewohnten Rollen des Führenden und Geführten. Die Trennung lässt sich nur durch ein tief empfundenes »Lebe wohl« vollziehen. Zu diesem Abschied gehört auch ein Dank für all die Dinge, die man bekommen hat. In diesen Dank gilt es, eine Würdigung dessen mit einfließen zu lassen, was uns derjenige, ohne den wir jetzt bestehen müssen, gegeben hat, was er in uns geheilt hat, was alles in der Zeit des Zusammenseins hat wachsen können und was es gebracht hat, ihn als Begleiter gehabt zu haben.
Dabei sollten wir auf keinen Fall den Fehler machen, diesen Menschen zu idealisieren oder auf ein Podest zu stellen. Vielmehr wird eine ganz realistische Einschätzung unseren Trennungsschmerz sehr lindern. Auch die Erinnerung an die Person wird keinen Schaden erleiden. Denn je höher man jemanden gestellt hat, desto tiefer könnte er hernach in unserer Einschätzung fallen.

In die Eigenständigkeit entlassen

Jeder Mensch kann nur einen Teil dessen erfüllen, was wir brauchen. Deshalb fordert der kluge Umgang mit der Ablösung auch, dass wir in Worte fassen, was wir von einem Menschen nicht bekommen haben. Die Frage »Was hat mir gefehlt?« legt die Schwächen der Beziehung offen. Auch für diese sollte der Person ein ehrlicher Dank entgegengebracht werden, denn diese Defizite sind ebenfalls Schätze, deren Entdeckung für unsere Entwicklung unumgänglich ist, zeigen sie doch, wessen wir wirklich bedürfen.
Wichtig für einen heilenden Abschied ist die Tiefe, mit der wir uns auf ihn einlassen. Deshalb sollten all diese Erinne-

rungen, das Positive und die Defizite, in Worte gefasst werden. Sie sollten nicht im Vagen verwischen, sondern konkret benannt sein. Dies wird uns zwar den Schmerz noch einmal fühlen lassen, vielleicht sogar intensiver als wenn wir diese Gedanken nicht zuließen, aber danach werden wir uns frei fühlen für das, was kommt.
Noch mehr Gewicht erhalten Worte, wenn sie geschrieben werden, etwa in Form eines Abschiedsbriefs, der nicht einmal abgeschickt werden muss. Das Wichtigste ist, dass die Dinge, die sich hinter unserer Wunde verbergen, formuliert sind.

Exkurs

Ein Abschiedsbrief

Meine Gedanken zum Abschied,
mein Dank zum Abschied.

»Du warst. Ja, ab jetzt muss ich die Vergangenheitsform benutzen, wenn ich über dich spreche. Noch ist es ungewohnt, aber vor allem sehr schmerzhaft, denn du warst ein so wichtiger Begleiter für mich. Gaben andere längst auf oder wussten nicht mehr weiter, du warst da. Darauf konnte ich mich verlassen.
Nie war ich allein, in schwierigen Situationen genügte ein Griff zum Telefon, eine kleine Frage, oft sogar nur ein Gedanke an dich. Du warst so viel: Führer, Ratgeber, Lehrer und Freund. Immer wenn wir zusammen waren, hat es mich weitergebracht. Deine Ideen und Ratschläge haben mir in vielen Situationen geholfen.

Oft hatte ich ein schlechtes Gewissen, wenn ich daran dachte, wie viel deiner Zeit und Kraft ich in Anspruch genommen habe. Du warst ein sehr wichtiger Begleiter auf einem Stück meines Wegs.
Du warst es. Aber ich bin ab jetzt in vielem auf mich alleine gestellt. Dass ich bis dahin gekommen bin, habe ich ein Stück weit auch dir zu verdanken. Vieles hast du mir gegeben, was ich gebraucht habe, vieles hast du mir nicht geben können. Auch dafür will ich dir danken, denn es zeigt mir, wo ich Schwächen habe, auf die ich Acht geben muss. Ich gehe meinen Weg jetzt ohne dich. Der Abschied tut mir weh. Aber ich will auch offen sein für das Neue, wenn es noch so schwer fällt. Ich danke dir für alles.

Lebe wohl.«

Wenn Sie diesen Brief geschrieben haben, werden Sie sich wohler fühlen. Der Abschied erhält einen endgültigen Charakter, und Sie können leichter mit der Vergangenheit abschließen.

Gerade bei Trennungen merke ich immer, wie sehr sich Menschen weigern, selbst Verantwortung für sich oder für das, was sie tun und nicht tun, für das, was sie getan haben und nicht getan haben, zu übernehmen. Vieles, was unangenehm ist oder was man vermeintlich nicht kann, wird dem Partner überlassen. Hier besteht die Gefahr, in einem Abhängigkeitsverhältnis stecken zu bleiben. Einer meiner Geschäftspartner beklagte sich bitter über seine Frau – und traf eine außergewöhnliche Entscheidung. »Sie ist nicht fähig, sich eine Fahrkarte für die Bahn zu kaufen oder alleine in die Stadt zu fahren.« Doch er gab sofort zu: »Ich bin auch schuld daran.« Denn er hatte sie in der Ehe über die Maßen verwöhnt und in ihr eine Person gefunden, die dies dankbar annahm.

Aus Liebe verlassen

Umso grausamer traf sie sein Entschluss, den er nach einem Gespräch mit mir führte: Er zog für einige Monate von zu Hause aus. Seine Frau sollte lernen, alleine zurechtzukommen. Er verließ sie aus Liebe! Die »Freiheit«, die er ihr schenken wollte, sollte sie unabhängiger von ihm machen. »Wenn ich einmal nicht mehr da bin ...« Er zog wirklich nach einiger Zeit wieder zu Hause ein. Ich traf ihn danach und fragte, wie es um seine Ehe stünde. »Meine Frau ist erwachsen geworden«, sagte er. Sie war nachgereift.

Exkurs

Kindsein wird akzeptiert

Das Kindsein bei Erwachsenen ist durchaus gesellschaftlich akzeptiert. Man spricht sympathisierend und verständnisvoll vom »Kind im Manne«, baut Spielstätten wie Las Vegas, Disneyland oder das Oktoberfest. Dem gleichen Prinzip verhaftet sind Fernsehshows oder die Idealisierung von Freiheit und Abenteuer in der Werbung: Erwachsene Menschen handeln in einem engen Rahmen, in dem sie keine Verantwortung außerhalb übernehmen müssen.

Die Frau, deren Ehemann sie für kurze Zeit allein gelassen hatte, nutzte ihre Chance und passte sich in den Monaten des Alleinseins der neuen Situation an. Viele Menschen aber weigern sich, sich auf solche Prozesse einzulassen. Hier zeigt sich die Unfähigkeit und der fehlende Wille zur Eigenverantwortlichkeit ganz deutlich: Sie wollen nicht wachsen, nicht er-wachsen werden. Eine Krise ist aber immer auch eine Chance zur Reifung und zum Erwachsenwerden. Solange der Betroffene in einer kindlich anmutenden Abhängigkeit bleibt, wird er auch seine Krise nach seinen alten Mustern bewältigen wollen. Wird er verlassen, sucht er sich schnell einen neuen Partner, der eine Ergänzung für seine Defizite darstellt. Stellen sich geschäftliche Erfolge nicht mehr ein, werden alte Strategien bemüht.
Hier hat uns die Evolution die seelische Verwundbarkeit als Entscheidungshilfe gegeben. Wir empfinden Schmerzen, wenn etwas heilen will. Es ist bitter zu erfahren, wenn die Ansprüche und die Möglichkeiten, diese Anforderungen zu bewältigen, immer weiter auseinander driften. In diesem Fall geht die Hoffnung auf eine lebenswerte Zukunft verloren, oder es wächst eine enorme Angst, wie das Leben überhaupt noch bewältigt werden kann. Wenn der Schmerz nicht nachlässt, sobald wir ihn mit den herkömmlichen Methoden lindern wollen, wenn er gar noch schlimmer wird und andere Bereiche unseres Lebens in Mitleidenschaft zieht, sprechen wir von einer Krise. Die einzige Frage, die dann zu stellen ist, heißt: »Was fehlt mir jetzt wirklich?«

Zusammenfassung

1. Leid, Wunden und Schmerzen gehören zu unserem seelischen Wachstum. Sie sind die Stationen unserer Entwicklung.
2. Eine Krise kommt nicht von heute auf morgen, sie kündigt sich mit unscheinbaren Anzeichen langsam an.
3. Diese wiederholen sich in immer kleineren Abständen und enden an einem Nullpunkt.
4. Dort entdecken wir neue Kraftquellen, die in uns stecken.
5. Hoffnungslosigkeit gehört zu jeder Krise. Sie zeigt, dass es zunächst keine berechtigte Hoffnung gibt, mit den bisherigen Erfahrungen und Konzepten einen Ausweg zu finden.
6. Eine Krise ist keine Chance zu einem Neubeginn.
7. Die Krise stellt uns nur die Frage: »Was fehlt dir wirklich?«

Der geheime Blick in die Giftküche

Das Chaos, in dem unsere schmerzhaften Wunden entstehen, ist zugleich Ausgangspunkt für unsere Heilung.

Krisen sind unsere treuesten Begleiter. Kein Alter und kein auch noch so hoher Grad an seelischer Reife machen uns sicher vor ihnen. Aus diesem Grund darf sich niemand über andere erheben und sie in ihrem Leid kritisieren, ihnen gar die Schuld dafür zuweisen. Von Naturkatastrophen und Unfällen einmal abgesehen, kommen Krisen nicht von ungefähr, einfach so. Zum einen bedingt unsere körperliche und seelische Entwicklung ihr Erscheinen, zum anderen stehen uns in manchen Wechselfällen des Lebens nicht die passenden Lösungsansätze zur Verfügung. Allerdings dürfen wir bei keiner dieser Krisen von Schuld im Sinne von Verschulden sprechen. Nur die Unkenntnis über diese Zusammenhänge zieht den verletzenden und erniedrigenden Fehlschluss nach sich, durch den die Lage vieler Leidenden noch verschlimmert wird: »Du willst nicht.«

Es ist keine Frage der Willenskraft, die aus der Krise heraushilft, sondern das Fehlen von Mustern, die sich auf das Unbekannte anwenden lassen. Der Leidende will, aber er kann nicht. Viel eher also ist die Bewältigung von existenziellen Bedrohungen eine Frage des Selbstvertrauens, sich in scheinbar ausweglosem Gelände nicht verloren zu geben, sondern nach einem Ausweg zu suchen, der in eine zeitgemäße Ordnung führt, an der wir uns orientieren können. Doch um diese zu finden, müssen wir uns und anderen auch eine Zeit des Irrens zugestehen. Wir dürfen nicht erwarten, dass die eigene Situation immer sofort richtig eingeschätzt wird, dass danach die Erkenntnisse sofort in Handlungen umgesetzt werden und dass sich alles in kürzester Zeit zum Besten wendet. Krisenarbeit erfordert Zeit und Geduld, mit sich selbst genauso wie mit anderen. So unterschiedliche Menschen es gibt, so viele unterschiedliche Formen der Heilung gibt es. Manchmal brauchen wir auch die Wiederholung von Situationen, um die Lösung zu finden; eine Lektion ist dann nicht ausreichend für den Lernfortschritt der Seele. Zusammenhänge zu erkennen ist eine Seite, die andere ist es, sie mit dem Herzen zu sehen, sie sich zu Herzen zu nehmen. Erst daraus entsteht die ehrliche Bereitschaft zur Veränderung, die die Tat nicht flieht.

Einsicht erfordert Wiederholungen

Oft müssen wir feststellen, dass wir »schon wieder« in etwas hineingeraten sind, was wir gut kennen. Die einen quält eine peinliche Blamage, nachdem sie wieder das rechte Maß nicht gefunden haben. Nach der Feier nagt morgens ein schlechtes Gewissen und die Scham an ihrem Selbstbewusstsein, weil sie zu viel getrunken haben. Dies ist für viele eine allzu bekannte Art, den Tag zu beginnen. Andere sind mit dem Gefühl vertraut, dass man sie ausnutzt. Aber immer wieder fühlen sie sich verpflichtet, ihre Hilfe anzutragen, oder scheuen vor dem sicheren »Nein« zurück. Dabei sehnen sich diese Menschen nach Ruhe und Erholung, weil sie mit ihren Aufgaben bereits jetzt überlastet sind. Sie bewältigen im Büro ein zusätzliches Pensum und ärgern sich über die Kollegen, »die es sich viel leichter machen«. Auf die Idee, dass sie selbst es sind, die es sich viel schwerer machen, kommen sie nicht. Werden sie darauf angesprochen, seufzen sie meist ein entnervtes »Das ist richtig« und suchen die Ausrede in einem »Aber ich muss doch ...«. Ihr Leid muss sich so oft wiederholen, bis sie fähig sind, dahinter zu schauen, was sie dazu treibt, sich zu ruinieren. Manchmal wird es nicht anders gehen, als dass sie von einer schweren Krankheit dazu gezwungen werden, so wie es das Beispiel des Verkäufers aus dem ersten Kapitel zeigte. Erst der Herzinfarkt brachte ihn zur Besinnung. Wozu er vorher angeblich keine Zeit gefunden hatte, nämlich über sich und sein Tun nachzudenken – jetzt gab es keine Ausrede mehr dafür. Womit sollte er sich von den bohrenden Fragen ablenken, die seine Seele beantwortet haben wollte: »Wofür hast du dich abgerackert?« »Was ist dafür alles auf der Strecke geblieben?«, »Was hast du dir angetan?«, »Passt es noch zu deinem Alter?« oder »Ist es unter den jetzigen Bedingungen noch sinnvoll?«

Wie der Verkäufer stellen viele eines Tages fest, dass ihnen der Antrieb fehlt, dass sie keine Energie mehr mobilisieren können. Sie fühlen sich ausgezehrt und verbraucht. Eine der Diagnosen, mit der dieser Zustand heute fast inflationär beschrieben wird, ist das *Burnout-Syndrom.* Es sind meist die Lehrer, von denen man sagt, sie seien prädestiniert dafür. Und in der Tat machen sie die Voraussetzungen ihres Berufs besonders anfällig. Denn sie kommen nicht unmittelbar in den Genuss der Früchte ihrer Arbeit. Viel Zeit, Kraft und Ideen investieren sie in die Ausbildung ihrer Schüler, doch eine Bestätigung bekommen sie nicht oder erst wesentlich später.

Aber das Phänomen ist unabhängig von Beruf und Tätigkeit. Der Grund für die totale Erschöpfung der Seele liegt in einer einseitigen Ausrichtung des Lebens, denn das ganze Leben auf eine Sache auszurichten geht auf Kosten der Vielfalt, auf Kosten der Ausgeglichenheit, wie ich Ihnen zeigen werde.

Wir brauchen die Vielfalt

Anfangs ist alles erfüllt von Enthusiasmus, hohe Ideale gelten, die Identifikation mit dem, was man tut, ist sehr hoch. »Ich war einfach begeistert. Aber jetzt kann ich nicht mehr.« So beschrieb es mir eine Frau, die sich von ihrem Mann trennen wollte und mich um Begleitung bei diesem schweren Schritt gebeten hatte. Als sie von der ersten Zeit ihrer Ehe erzählte, merkte ich, wie sehr sie heute diese anfängliche Begeisterung vermisste und wie verwundert sie darüber war, dass sie ihr abhanden gekommen war. Sie war eine energische Frau, die früher eine schier unerschöpfliche Lebensfreude antrieb. Vor keiner Arbeit scheute sie zurück, nichts war ihr zu viel, bis es eines Tages passierte: Alles kostete sie mehr an Kraft, sie fühlte sich öfter überlastet. Mit einem Mal war es vorbei mit ihrem Schwung und dem Elan. Was tat sie? »Ich strengte mich noch mehr an«, sagte sie, »schließlich hatte ich den Haushalt und die Kinder, die mich brauchten.« Je mehr sie sich anstrengte, desto müder wurde sie, desto geringer wurde ihr Antrieb. Ihre Kraftreserve schien aufgebraucht, obwohl sie nicht mehr als vorher zu erledigen hatte. Hatte sie sich also in den Jahren zuvor verausgabt, ihre Kraft auf einmal vergeudet, statt sie sich besser einzuteilen?
Nein, denn uns allen steht ein unbegrenztes Reservoir an Kraft im Innern zur Verfügung, aber nur für die richtige Aufgabe, sonst verausgaben wir uns. Da wurde die Frau hellhörig. Seit langem nämlich beschlichen sie Zweifel, ob das, was sie tat, überhaupt einen Sinn hatte. Die Kinder

versorgen, den Haushalt in Schuss halten, für ihren Mann da sein, das war ihr einziger Lebensinhalt. »Aber wofür?«, fragte sie verzweifelt. »Es ist doch alles sinnlos.« Den Grund für diese Resignation sah sie darin, dass niemand ihre Arbeit wertschätzte. Kein Lob, keine anerkennenden Worte würdigten ihren Einsatz, der als Selbstverständlichkeit vorausgesetzt wurde. Das allerdings war nur eine Seite der Medaille. Natürlich brauchte sie Lob und Anerkennung von anderen. In gewisser Art und Weise machte sie sich auch abhängig davon. Früher wusste sie, wofür sie die Mühe aufwandte. Das Haus, die Familie, alles sollte so schön wie möglich sein. Hauptsache, ihre Lieben fühlten sich wohl. Das war ihr Lohn genug.

Kapitulieren heißt neu starten

Aber sie legte die Hürden in puncto Leistung auch sehr hoch. Dies war die zweite Seite der Medaille. Um ihr Ziel zu erreichen, investierte sie ungeheure Kraft, die nie genug sein konnte, weil die Ziele immer höher geschraubt wurden. Das war die andere Seite ihres Zusammenbruchs. Denn ganz unmerklich war allein die Familie ins Zentrum ihres Denkens geraten, alles drehte sich nur noch um sie, ihr galt das ganze Streben. Doch so wie sich ein Angestellter anstrengt, mit ganzem Einsatz sein Bestes zu geben, es wird immer nur ein Hinterherlaufen sein, denn auch er wird irgendwann einmal registrieren müssen, dass er ersetzbar ist, sei es durch neue Technologien, sei es durch jüngere Kollegen. Immer wird er seine Anstrengungen im Wettbewerb mit diesen Faktoren hochschrauben. Ähnlich erging es auch der Mutter. Sie merkte, dass sie immer mehr für ihr Ziel aufwenden musste, sich das Ideal immer weiter von der Realität entfernte. Die Kinder wurden langsam unabhängiger, auch ihr Mann ging eigene Wege. So erwiesen sich ihre Hoffnungen als trügerisch. Die Familie gab ihr nicht das, was sie gebraucht hätte, denn das konnte nur aus ihr selbst kommen: Die Bestätigung und die Wertschätzung ihrer Arbeit und letztlich auch ihrer selbst.

Aber all der Aufwand, den sie betrieben hatte, war einseitig angelegt und deswegen zum Scheitern verurteilt. Sie hatte sich auf die Familie konzentriert, und nur auf die Familie. Das war der einzige Wert in ihrem Leben, alles Denken kreiste darum. Als ich sie fragte, was sie sonst noch in den letzten Jahren unternommen und welche anderen Schwerpunkte sie gesetzt hatte, schwieg sie. Zum Ausgehen hatte sie keine Zeit gehabt, Freunde waren auf der Strecke geblieben, das Musizieren hatte sie schon lange aus Zeitmangel aufgegeben. All das traf übrigens für die Familienmitglieder nicht zu. Deshalb also war die Frau ohne Lebensmut und ohne ihre Selbstachtung zu mir gekommen: Ihr Lebensentwurf war gescheitert, weil das Einzige, worauf sie sich konzentriert hatte, zu zerbrechen drohte.

Der erste Schritt aus der Krise heraus führte über die Einsicht in die Zusammenhänge. Ihr musste erst gegenwärtig werden, warum sie in dieser Lage war; dann nämlich ist in einer Krise eine Heilung möglich. Wer akzeptiert, dass er nun einmal eine schwere Phase zu bewältigen hat, läuft nicht weg, sondern stellt sich seinen Problemen. Manche neigen dazu, zuerst ihr Heil darin zu suchen, so zu tun, als sei nichts geschehen. Aber das »weiter so« funktioniert nicht mehr, es führt nur noch tiefer ins Unglück.

Heilsame Übung

Rückschau halten

Halten Sie inne, bleiben Sie stehen. Halten Sie jetzt Rückschau auf Ihr Leben, wie es so weit kommen konnte. Lassen Sie alle Gefühle zu, auch die negativen wie Hass, Verzweiflung, Angst. Versuchen Sie herauszufinden, wie Sie Ihre Energie und Zeit bisher eingesetzt haben. Zeichnen Sie dazu einen »Energie-Kuchen«, einen Kreis also, der die gesamte Energie, die Sie in Ihrem Alltag aufwenden, symbolisiert. Markieren Sie in diesem Kreis unterschiedlich große Stücke entsprechend des Aufwands, den Sie für eine Sache betreiben, und beschriften Sie die Kuchenstücke. Das für Ihren Beruf oder die Familie könnte also eines der größten werden. Wie viel Zeit wenden Sie für Freunde, für Ihre Eltern, für Ihre Hobbys, für Kultur, für Ihre Herzenswünsche auf?
Diese schriftliche Übung zeigt Ihnen, worin Sie hauptsächlich investieren und was Sie dabei vernachlässigen. Sie weitet Ihren Blick und macht Sie achtsam für die Zukunft. Sie werden sich nicht mehr so leicht von einer Sache vereinnahmen lassen, wenn Sie wissen, wie wenig Zeit Ihnen für eine andere bleibt, die Ihnen ebenfalls am Herzen liegt. Und Sie werden unter Umständen erkennen, wie einseitig Sie Ihr Leben verplant haben, wo Sie deswegen Verzicht üben und leiden mussten.

Wie die Hausfrau aus meiner Praxis habe ich viele Menschen kennen gelernt, die das Vertrauen in sich selbst und ihre Fähigkeiten verloren haben. Sie waren nicht mehr fähig, in der bisherigen Weise weiterzuleben. Das ist keine Frage von Versagen oder fehlendem Willen. Sie standen einfach nicht mehr hinter dem, was sie taten, sie sahen tatsächlich keinen Sinn mehr darin. Wer aber das Gefühl hat, die richtige Aufgabe gefunden zu haben, wer »Das ist es!« oder »Das will ich!« sagen kann, der wird wieder von selbst in die Kraft kommen. Dafür muss er aber auf die Stimme seiner Sehnsucht hören, die ihm sagt, was seine Wünsche sind, seine wirklichen Wünsche. Bei der Unterscheidung zwischen wirklichen Wünschen und fremdbestimmten Ansprüchen hilft die oben angegebene Übung: Was ist mir wirklich wichtig, und was scheint nur wichtig zu sein? Denn allein für das Wesentliche können wir ungeahnte Kräfte mobilisieren, nicht aber für das, was wir von vornherein infrage stellen. Die Übung verhilft Ihnen auch zur Einsicht, dass eine einseitige Ausrichtung im Leben nicht ausreichend sein kann. Wer sich zu sehr auf die Arbeit konzentriert, diese als einzigen Wert gelten lässt, der versäumt anderes, ebenso Wichtiges. Wer nicht mehr ausgeht, wer keine Zeit hat, mit seinen Kindern zu spielen, wer vor lauter Pflichten nicht mehr zur Ruhe kommen kann, der ist aus dem Gleichgewicht, aus seiner Mitte geraten. Seinem Wesen, das ihn bestimmt und das ihm Führung sein sollte, enthält er das zu einem erfüllten Dasein Notwendige vor.

Das gilt auch für den Umgang mit Menschen. Leiden ist programmiert, wenn wir uns nur auf einen Mann, nur auf eine Frau konzentrieren. Wie schön es auch zunächst für den sein mag, an den die Ausschließlichkeit gerichtet ist, für den Sprecher lässt es Schlimmes ahnen: »Ohne dich kann ich nicht mehr leben.« Wer so spricht, setzt die Grenzen seiner Welt ganz eng, er beraubt sich selbst der Freiheit, Bestätigung und Sinn auch ohne den geliebten Partner zu finden. Aber auch der so Angesprochene wird in ein symbiotisches, ungesundes Verhältnis gelockt. Wer sich in die Abhängigkeit begibt, läuft Gefahr, darin umzukommen. Denn zur Vollständigkeit eines Lebens gehört nicht nur eine Aufgabe, nicht nur ein Wert, nicht nur ein Mensch, sondern eine bunte Mischung davon. Unsere Seele bietet und braucht den Raum für Vielseitigkeit, an Einseitigkeit wird sie auf Dauer nur leiden.

»Du kannst das nicht!«

Erstaunlicherweise greifen wir – oft wider besseres Wissen – immer wieder zu denselben Handlungsmustern, sogar wenn sie uns schaden, als ob wir ferngesteuert wären. Und tatsächlich: In gewisser Weise sind wir ferngesteuert, obwohl wir den Steuermechanismus in uns selbst finden, und nur da. Dies mag paradox klingen, fühlen wir uns doch in vielen Situationen ohnmächtig oder können uns eine zweite Handlungsoption nicht vorstellen, die wir aber gerne hätten. Noch wissen wir nicht, dass wir uns dieser gerade selbst beraubt haben. Wir sehen nur, dass wir wieder einmal eine Situation nicht meistern konnten, und suchen unsere Zuflucht in der Resignation: »Das verstehe ich nicht.«

Nicht verstanden hatte es auch eine Frau, die mich um Rat fragte, als sie eines Tages nicht mehr konnte. Sie war zusammengebrochen, hatte mit der Arbeit aufhören müssen. Jahrelang hatte sie als Altenpflegerin ihren Dienst versehen, war eine zuverlässige Kollegin und bei den Patienten beliebt. Freundlichkeit und Hilfsbereitschaft waren selbstverständlich bei ihr. Nach der Arbeit versorgte sie ihren Mann und ihre Kinder.
Doch in der letzten Zeit glich ihre Arbeit immer mehr einem Aufraffen, sie schleppte sich regelrecht in den Dienst, der ihr von Tag zu Tag schwerer fiel. Ihre Freundlichkeit und ihre Geduld den Patienten gegenüber entsprangen nicht mehr einem natürlichen Bedürfnis, sie zwang sich seit

neuestem dazu. Jeder Handgriff war ihr auf einmal zu viel. »Ich halte das nicht mehr aus«, platzte es mit einem Mal aus ihr heraus. Dieses Gefühl, es nicht mehr zu schaffen, verstärkte sich nun mit jedem Tag. Sie zog die Konsequenz und begann sich zu schonen. Sie ruhte sich oft aus, lag stundenlang auf dem Sofa, und das Aufstehen fiel ihr schwer. Die Familie begann unter der Wandlung der Mutter zu leiden, die den Anforderungen ihrer Ganztagsstelle nicht mehr gerecht wurde, nach einiger Zeit auch nicht mehr denen einer halben Stelle. Doch selbst mit einer Viertelstelle konnte sie nicht mehr weiterarbeiten. Ihr Körper schmerzte überall, sie hatte Probleme mit dem Rücken und ständig unerklärliche Kopfschmerzen. Als sie unter der Last des Lebens zusammenbrach, war sie gerade einmal 35 Jahre alt, eine junge, äußerlich gesunde Frau.

Die Ärzte im Krankenhaus konnten nicht nachvollziehen, woher ihre Schmerzen kamen. Die Befunde bewiesen: Körperlich war diese Frau gesund. Aber es gibt Wunden der Seele, die bluten lange im Verborgenen und brechen irgendwann mit voller Wucht aus.

Nach intensiven Gesprächen brachten wir es gemeinsam ans Licht. Wir forschten in der Vergangenheit, suchten nach Zeiten und Gelegenheiten, bei denen das Gefühl, es nicht zu schaffen, die jeweilige Situation erschwerte. So reisten wir immer weiter in der Zeit zurück, bis in ihre Kindheit. Es war kein körperliches Leiden, das der Frau Schmerzen bereitete, es war – ein Satz. Jener Satz, mit dem sie als Kind ständig drangsaliert worden war, der die Erziehungsmaxime ihrer Mutter dargestellt hatte: »Du kannst das nicht!«

Es war wohl das häufigste Urteil, das ihre Mutter über sie gefällt hatte. Jedem Vorhaben der Tochter prophezeite sie wegen deren »Unvermögen« ein baldiges Ende. Diese wiederum hatte den Satz so verinnerlicht, ja verkörperlicht, dass er ein Teil von ihr selbst geworden war. Obwohl sie ihn lange nicht mehr gehört hatte, hatte er in ihrem Unterbewussten weitergewirkt. Neben all ihren Lasten und Mühen des Alltags hatte sie ihn mitschleppen müssen, bis ihr die Muskeln unter dieser Last den Dienst versagten. Sollte die Mutter am Ende doch Recht behalten, da das Scheitern ihrer Tochter offensichtlich war? Wie kann ein Satz den Zusammenbruch eines Menschen bewirken?

Worte können Menschen verändern

Worte, immer wieder gesprochen, können einen Menschen verändern. Denken Sie an die Zeit Ihrer frühen Kindheit. Ihre Eltern stellten eine unerschütterliche Instanz dar. Sie waren unangreifbar und unfehlbar, sie waren die ganze Welt für das kindliche Bewusstsein. Nichts wird anfangs angesichts dieser Autorität infrage gestellt. Zu groß ist die Macht der Mutter, und zu abhängig ist das Kind, das alleine noch nicht überleben kann.

Aber wenn sie immer wieder mit den Worten »Du kannst das nicht!« auf ihr Kind einpeitscht, wird es sich daran gewöhnen. Der Schmerz über die eigene Unzulänglichkeit ist in der kindlichen Seele gewaltig, denn sie spürt, was es bedeutet, nichts wert zu sein. Mit der Zeit gehört der Inhalt solcher Glaubenssätze, deren scheinbare Wahrheit ebenso unerschütterlich wie unerbittlich wird, zum Selbstbild des Mädchens. Ein – wenn auch stilles – »Ich kann es nicht!« wird alle ihre Handlungen wie selbstverständlich begleiten und beeinflussen. Die Worte wirken wie eine Injektion, die ihr gespritzt wird und die eine unaufhörliche Wirkung zeigt. Sie wird sie tatsächlich ihr ganzes Leben lang in ihrem Inneren hören. Manchmal wird sie auch von einem Gefühl geleitet werden, einer Situation am liebsten aus dem Weg zu gehen oder sie wenigstens auf später zu verschieben, in der stillen Hoffnung, sich ihr nicht aussetzen zu müssen. Die Rückschau auf ihr Leben fiel der Frau doppelt schwer. Einmal war ihrer Überzeugung nach ihr Zusammenbruch sichtbarer Beweis ihrer Schwäche, zum anderen zermürbte sie jede Chance auf Besserung mit Selbstvorwürfen und Schuldgefühlen. »Ich hätte mich nicht so gehen lassen dürfen«, jammerte sie. Unter dieser Art der Bilanz musste ein dickes Minuszeichen stehen, denn sie summierte die angeblichen Fehlleistungen. Dieses Missverhältnis an Schlechtem zog sie noch tiefer in die Krise. Lange brauchte es, bis sie bereit war, auch andere, externe Faktoren anzuerkennen, die ihre Leistungsfähigkeit beeinflussten. Sie schaffte es mit folgender Übung.

Heilsame Übung

Falsche Glaubenssätze sind Bremsklötze

Wo sind Sie in Ihrem Leben schon »Glaubenssätzen« begegnet, die so oft ausgesprochen wurden, bis Sie ihren Inhalt geglaubt haben? »Du kannst es nicht.«, »Du schaffst es nicht.« »Du bist noch zu klein.«, »Du bist doch ein Mädchen.«, »Du bist doch ein Junge.« So könnten sie gelautet haben. Aber es gibt noch subtilere Varianten, jemanden auf seine Minderwertigkeit hinzuweisen, die nicht ausgesprochen zu werden braucht. Der Vergleich mit einem anderen Menschen etwa, der besser sein soll, ist so eine: »Schau mal, das Kind vom Nachbarn, es ist besser in der Schule.«, »Als ich so alt war wie du, habe ich schon alleine für mich sorgen können.«
Wann sind diese Sätze gefallen? In der Kindheit, in der Schule, der Ausbildung, im Berufsleben oder in der Partner-

schaft? Wer hat sie ausgesprochen? Waren es die Eltern, die Geschwister, waren es Freunde oder Kollegen, der Ehepartner oder die Kinder? Bei welchen Gelegenheiten mussten Sie sich die Glaubenssätze gefallen lassen? Wie haben sie, direkt ausgesprochen oder verklausuliert, Ihre Lebensfreude, Ihr Selbstvertrauen, Ihr Selbstwertgefühl und Ihren Tatendrang gebremst? Welche Gefühle lösten diese Aussagen über Sie aus? War es Wut, Ärger, oder reagierten Sie mit Trotz? Achten Sie auch darauf, ob sie Ihre Beziehung zu anderen Menschen geprägt haben. Kennen Sie das Gefühl, unsicher oder nicht gut genug im Umgang mit anderen zu sein? Schreiben Sie sich die Sätze auf, mit denen Sie groß geworden sind, um sie dann den Personen zuzuordnen, die sie ausgesprochen haben.

Diese Übung verdeutlicht, wie Sie in Ihrem Tatendrang und Leistungswillen von anderen – unbewusst – gebremst worden sind. Wenn Sie den Ursprung der Sätze kennen, wissen, von wem sie stammen, können Sie sich innerlich von ihnen distanzieren, weil Sie feststellen, dass sie nur die Sicht anderer Menschen widerspiegeln. Dadurch, dass Sie diese angenommen haben, sind sie zu Ihrem eigenen Leitfaden geworden. Das gibt Ihnen die Möglichkeit, angebliche Momente des Versagens, Phasen des Kampfs und der Niederlage zu revidieren. Resignation, Minderwertigkeitsgefühle, Scham, Enttäuschung oder Versorgungsängste können auf solche Glaubenssätze zurückgehen.

Welche großartige Gelegenheit haben Sie jetzt, den Umkehrschluss zu ziehen und eigene Urteile über sich zu bilden: Wie sehen Sie sich selbst in den Punkten, wo Sie bisher dem Urteil anderer vertraut haben? Aus der Distanz können Sie Ihre eigene Bewertung zwischenschalten. Diese falschen Glaubenssätze werden Sie in Zukunft nicht mehr behindern, im Gegenteil, Sie werden vieles bewerkstelligen, es schlummert ein gewaltiges Potenzial in Ihnen, das bis-

her verborgen geblieben ist. Schreiben Sie die drei wichtigsten Glaubenssätze auf, die aus Ihnen selbst kommen und Ihnen eine Perspektive versprechen. Lassen Sie keine Gelegenheit aus, sich diese vorzusagen.

Neben der Freisetzung von Energie liegt der Sinn der Übung auch darin, die Einsicht in Zusammenhänge zu erleichtern, die unsere Lebensgeschichte und unser Dasein bestimmen. Dass eine doch relativ lang zurückliegende Wunde wie die im Beispiel der Altenpflegerin eine so verheerende Wirkung hat, ja fast eine Langzeitwirkung, ist auf den ersten Blick etwas überraschend. Viele werden sagen, dass man als Erwachsener doch nicht mehr so von seinen Eltern abhängig sein kann. Es geht jedoch nicht darum, sich unabhängig von den Eltern, sondern sich unabhängig von deren erzieherischer, moralischer und emotionaler Instanz zu machen. Sonst wird die eigene Identität stets eine von Meinungen, Wünschen und Befehlen der Eltern bedingte sein. Denn schaut man genauer hin, lassen sich viele solcher Verletzungen entdecken, die wir vor langer Zeit in unserer Kindheit erlitten haben, auf die wir aber damals noch keine Antwort wussten. Jetzt können wir sie uns anschauen, eine passende Antwort auf sie geben und sie heilen.

Da gibt es den Vater, der den Sohn unbedingt als Anwalt oder Arzt sehen will. Wie leidet dieser Sohn unter dem egozentrischen Wunsch? Er wird sich nach Kräften anstrengen, diesen zu erfüllen, auch wenn es nicht sein eigener ist. Wie viele Karrieren hat dagegen die unbeugsame Meinung von Eltern zunichte gemacht, der Beruf des Künstlers sei brotlos. Aus hoffnungsvollen Musikern oder Schauspielern wurden frustrierte Angestellte oder Geschäftsleute. Doch auch die Kehrseite ist denkbar: Viele sind aus Trotz das geworden, was ihre Eltern nicht wollten, um es ihnen zu beweisen oder um sich den Anstrich der Freiheit zu geben. Doch gerade diese Freiheit liegt weder in der bedingungslosen Erfüllung der elterlichen Wünsche noch in deren völligen Ablehnung. Sie liegt nur in der freien Entscheidung, die ganz aus sich selbst heraus getroffen wird.

Auch die Altenpflegerin musste nach ihrem Zusammenbruch den schicksalhaften Satz »Du kannst das nicht!« in ihrer Vergangenheit finden. Als sie in den Gesprächen auf diese Worte stieß, wurde ihr plötzlich vieles verständlich. Aus einem Kind, das nichts konnte, war eine Frau geworden, die nichts konnte. Der Schritt, sich dieser Erkenntnis zu stellen, kostete viel Mut. Dazu kam, dass das Wiederhören der Worte einen Schmerz auslöste, der den der ersten Verletzung während ihres Kindseins scheinbar weit überstieg. Denn jetzt trafen die Worte eine Erwachsene, deren Selbstachtung zwar seit langem tief verschüttet, aber eine funktionsfähige Instanz ihrer Seele geblieben war. Sie erkannte die Worte als das, was sie waren: eine ungerechtfertigte Herabsetzung. Als Kind hatte sie dem nichts entgegenzusetzen. Für die Erwachsene war eine Erwiderung überlebensnotwendig, sie musste sie nur finden und sie musste durchschauen, wie die Einschätzung eines anderen Menschen so viel Einfluss auf sie hatte gewinnen können. Das Gefühl der mütterlichen Allmacht war schon lange gewichen. Jetzt begann es in der Tochter zu gären. Wut, Zorn und Enttäuschung über ihre Mutter stiegen auf, was ihren Schmerz noch steigerte. Aber erfolgreiche Krisenarbeit setzt voraus, die Wucht solcher Gefühle auszuhalten. Wer wegschaut, weil er denkt, dem nicht gewachsen zu sein, wird seine Wunden nicht heilen können. Ändern lässt sich etwas nur mit Tatkraft, nicht mit Resignation.

Weg der Heilung

Der Weg der Heilung beginnt immer mit dem Annehmen dessen, was uns widerfahren ist. Es klingt banal, doch eine alte Geschichte lässt sich nicht mehr umschreiben. Das Beste, was wir machen können, ist, aus ihr zu lernen. Unsere Altenpflegerin schaute hinter den Zorn auf ihre Mutter. Sie begann sich zu fragen, in welchen Situationen sie den Satz »Du kannst das nicht!« zu hören bekam. War es nur die Mutter, oder gab es noch andere, die sie so herabsetzten? Sie entdeckte jemanden in ihrer Familie, die »alles besser« machte: ihre Schwester. Auch darunter hatte sie als Kind immer zu leiden, unter dieser nie zu übertreffenden, immer perfekten Schwester. Doch nicht alle waren gegen sie. Es gab auch Personen, die ihr geholfen hatten. Ihr Großvater hatte stets gute Worte für sie gefunden und sie immer gegen die Mutter und die Schwester unterstützt.

Die nächsten Schritte der Aufklärung in der Krisenarbeit führten sie zu den wichtigsten Stationen ihres Lebens, dorthin, wo ihr der verletzende Satz begegnet war: in der Schule, als Jugendliche, in Beziehungen, in der eigenen Familie, in der Ausbildung, im Beruf. Sie spürte noch einmal, wie sehr ihre Lebensfreude und ihr Tatendrang durch ihn ausgebremst worden waren. Oft hatte sie sogar andere, eher harmlose Sätze und Gesten auch auf sich bezogen. Ein Blick eines Kollegen, in den sie »so etwas« hineininterpretierte, ein neckisch gemeintes Wort ihres Mannes, hinter allem vermutete sie das gleiche vernichtende Urteil: »Du kannst das nicht!« Sie konnte nur dann wieder in ihre alte Kraft finden, wenn sie sich endlich von diesem Satz befreite.

Es war ein gutes Stück Arbeit, sich zu vergegenwärtigen, dass er heute für sie nicht mehr gelten konnte; zu viel hatte sie schon geschafft: ihre Ausbildung, ihren Beruf, sie

hatte eine Familie gegründet, war eine gute Mutter, eine zuverlässige Kollegin, und dies alles trotz der zusätzlichen Last des Satzes. Eines Tages beschloss sie, ihn der Mutter zurückzugeben. Sie schrieb ihn säuberlich auf ein Stück Papier und schaute ihn ein letztes Mal an. Dann verbrannte sie ihn. Und sie war frei. Um ein sichtbares und stärkendes Zeichen ihrer Befreiung zu setzen, leistete sie einen Schwur: »Ab heute gilt dieser Satz für mich nicht mehr. Ich übernehme jetzt selbst Verantwortung für das, was ich kann – und für das, was ich nicht kann.«
Dieses Ritual hat sie von ihrer Last befreit. Selbst die Erinnerung an den Akt der Verbrennung kann ihr heute in schwierigen Situationen des Alltags noch helfen. Die guten Gedanken daran werden ihr über Zeiten der Selbstzweifel hinweghelfen, die sicher kommen werden. Unbewusst hat sie ihr Problem damit auch einer viel größeren Macht übergeben. Indem sie es mit der ganzen Welt, dem ganzen Universum teilt, schwindet das Gefühl, alleine mit ihm fertig werden zu müssen.

In einer Krise hilft die Einsicht, *wie* etwas zusammenhängt, wie wir dort angekommen sind, wo wir uns befinden. Sie fördert das Verstehen, und Verstehen wiederum fördert die Chance zu wachsen. Wer die bessere Sicht haben will, der sollte zunächst nicht näher herangehen, sondern versuchen, sich durch Abstand ein Gesamtbild zu machen. Sonst besteht die Gefahr, dass wir uns mit unseren Gedanken im Kreis drehen.
In der Position des Beobachters von oben, mit dem *Bergsteiger-* oder *Hubschrauberblick* verwandeln sich die Windungen und scheinbaren Irrwege in geniale Wege. So erkennt man von dort oben den Lauf eines Flusses, der sich in wirren Kurven um einen Berg windet, als den einzig möglichen. Auf anderem Weg wären die Hindernisse, die

man vielleicht während der Fahrt auf dem Fluss nicht verstanden hat, nicht zu überwinden gewesen.
So können wir auch den Blick in das Mysterium unserer Wunden richten, dahin, wo alles angefangen hat. Allerdings müssen wir diesen Blick üben, etwa durch Meditation oder Imagination, eine Methode, die wir in der nächsten *Heilsamen Übung* anwenden wollen. Wenn wir Abstand vom aktuellen Leid gewinnen, den Blick auf das weiten, was vorher war, dann können wir die Reise in die Entstehungsgeschichte unserer eigenen Wunden antreten und an den wichtigen Stationen sehen, wie wir das Wissen für unser Wachstum verwenden können.

Alte Muster ablegen

Vor langer Zeit haben wir Handlungsmuster und Strategien übernommen, auf die wir in gewissen Situationen zurückgreifen, weil wir damals noch keine andere Antwort hatten. Das kleine Kind hat gemerkt, wie einfach es geht, die Mutter dazu zu bringen, dass sie ihm wieder auf die Beinchen hilft. Es beginnt zu weinen und mit kläglicher Stimme nach seiner Mama zu rufen. Was in einem bestimmten Alter gewirkt hat und ein erfolgreiches Mittel war, um Ergebnisse zu erzielen, kann im späteren Leben hinderlich sein. Ein erwachsener Mann, der sich bei Problemen gehen lässt und nur darauf wartet, bis seine Partnerin ihn wieder auf die Beine stellt, wählt in seiner Hilflosigkeit die ungeeigneten Handlungsweisen. Nur dass er nicht mehr weint wie der kleine Junge, seine Schreie sind anderer Natur: Er greift zur Flasche, er droht mit Selbstmord, er sieht sich immer wieder wegen kleinster Wehwehchen an der Schwelle zum Tod. Er hat keine alternativen Lösungsmöglichkeiten entwickelt, kämpft mit den al-

ten Methoden an der falschen Stelle um die Aufmerksamkeit und spürt nicht, dass andere Strategien zum Erfolg führen würden. So geht es uns immer wieder: Wir sind hilflos und greifen auf alte Muster zurück.
Ich werde Ihnen jetzt eine *Heilsame Übung* vorstellen, die hilft, Abstand zu diesen alten Mustern zu gewinnen. Oft regiert ein gewisser Automatismus unser Verhalten, den wir nicht mehr in Zweifel ziehen, so sehr identifizieren wir uns mit traditionellen Handlungsweisen oder Glaubenssätzen. Betrachten wir aber »von außen«, wie die Automatik funktioniert, können wir sie verstehen lernen. Auf diese Weise lassen sich manche Reflexe, die sich bei uns eingeschlichen haben, sichtbar machen. In welchen Situationen fällt der Griff zur Schokolade, zur Zigarette oder zum Bier besonders leicht? Wie reagieren wir auf bestimmte Herausforderungen? Aus dem Abstand heraus gelangen wir zu einer aufrichtigen und unvoreingenommenen Einschätzung unseres Verhaltens und können uns dann entscheiden, ob wir es beibehalten oder ändern wollen.

Heilsame Übung

Abstand durch Imagination gewinnen

Üben Sie eine Sichtweise, die Ihnen hilft, Abstand zu dem schmerzenden und verletzten Teil in Ihnen zu gewinnen. Nehmen Sie bequem Platz, legen Sie eine angenehme Musik auf und stellen Sie sich eine schöne Landschaft vor. Da ist ein großer Berg, gehen Sie ihn langsam hinauf. Schauen Sie die anderen Berge ringsherum an, es ragen bestimmt einige in den Himmel. Stellen Sie sich vor, Sie sind ein Fluss, der nicht ungehindert durch diese Landschaft

fließen kann. Wenn Sie sich in der Phantasie erheben und ihn sehen, werden Sie erkennen, dass der Fluss eine innere Weisheit besitzt, die ihm den intelligentesten und bestmöglichen Weg um die Berge weist. Seine intelligente Art die Berge zu umfließen, kann uns helfen zu erkennen, dass Umwege manchmal notwendig sind.
Aus der erhöhten Perspektive ist das, was unten als lästiger Umweg scheint, der einzig mögliche Weg. Erinnern Sie sich an Hindernisse im Leben, die Sie behindert haben, die Sie aufgehalten oder gedemütigt haben? Versuchen Sie herauszufinden, wie sie Ihnen im Nachhinein genutzt haben.
Es ist nicht leicht zu glauben, aber die Berge, die Sie sich gerade vorgestellt haben, stehen für Ihre Probleme, der Lauf des Flusses für den Lebensweg. Ihr Unterbewusstes richtet diese Landschaft so ein, dass sie exakt derjenigen Ihrer Seele entspricht. Dabei brauchen die Berge keine Namen und Bezeichnungen zu erhalten, Ihre Seele spricht in Bildern zu Ihnen. Diese Imagination zeigt, dass und wie Sie die Probleme umgangen haben. Für zukünftige werden sogar die Lösungen schon angedeutet.
Durch diese Heilsame Übung *lernen Sie zum einen, krisenhafte Situationen von außen zu sehen. In Ihrem Leben sind Sie schon manchmal auf Dinge gestoßen, die einen lästigen, schmerzlichen oder enttäuschenden Umweg verlangten. Jetzt können Sie akzeptieren, dass es oft weise ist, auf diesen längeren Weg auszuweichen. Zum anderen gibt Ihnen Ihre Intuition einen Hinweis darauf, wie der Fluss in Zukunft fließen muss, das heißt, wie Sie in Zukunft handeln müssen.*
Sie sollten sich wie für jede Heilsame Übung *genügend Zeit lassen.*

Ich habe einmal miterlebt, dass ein Mitschüler meiner Tochter nicht versetzt wurde. Viele Nachmittage hatten sie gemeinsam verbracht, um den Stoff nachzulernen. Die große Anstrengung wurde nicht belohnt. Er empfand es als eine große Niederlage, es schmerzte ihn, nicht mehr dem alten Klassenverbund anzugehören. Wochen später, als er bei uns zu Besuch war, schienen Trauer und Schmerz gewichen zu sein. »Was soll's?«, sagte er. Zum ersten Mal in seiner Schullaufbahn komme er im Unterricht mit, er sei richtig entspannt. Der Stress, an vielen Nachmittagen lernen zu müssen, habe nachgelassen. Seine Noten besserten sich, die Erfolge stärkten sein Selbstbewusstsein, und sein Ansehen in der Klasse war gestiegen. Die Wiederholung der Jahrgangsstufe gab der Entwicklung seiner Persönlichkeit einen positiven Schub. Wir neigen bei Hindernissen und Niederlagen dazu, mit Gewalt am Alten festzuhalten. Trotzdem zum Beispiel eine finanzielle Verschlechterung eingetreten ist, wollen viele Menschen ihr schönes Auto behalten oder ihr Haus nicht verkaufen. Eine andere Reaktion zeigt sich in einem verbissenen inneren Kampf gegen die neue Situation: Man sucht sich Schuldige wie die Regierung, die Firmenleitung oder den Partner und beschimpft sie, macht sie für das eigene Leid verantwortlich und stilisiert sich selbst zum Opfer.

Eine alte chinesische Weisheit lehrt, sich wie ein Bambusrohr zu verhalten. Im Gegensatz zur Kiefer, die auch unter der größten Last der Schneemassen starr bleibt und deren Äste eher brechen als nachzugeben, beugt sich das Bambusrohr der Gewalt des Schnees. Es stellt sich seinem Schicksal nicht entgegen, sondern nimmt die Last hin und nimmt sie an. Im Frühjahr, wenn es taut, richtet es sich wieder auf. Dieses schöne Beispiel aus der Natur führt uns vor Augen, dass Weichheit stärker ist als Härte. Auch der Klassenkamerad hat sich wie ein Bambusrohr seinem Schicksal gefügt, hat mit seinem Ausspruch »Was soll's?« die veränderte Ausgangsposition angenommen, hat aufgehört, der alten Klasse nachzutrauern und auf die neue zu schimpfen. Er hat das Beste aus der Wiederholung gemacht.

Wunden aus der »Steinzeit«

Wie wir bereits gesehen haben, brechen in uns oft von neuem Wunden auf, deren Ursprünge schon lange zurückliegen und die trotzdem unser Verhalten, unser ganzes Leben bestimmen. Manche von ihnen überdauern ganze Generationen, bis sie erlöst werden.

Es gibt sogar Wunden, die aus der Steinzeit der menschlichen Entwicklung herrühren. Unser Verhalten beim Tod eines Angehörigen, bei einer schweren Krankheit oder im Alter sind, wenn auch leicht abgewandelt, Antworten, die unsere Urahnen im Laufe der Menschheitsgeschichte gegeben haben. Es sind dies Antworten, die sich in Kategorien von gut und böse, richtig und falsch als Teil von uns integriert haben. In Form von Ethik und Moral haben ganze Völker sie zur normativen Grundlage ihres Zusammenlebens ausgestaltet. Die Unterscheidung von gut und böse war den alten Völkern durch ein noch älteres Wissen überkommen, das einer tiefen Spiritualität und engen Verbindung mit der Natur entsprang. Mit dem Aufkommen der Schrift meißelten sie ihr Wissen auf Gesetzestafeln. Doch für viele Menschen wurden und werden diese weisen Gedanken zu Zwängen, weil es nicht ihre eigenen sind, die ihrem Wesen entspringen. Sie finden den Zugang zu dem alten Wissen nicht mehr, weil sie den Zugang zu ihrem eigenen Kern nicht mehr finden können. Sie sträuben sich, als legte man ihnen Ketten an, und sind nicht in der Lage, Gesetze als Rahmen zur Entfaltung der Persönlichkeit und Freiheit zu sehen. Sie kommen sich gefangen und eingeschränkt vor. Diese Tatsache wird immer ein Quell von Verletzungen und Schmerzen sein. Es ist unser Schicksal, in unserem kulturellen Kontext nach individuellen Antworten zu suchen. Gelingt es uns, den Ursprung der Regeln und Gesetze einzusehen, können wir sie hilfreich für uns einsetzen.

Nicht nur einzelne Menschen, auch ganze Völker haben unter diesen festgeschriebenen Antworten auf die Lebensthemen der Menschheit zu leiden. Hier liegt eine Ursache von vielen Verletzungen, die sich die Menschen in Form von Kriegen und Terrorismus immer wieder zufügen. Ein angenommenes Sendungsbestimmtsein, eine behauptete religiöse oder territoriale Vormachtstellung mögen zu ihrer Zeit die richtigen und sogar nötigen Strategien zum Erhalt der Volksgemeinschaft gewesen sein. Heute sind sie jedoch die Ursachen vieler Wunden, die immer wieder aufgerissen werden und nicht heilen können.

Viele unserer Wunden sind also so alt wie die Menschheit, manche von ihnen sogar noch älter, so alt wie die Zeit selbst.

Unsere erste Krise war vor der Geburt

Wo wir herkommen, da kommt unsere Verletzlichkeit her – aber ebenso unsere Kraft. Verletzt zu werden bietet auch die Chance, geheilt zu werden und zu wachsen. Auch hier wollen wir uns wieder diesen »Blick von außen« zunutze machen, der uns lehren kann, bekannte Zusammenhänge in ein neues Licht zu tauchen.

Alle Menschen werden als winzige Formen des Lebens in etwas empfangen, das sie als unendlich empfinden müssen. Aus dem scheinbaren Nichts schleudert sie eine Schöpferkraft als zufällig befruchtetes Ei in diese Welt. Schon bei

der Zeugung drängen sich Vergleiche mit Naturereignissen auf, mit einem Sturm oder einem Vulkanausbruch, die das Land zerreißen und ihm tiefe Wunden zufügen, aber auch die Voraussetzungen für ein neues Leben schaffen.
Unser zufällig befruchtetes Ei findet sich in einer höchst komplexen und gefährlichen Melange, aus der es kein Entrinnen gibt. Von Anfang an ist das Leben Bedingungen ausgeliefert, die es bedrohen. Der Embryo ist völlig schutzlos und ohnmächtig allem ausgesetzt, was von außen kommt, von außerhalb seiner selbst. Hier liegt der Ursprung unserer Krisen. Die Umgebung, in der das neue Leben heranwächst, erweist sich als eine wahrhaftige Giftküche, in der biochemische Substanzen brodeln und gären.
Das winzige Lebewesen registriert jede Regung der Außenwelt. Das Zucken der Mutter, wenn das Telefon klingelt, wenn es Streit gibt, wenn sie sich fürchtet. Dies alles erfährt das ungeborene Kind ungefiltert in Form von biochemischen Prozessen. Es kann nichts gegen Adrenalinstöße oder eine erhöhte Ausschüttung von Endorphinen tun, die Gefühle wie Angst, Sorge und Unsicherheit in allen Regionen des Körpers auslösen, auch in der Gebärmutter, wo neues Leben heranwächst. Der Fötus kann sich nicht gegen die Bewegungen der Mutter wehren, gegen die Geräusche, die auf ihn eindringen. Wie die Mutter dem Leben ausgesetzt ist, so ist es auch ihr Kind. Zwischen ihm und der Welt liegt nur dieser hochkomplexe Chemiecocktail, dem es direkt und ungebremst ausgeliefert ist, von dem aber auch seine Existenz abhängt.
Es hat wohl noch keinen Begriff von einem Leben außerhalb seines Universums, weiß noch nichts von seinem Ausgeliefertsein. Dieses Lebensgefühl ist für das Ungeborene der normale Zustand. Es weiß ebenso wenig, dass seine Mutter unter ähnlichen Bedingungen zur Welt kam wie es selbst. Es sind ähnliche Bedingungen, die für die Mutter

seiner Mutter herrschten und für deren Mutter und so weiter. Jeder seiner Vorfahren ist so geboren, so aufgewachsen und so beeinflusst worden. Ein Kind steht als zunächst letztes Glied am Ende einer solchen Ursprungskette und es ist doch nur ein Glied einer sich unendlich fortsetzenden Kette. Alle seine Vorfahren haben auf ihrem Weg bis zum Tod viele Wunden erleiden müssen, die alle in irgendeiner Form auf die nächste Generation weitergegeben wurden. Das neue Leben trägt in seinen Zellen die gesamte Information der Entwicklungsgeschichte in sich und es ist von dem Gebärenden auf Leben und Tod abhängig. Wie hoch die Risiken für Mutter und Kind sind, zeigen trotz immer besserer Methoden der modernen Medizin die Fehl- und Totgeburten.
Es gibt also Quellen für Wunden, die völlig außerhalb unserer Einflussmöglichkeiten liegen.

Bei Ihnen ging alles gut

Jeder war am Anfang seiner Laufbahn ein Wesen, das Teil einer biochemischen Ursuppe war, aus der er entstanden ist. Diese Ausgangslage machte uns zu wehrlosen Opfern aller von außen kommenden Einflüsse. Bei uns allen war der hochkomplexe Entstehungsprozess so akribisch und geheimnisvoll genial gesteuert, dass wir überlebt haben. Auch Sie haben es geschafft, diesem ersten lebensbedrohlichen Szenario zu entkommen, und Sie haben daraus gelernt: Unbewusst sind Sie zu einem Experten für Krisenmanagement geworden. Bestens organisiert und immer wieder von schmerzhaften Wachstumsreizen im Plan gehalten sind Sie ein Mensch geworden, wie es ihn noch nie gegeben hat und nie wieder geben wird.

Exkurs

Das Gedächtnis des Wassers

Das kleine Lebewesen im Mutterleib erlebt diese Riesenwelt, dieses Universum, die erste Zeit nur – im Wasser.
Es ist uns das Vertrauteste überhaupt, und unser Körper besteht zu 80 Prozent aus diesem Grundstoff. Wasser ist die Grundlage menschlichen Lebens. Sind Menschen in unbekannte Gebiete vorgestoßen, galt ihre erste Suche nach Wasserstellen, auch auf dem fernen Planeten Mars sucht man zuerst danach. Es hat auch etwas Wunderliches. Nimmt man etwa Wasser aus einer Leitung und verteilt es in zwei Gläser, hat es in beiden die gleiche Molekularstruktur. Wenn nun jemand eines der Gläser berührt, ändert sich darin diese Struktur der Moleküle. Das Wasser ist somit eigenartig und nicht mehr gleich. Schon die alten Schamanen sprachen vom »Gedächtnis des Wassers«. Es ist der beste Informationsträger. Jeder Mensch hat den entscheidenden Teil seines Lebens im Wasser verbracht, im Fruchtwasser eines anderen Menschen.

Alles ist perfekt gelaufen, oder etwa nicht? Zugegeben, von diesen Abermilliarden von Faktoren waren einige wenige scheinbar nicht die besten. Kleine Veränderungen, ein bisschen zu viel da, ein bisschen zu wenig dort, zeigen ihre Auswirkungen. Vielleicht war es eine zu heftige Bewegung der Mutter, vielleicht ein Schrei, eine kleine Unsicherheit – schon könnte eine Wunde gerissen worden sein, eine Wunde, die unter Umständen einen Lebenstraum in

einer Krise enden lassen kann. Gemessen aber an der unvorstellbaren Menge an Faktoren, die »nach Plan« gelaufen sind, soll ausgerechnet dieser verschwindend geringe Teil nicht heilbar sein und alles infrage stellen, vielleicht sogar ein ganzes Leben sinnlos machen? Vielleicht ist es vielmehr die fehlende Einsicht und eine neue Einstellung, die wir jetzt bräuchten, um die Wunde heilen zu können, die uns bedroht.
Wenn sich die Sichtweise verändert, dann verliert die Bedrohung die Macht über uns. Denn es ist eigentlich etwas Gutes, wenn wir durch ebendiese Bedrohung auf unsere Entwicklung aufmerksam werden und unsere Schwächen verstehen. Nur so können wir ihre chancenreichen Seiten erkennen und auf dem Weg aus der Krise nutzen.

Die erste Zeit unserer Existenz waren wir also einer Informationsflut ausgesetzt, die mit den Gefühlen eines anderen Menschen angereichert und aufgeladen war. Auf diese Weise erleben alle Menschen ihre ersten Gefühle, denen sie schutzlos ausgeliefert sind.
Natürlich hat das im Mutterleib Heranwachsende eine andere Art des Erlebens und der Erkenntnis als wir. Aber niemand wird dem werdenden Menschen ein mindestens elementares Erleben der Welt um sich herum absprechen können. Es wäre absurd zu behaupten, das Wesen im Bauch der Mutter sei völlig unempfindlich. Schließlich entwickeln sich vor der Geburt Abermilliarden von Nervenzellen. Das Milieu, in dem es heranwächst, dürfte also nicht ganz folgenlos für seine Entwicklung sein. Es wird die Wissenschaft wohl noch einige Zeit kosten, die Forschungen zu präzisieren und klarere Ergebnisse vorzulegen. Aber schon heute zeichnet sich ab, dass ein eher »feindseliges« oder schädigendes Umfeld während der Schwangerschaft die Wahrscheinlichkeit erhöht, dass sich das werdende Leben mehr

auf eine feindliche Welt einstimmt. Wahrscheinlich bleiben seine seelischen Neigungen für Frieden, Zuversicht und Freundlichkeit eher unterentwickelt, stattdessen bereitet es sich auf Gewalt vor, auf Hoffnungslosigkeit und Feindseligkeit. Was indes auch immer stärker wird, ist die Sehnsucht nach dem Guten, die in ihm keimt. Dies zeigt sich bei den Persönlichkeiten, die ins völlige Gegenteil dessen umgeschlagen sind, was sie im Laufe ihrer Entwicklung am eigenen Leib erfahren haben. So können auch Menschen, die viel Gewalt erleiden mussten, sich völlig von ihr abwenden und sich mit Reichtum an Liebe anderen Geschöpfen zuwenden.
Wie und was wir als ungeborene Lebewesen aufnehmen, ist noch nicht geklärt. Doch es gibt Hinweise darauf, dass wir uns unser ganzes Leben lang in irgendeiner Form daran erinnern. So erkennt ein Neugeborenes die Stimmen seiner Eltern wieder. Hat die Mutter während der Schwangerschaft ein Musikinstrument gespielt, wirkt es auf das Kind beruhigend, wenn es die Mutter später spielen hört. Wie feinsinnig die Wahrnehmung noch im Mutterleib zu sein scheint, zeigt ein Versuch: Man hat einem Neugeborenen genau das Flötenstück vorgespielt, das die Mutter während der Schwangerschaft immer geübt hat. Das Kind schrie weiter. Erst als die Mutter selbst zur Flöte griff, ließ es sich beruhigen. Es war nicht mit der »Kopie« des Stücks zu beruhigen, die von einer CD abgespielt wurde. Es schien sehr wohl unter zwei Interpreten die Mutter genau herauszuhören.

Selbst uralte Wunden sind heilbar

Noch ein weiteres Beispiel gibt zu denken. Ein Mann hatte sehr große Angst, wenn jemand seinen Kopf berühren wollte. Der Gang zum Friseur war ihm verhasst, selbst

Ärzte durften ihn da nicht anfassen. Ja, er wollte sogar eine Liga gegen Enthauptungen gründen. Wie sich herausstellte, war seine Geburt schwierig gewesen. Die Hebamme hatte ihn als Baby in einer langwierigen, gefährlichen und schmerzhaften Prozedur mit einer Zange am Kopf herausgezogen. Auf eine ähnliche Erfahrung ist die Panik zurückzuführen, wenn der Pullover beim An- oder Ausziehen nicht schnell genug über den Kopf rutscht. In diesen Fällen hat sich beim Neugeborenen oft die Nabelschnur um den Hals gewickelt und eine erste Atemnot verursacht. Das Körpergedächtnis scheint solche Erlebnisse auf welche Weise auch immer zu memorieren.

Psychologen berichten davon, dass Menschen, die einen Abtreibungsversuch überlebt haben, diesen später zu verarbeiten scheinen. Ein junger Mann hatte in therapeutischen Sitzungen Bilder von einer Person gemalt, die im Feuer gefangen war. Seine Mutter hatte in einem frühen Stadium der Schwangerschaft versucht, ihn mit heißen Bädern abzutreiben. Oder ist es ein Zufall, dass weit mehr als 90 Prozent aller Gewaltverbrecher als Kinder ungewollt waren und schon früheste Erfahrungen mit Gewalt machen mussten?

Wie unsere Seele die Eindrücke aus einer Zeit verarbeitet, in der wir weder eine Sprache noch überhaupt so etwas wie ein Bewusstsein haben, auch das wird die Wissenschaft noch einige Zeit beschäftigen. Vielleicht vollzieht sich das »Erinnern« an unsere vorgeburtliche Zeit in einer Sprache ohne Worte, ähnlich wie sie in unseren Träumen vorkommen.

Für unser Krisenmanagement wollen wir in unsere Überlegungen mit einbeziehen, dass es durchaus Wunden gibt, die uns schon lange vor unserer Geburt zugefügt worden sind. Gerade bei solchen, deren Ursprünge für uns im Dunkeln liegen, ist dies ein hilfreicher Ansatz. Aber es ist am allerwichtigsten zu wissen, dass wir in unserem Leben die

Möglichkeit haben, unsere Entwicklung nachzuholen und unsere Wunden auch nachträglich zu heilen.

Die Erfahrung, als kleine Wesen vor der Geburt nicht die geringste Chance zur Gegenwehr zu haben, könnte uns also zutiefst für unser ganzes Leben beeinflusst haben. Die Rettung aus dieser eigentlich ausweglosen Situation ist die Erkenntnis, ein Teil der Mutter zu sein, ja sogar eins mit ihr zu sein. Dieses winzige Wesen erlebt sein Dasein in einem alles umfassenden Gefühl der Identität: Ich bin alles, der Herzschlag, die Mutter, die Welt. Diese Sicherheit des Dazugehörens begleitet uns über die Geburt hinaus. In diesem Bewusstsein und in dem des Ausgeliefertseins werden wir geboren; diese Erfahrung prägt unseren Umgang mit Wunden, Schmerz, Leid und Angst vor dem Hintergrund einer völligen Wehrlosigkeit.
Vergessen wir aber nicht die zweite, heilsame Perspektive: Jedes Trauma, das wir damals erlebt haben, bedeutete die Chance zum Überleben. So schlimm es auch ist, den Kopf im harten Griff einer Geburtszange auf die Welt zu kommen, ohne dieses grauenhafte Erlebnis wäre das Kind nicht am Leben und es könnte nicht zu einem einzigartigen und liebenswerten Menschen heranwachsen.

Mehr Ahnung als Vorstellung

Es scheint also etwas zu geben, das wir aus dieser ersten Zeit mitnehmen: die Erinnerung. Sie ist nicht mit der vergleichbar, die wir als Erwachsene haben, wenn wir an den vergangenen Urlaub oder die Kindheit denken. Diese Erinnerung ist eher unkonkret, vielleicht mehr eine Ahnung als eine Vorstellung. Wer kann sich schon seine Geburt ins Gedächtnis rufen, seine angsterfüllten Schreie nach der

Mutter in der Wiege oder gar Ereignisse, die lange vor der Geburt datieren? Trotzdem war dies alles Wirklichkeit für uns, Teil des Erlebten, und wir können wohl auch davon ausgehen, dass wir es in irgendeiner Form reflektiert haben, als wir ihm ausgesetzt waren. Dann liegt der Schluss nahe, dass wir es auch im Körper gespeichert haben, natürlich in tiefen Regionen unseres Un-Bewusstseins. Das zeigen die Beispiele, die ich Ihnen oben geschildert habe. Diesen Zusammenhang können wir uns zunutze machen, wenn wir in einer Krise stecken.

Wenn wir als ganz früh entwickelte Wesen erleben und verarbeiten, was uns das Schicksal einst zugemutet hat, dann bedient sich unsere Psyche keiner an Worte gebundenen Sprache. Damit sich uns trotzdem alles einprägen kann, geschieht dies mit Hilfe von Bildern. So lässt sich nämlich die vorgeblich unerklärliche Bildersprache der Träume erklären. Vielleicht drückt sich, wenn wir schlafen, unsere Seele wieder so wie ein Kind aus, dem die Sprache nicht zur Verfügung steht. Es muss malen, seine Realität inszenieren oder erschaffen, will es das Erlebte verarbeiten, und will mit uns darüber kommunizieren. Vieles wird es gar nicht verarbeiten können, weil ihm die Strategien dazu fehlen, weil es die Zusammenhänge nicht versteht. Dazu zählen alle Erfahrungen, die es machen muss, gute wie schlechte. Alle Ängste, jede Erwartungshaltung der Mutter und die Aggressionen werden als erste Eindrücke erlebt und in einem Speicher abgelegt. Im Laufe der körperlichen und seelischen Reifung greifen wir unbewusst immer auf diese ersten Antworten, die auch unsere ersten Krisen waren, zurück. Allerdings werden sie nicht in unserer Sprache abgerufen, unser Unterbewusstsein lässt die Erinnerung in dem Format, in dem sie damals gespeichert worden ist: in einer Bilderversion - und wir müssen sie nur wieder verstehen lernen.

Das Rätsel unserer Wunden liegt in ihrer Geschichte. Viele gründen in einer Tiefe unseres Wesens, in die hinabzutauchen nicht nur Geduld und Anstrengung nötig sind, sondern sogar eine andere Sprache als die, die wir gewohnt sind. Trotzdem der Ursprung vieler Wunden Jahre, Generationen, ja sogar die ganze Menschheitsgeschichte zurückliegt, können wir sie erlösen und uns von ihren fesselnden Schmerzen befreien.

Zusammenfassung

1. Krisen zu überwinden erfordert viel Zeit und viel Geduld. Ein rein intellektueller Umgang mit ihnen hilft nicht, aber das Sehen mit dem Herzen.
2. Manchmal müssen wir öfter das Gleiche erleben, um daraus zu lernen.
3. Sich nur auf eine Sache, einen Wert oder einen Menschen im Leben zu konzentrieren engt uns ein. Die Seele ist von ihrer Natur her vielseitig, nicht einseitig.
4. Falsche Glaubenssätze müssen wir erkennen, aussprechen und zurückgeben. Denn sie behindern unser Wachstum.
5. Manchmal ist es weise, einen Umweg zu gehen. Denn erst dann werden wir auf unser Glück stoßen.
6. Auf der Suche nach der Ursache von Wunden müssen wir oft lange zurückgehen, bis in die Kindheit. Wir leiden sogar an Wunden, die schon vor unserer Geburt geschlagen wurden.
7. Wir haben immer die Möglichkeit nachzureifen, alte Wunden zu heilen und Defizite auszugleichen.

Der Umgang mit Wunden

Wie wir mit Wunden umgehen,
entscheidet über den Erfolg der Heilung.

Menschen aller Zeiten orientieren ihr Handeln und Denken an Idealen. Je wichtiger der Stellenwert wird, den man ihnen einräumt, umso mehr werden sie zum Leitfaden, nach dem die gesamte Lebensgestaltung entworfen wird. Die Skepsis, die wir diesen Idealen entgegenbringen, sinkt proportional mit der Anerkennung, die uns zuteil wird, wenn wir sie erfüllen. Also stellen wir unsere Bedürfnisse zurück und ordnen uns dem unter, was als besonders erstrebenswert gilt. Inwieweit dies aus freien Stücken geschieht, mag der Einzelne selbst bewerten. Der Druck, der auf vielen lastet, wird oft als beklemmend empfunden. Den öffentlich geforderten Ansprüchen nicht gerecht zu werden kommt einer Disqualifikation in einem erbarmungslosen gesellschaftlichen Spiel um Anerkennung, Ansehen und Bestätigung gleich.

Leistungskraft, Dynamik und vor allem Jugendlichkeit heißen die Diktate, denen wir uns zurzeit zu beugen haben. Das Damoklesschwert der Ausgrenzung schwebt über denen, die aus welchen Gründen auch immer dieser Norm nicht mehr entsprechen wollen oder können. Fällt jemand durch das Raster aus Image und Prestige, versinkt er in Bedeutungslosigkeit, wobei ein eigenartiger Doppelprozess des Leidens in Gang gesetzt wird. Zum einen schmerzen die Faktoren, aufgrund deren man sich seiner Leistungsfähigkeit beraubt fühlt, Krankheit, Alter oder Aussehen. Zum anderen demütigt den Ausgeschlossenen, dass man ihn überhaupt ausgeschlossen hat. Diese doppelte Kränkung intensiviert die Schmerzen der ursprünglichen Wunde mit zusätzlicher Scham und dem Gefühl, versagt zu haben. Manche Wissenschaftler sprechen von der »narzisstischen Phase der Menschheitsgeschichte«, in der wir uns befinden, die durch ein ausschließliches Verliebtsein in uns selbst gekennzeichnet ist. Gefangen in unserem eigenen Wertesystem empfinden wir alles, was nicht unseren Erwartungen gemäß ist, als Enttäuschung, als Kränkung, als Demütigung. Daraus resultiert ein wenig heilsamer Umgang mit Wunden. Die Bereitschaft allerdings, Wunden anzunehmen, zu wachsen und sich zu entwickeln, würde einhergehen mit einer Wandlung der Einstellung: Dies gelingt, wenn wir uns nicht mehr als Opfer sehen, sondern als Akteure, die selbst etwas tun können, um sich von Kränkungen und Enttäuschungen nicht lähmen zu lassen.

Lifestyle fordert schnelle Heilung

Wer eine Wunde hat, kann ihr auf zwei Arten begegnen: Er kann sie missachten oder sie annehmen, sie zulassen. Doch nur derjenige, der ihr Beachtung schenkt, sie sich anschaut, lernt ihre Entstehungsgeschichte verstehen und kann sie behandeln. Im blinden Gehorsam dem Zeitgeist gegenüber betäuben wir jedoch den Schmerz, denn langwierige Unannehmlichkeiten möchten wir nicht mehr auf uns nehmen, passen sie doch so gar nicht in das Bild des Tatkräftigen und Aufstrebenden, das wir vermitteln wollen. Ich möchte das nicht verurteilen, sondern nur feststellen: Es scheint ein gesellschaftliches Phänomen zu sein, alle Schmerzen aus seinem Umfeld und seinem persönlichen Erleben bannen zu wollen. Der Leidende, Kranke und Alte steht oft außerhalb der Gesellschaft, weil seine Erscheinung nicht in das moderne wunden-freie Menschenbild passt. Und er wird - ob er will oder nicht - immer öfter in speziellen Einrichtungen untergebracht, in denen die Leidenden vor der Welt verborgen bleiben.

Die Fortschritte in der Medizin erleichtern uns auf der anderen Seite auch in allen Bereichen den Umgang mit Wunden. Sie bieten hilfreiche Lösungsmodelle an, die wir in unserer Bequemlichkeit allerdings häufig dafür einsetzen, die Symptome zu bekämpfen, weil wir unser Verhalten nicht ändern wollen. So zielen die Segen der Medizin leider allzu oft auf eine rein kosmetische Behandlung ab. Fettabsaugen oder andere schönheitschirurgische Eingriffe ersetzen einen würdevollen Umgang mit dem Alter, dem Übergewicht und sie ersparen es, sich mit der eigenen Unvollkommenheit auseinander zu setzen. Ebenso wächst die Vielzahl der schmerzstillenden Medikamente unaufhörlich. Sie bekämpfen das Symptom, die Wurzel des Schmerzes jedoch lassen sie unbeachtet. Doch all dies hat einen entscheidenden Nachteil: Wir verlernen, mit unseren Wunden in der gebührenden Form umzugehen und die Botschaft des Schmerzes zu verstehen.

Eines sollten wir uns aber klar machen: Schmerzen sind ein Zeichen dafür, dass der Körper versucht, Wunden zu heilen. So ist es bei körperlichen Leiden, so ist es auch bei seelischen. Das Symptom Husten sorgt zum Beispiel dafür, dass Bakterien aus dem Körper herausgeschleudert werden. Nimmt der Betroffene sofort ein hustenstillendes Medikament, hat er zwar das Symptom beseitigt, die Bakterien aber bleiben im Körper. Warum es zum Husten kommen konnte, bleibt ungeklärt, und ein erneuter Ausbruch derselben Krankheit ist höchstwahrscheinlich.

Auch bei psychischen Problemen ist der Griff zur Tablette näher liegend und einfacher als die Beschäftigung mit den Ursachen. Schnell sind bei depressiven Zuständen ausschließlich die chemischen Stimmungsaufheller zur Hand. Viele verlassen sich darauf, ohne sich Gedanken darüber zu machen, wo sonst noch Ursachen für ihre Depressionen liegen könnten. Wieder wenden sie sich nicht den Ursachen zu, die für ihre Traurigkeit verantwortlich sind. Dafür müssten sie die Wunde, die sie in diese negative Stimmung versetzt, erst einmal erkennen, um ihr anschließend nicht in einer ablehnenden Haltung zu begegnen, sondern in einer eher liebevollen. Sie könnten sogar mit ihr sprechen, bis sie ihnen über ihre Entstehung aufgeklärt hat. Aber das setzt die Bereitschaft voraus, sie nicht zu verstecken und abzudecken, sei es mit Medikamenten, Ersatzmitteln oder -handlungen. Gerade darin liegt die große Anziehungskraft aller Drogen verborgen.
Die narzisstische Isolation, in der wir nur mit uns selbst beschäftigt leben, hat unser Herz verschlossen. Damit bleibt der Zugang zu den eigenen Herzenswünschen unauffindbar. Wir sind unserer Einsamkeit wegen auch nicht mehr in der Lage, uns gegenüber anderen Menschen bedingungslos und vorurteilsfrei zu öffnen. Drogen aller Art lockern diese Blockade und lösen die emotionale Verfassung aus, nach der wir uns sehnen. Je rascher dieser frei machende Zustand des Berauschtseins erreicht ist, umso besser lässt sich die schmerzliche Auseinandersetzung mit den unangenehmen Gegebenheiten vermeiden.
Dem Lifestyle, der zeitgemäßen Umschreibung für eine rationelle, einfache und bequeme Lebensgestaltung, gehorchend haben sich zahllose Anbieter von schnellen Heilmethoden auf dem Markt etabliert. Sie versprechen ein unkompliziertes Abstreifen lästiger Ketten, die einen Weg in die ersehnte Freiheit verhindern: Rauchen, Übergewicht,

Einsamkeit, fehlende Erfüllung, die Folgen des Alterns und vieles mehr.

Wunden anschauen und annehmen

Lassen Sie uns jetzt auf die Suche nach Ihren »Pillen« gehen. Das müssen keine Tabletten sein. Es kann sich um allzu häufiges Fernsehen handeln, um übermäßigen Konsum, um Alkohol, um Zigaretten, Süßigkeiten, auch um Essen. Suchen Sie nach Gewohnheiten, die den Charakter einer schmerzstillenden Pille haben. Ihre Seele macht Sie immer wieder auf dieses Phänomen aufmerksam und schickt Ihnen ein ungutes Gefühl, sobald Sie in diese Gewohnheit verfallen. Sie wissen tief in Ihrem Inneren, dass es nicht gut für Sie ist, können es aber trotzdem nicht lassen. Auch der bisher vergebliche Versuch, sich bestimmte Verhaltensweisen abzugewöhnen, sollte Ihnen als Indikator dafür dienen, dass eben hinter diesen ein falscher Umgang mit Wunden steckt: Vielleicht nagt die Einsamkeit an Ihrem Herzen, vielleicht können Sie Frustrationen nur schwer ertragen, wollen Ihre Nervosität in den Griff bekommen, Ihre innere Leere ausfüllen oder einfach nur mit jemandem in Kontakt kommen.

Heilsame Übung

Lieber Wunden heilen als Schmerzen stillen

Welche Funktion haben die Pillen und Gewohnheiten, zu denen Sie immer wieder Zuflucht nehmen? Welchen Schmerz möchten Sie nicht anschauen, sondern lieber zudecken? Um

dies herauszufinden, phantasieren Sie, was Ihnen fehlen würde, wenn Sie auf sie verzichteten. Was wäre so schlimm daran, wenn Sie das Fernsehen heute ausgeschaltet ließen? Füllen die Stimmen und Bilder eine Leere aus? Macht Ihnen die Erkenntnis Angst, dass Sie nichts mit sich anzufangen wissen? Oder scheuen Sie vor dem Gespräch mit dem Partner zurück?
Versuchen Sie, nur drei Tage auf eine dieser Gewohnheiten zu verzichten. Schreiben Sie auf, welche Bedürfnisse stattdessen in Ihnen hochkommen. Wie fühlen Sie sich körperlich? Welche inneren Bilder tauchen auf, welche Gefühle? Mit dieser Übung werden Sie nicht auf einen Schlag von diesen Gewohnheiten und Verdrängungsmechanismen loskommen, aber Sie sind einen ersten wichtigen Schritt gegangen. Wenn Sie ahnen oder zu wissen beginnen, warum Sie bestimmte Strategien einsetzen, können Sie im nächsten Schritt die Entscheidung darüber fällen, ob Sie in der gewohnten Weise fortfahren oder anders handeln wollen. Wenn Sie etwas ändern möchten, scheuen Sie nicht vor der Hilfe von Freunden oder Ärzten zurück. Manchmal geht es nicht alleine.

Andere Lösungen finden

Es ist eine Illusion, sein Heil in der bloßen Betäubung des Schmerzes zu suchen oder gar in der Abwendung von der Wunde. Kurzfristig mag sich ein Erfolg einstellen, die Wunde wird aber im Verborgenen weiterbluten und immer wieder neue ungünstige Einflüsse auf unser Leben nehmen, wenn wir sie nicht heilen. Sie programmiert in unserer Seele bestimmte Handlungsmuster, nach denen wir uns richten. So nimmt sie uns die Freiheit, unser Tun selbst zu bestimmen. Aber wir können uns zu jeder Zeit der Wunde

zuwenden und sie heilen, ganz gleich, wie lange ihr Ursprung zurückreicht, wäre es selbst im frühesten Stadium unserer Entwicklung. Wir brauchen nur neue Lösungen für unsere grundlegenden Probleme zu finden und Alternativen zu bisherigen Strategien zu entwickeln, etwa wie wir mit Einsamkeit umgehen wollen. Erst danach werden wir eine größere Freiheit gewinnen, und erst dann kann sich unsere Persönlichkeit weiterentwickeln.
Wir sind also nicht gezwungen, unser ganzes Leben lang unter den Auswirkungen einmal gewählter Strategien zu leiden. Wir können sie korrigieren und manchmal werden wir sogar dazu gezwungen. Denn sie führen dazu, dass wir oft Dinge tun, unter deren Folgen wir leiden: Jemand wacht morgens mit starken Kopfschmerzen auf, sein Magen brennt. Er kann sich selbst nicht mehr leiden, denn er hat am Abend zuvor wieder zu viel getrunken. Er wendet sich voll Scham und Enttäuschung von sich ab, fühlt sich noch schlechter und betäubt dieses schlechte Gefühl wiederum, um den Tag zu bewältigen. Ein Kreislauf dieser Art ist verantwortlich für viele unserer Ängste, die manchmal sogar körperliche Schmerzen produzieren.

Vor allem in der Kindheit sind wir anfällig für falsche Weichenstellungen. Doch auch hier gilt es, Abstand von ungerechtfertigten Schuldzuweisungen sich selbst gegenüber zu nehmen. Je jünger ein Mensch ist, desto leichter ist er beeinflussbar, im Negativen wie im Positiven. Ein Kind stürzt sich mit Begeisterung und großem Lerneifer auf alles, was es in der Erwachsenenwelt nachzuahmen gilt, es macht sich alles zu Eigen, weil es in seiner Offenheit dem ganz unvoreingenommen gegenübersteht. Natürlich hat es in dieser Phase der Entwicklung noch wenig innere Kompetenz, das Richtige vom Falschen, das Schädliche vom weniger Schädlichen zu unterscheiden. Die Kinder sind al-

so vielen Einflüssen wehrlos ausgesetzt. Zu diesem Zeitpunkt können sie sich ihnen noch nicht entziehen, dies gelingt ihnen erst mit der Zeit. Mit der Entwicklung ihrer Steuerungsfähigkeit werden sie sich gegen Dinge, Handlungen und Menschen entscheiden und sie abweisen. Bis dahin haben sich Kinder auf Strategien verlegt, die sie in bestimmten Situationen anwenden und auf die auch der Erwachsene noch manchmal unbewusst zurückgreift. Gerade er aber hat die Chance, sie als die definitiv falschen zu erkennen und zu ändern.
Dies zeigt uns auch, dass wir für gewisse Entwicklungen in unserem Leben nicht allein verantwortlich gemacht werden dürfen. Manche schlechte Angewohnheit, manche Unausgeglichenheit und manche verpasste Chance lassen sich nur aus den Einflüssen heraus erklären, denen wir als Kind ausgesetzt waren und denen wir außer unserer Wehrlosigkeit nichts entgegenzusetzen hatten. Aber wir dürfen nicht in Selbstmitleid hängen bleiben oder mit Vorwürfen auf die Umstände reagieren. Wir haben die erneute Chance, aus unseren Anlagen das für uns Beste zu machen. Dazu zählen auch unsere vermeintlichen Schwächen.

Exkurs

Freiheit

Ein Zen-Schüler ging zu seinem Meister, denn es betrübte ihn, dass er nicht wusste, wie er mit dem Rauchen aufhören könnte. Der Meister sagte ihm knapp: »Hör einfach auf!«
Das tat der Schüler. Nach einem Jahr, in dessen Verlauf er sich angestrengt hatte, nicht mehr zu rauchen,

ging er zu seinem Meister, um ihm seinen Erfolg zu berichten. »Du hast dich angestrengt, nicht zu rauchen? Fang wieder an!« Der Schüler wunderte sich sehr und fragte nach, denn er verstand nicht. »Erst wenn du frei davon bist, es tun zu müssen, bist du auch frei, es zu tun«, erklärte der Meister. Der Zwang, etwas nicht zu tun, ist genauso ein Zeichen der Unfreiheit wie der Zwang, etwas zu tun. Erst eine von außen unabhängige Entscheidungsfähigkeit, die sich nur auf sich selbst konzentriert, ermöglicht die Freiheit.

Wie wir mit Wunden umgehen, entscheidet über den Erfolg der Heilung. Ein nur oberflächliches Beseitigen der Symptome schafft kurzzeitige Linderung, aber eine Erlösung im Sinne eines freien und ausgeglichenen Lebens dürfen wir nicht erwarten. Schnelle Lösungen gehen zwangsweise zu Lasten der erforderlichen Tiefe, auf die wir uns im Umgang mit unseren Wunden einlassen sollten. Schmerzen werden beim Heilungsprozess unumgänglich sein. Aber Leid zu empfinden und trotzdem den erforderlichen Weg der Heilung nicht zu scheuen zeugt von großer Reife.

Zusammenfassung

1. Wir lassen uns vom Zeitgeist diktieren, nach welchen Werten wir uns richten. Wir fühlen uns deswegen oft unter Druck.
2. Schmerzen zeigen, dass Wunden an Körper und Seele geheilt werden müssen. Wir dürfen sie nicht verdecken,

selbst wenn wir dann den gesellschaftlichen Ansprüchen nicht mehr zu genügen scheinen.

3. Wunden sollten wir annehmen und uns ihnen zuwenden. Das erfordert Zeit, aber eine schnelle und unkomplizierte Heilung wäre ein leeres Versprechen.
4. Stattdessen greifen wir oft lieber zu Tabletten oder anderen medizinischen Methoden.
5. Betäuben lässt sich eine schmerzende Wunde nur kurz, aber bald kann es wieder zu einer Krise kommen.
6. Viele von uns haben auch im Alltag ganz »normale Pillen«, zu denen sie gerne Zuflucht nehmen. Dazu zählen nicht nur Zigaretten und Süßigkeiten, sondern auch übermäßiges Fernsehen oder Ähnliches.
7. Freiheit sollte die Grundlage unserer Entscheidung sein, etwas zu tun oder zu lassen. Zwang macht unfrei.

Die Wunden-Macher

Warum die Ursachen aller unserer Wunden in uns selbst liegen.

Um zu verdeutlichen, wie wir unser Leben von Einflüssen bestimmen lassen, die schon lange zurückliegen, möchte ich mit Ihnen jetzt eine ganz leichte Übung machen. Sie sieht so leicht aus, dass Sie sich zunächst vielleicht wundern. Aber in der Praxis hat sich gezeigt, wie viel Potenzial sie freisetzt. Nehmen Sie ein Blatt Papier, gönnen Sie sich zwei Minuten Ruhe und beantworten Sie dann schriftlich folgende Frage: Was würde ich wirklich gerne tun? Merken Sie, wie sich die Stimmung verändert, Widerstände in Ihnen hochkommen und Ausreden auftauchen? So einfach ist es also nicht. Stellen Sie sich vor, Sie hätten keine Verpflichtungen, keinen Beruf, keine Familie, einfach überhaupt nichts, was Sie daran hindern könnte, das zu tun, was Sie wirklich wollen. Werfen Sie Ihre Ausbildung innerlich über Bord, suchen Sie sich das aus, was Ihnen am meisten Spaß macht. Den meisten Menschen fällt es ziemlich schwer, diese Übung zu absolvieren. Dass das Notieren von ein paar Wünschen ein hartes Stück Arbeit wird, liegt – an Ihnen selbst.

Sobald wir unseren inneren Wunschzettel durchgehen, taucht bei jeder Position sofort eine Art Zensor auf. Wir spielen die Wunschkarte »Berufswechsel«, er sticht mit einer Karte, auf der steht: »Das kannst du nicht machen, du hast einen sicheren Arbeitsplatz.« Wir spielen weiter und legen die Karte »Beendigung einer Sache«, er trumpft mit: »Das darfst du nicht.« Dieser Zensor hat für jeden unserer Wünsche ein »aber« im Ärmel, er bestimmt die Regeln, nach denen wir uns richten. Eigenartigerweise lassen wir uns von ihm sogar in unseren Gedanken beherrschen. Seinetwegen wird es zu einem Kraftakt, ein Blatt Papier mit Wünschen zu füllen. Genau genommen ist der Zensor nur so etwas wie ein Gedanke, es gibt ihn nicht wirklich. Und wir lassen ihn schalten und walten – anstatt ihn auszuschalten, wenn es erforderlich ist.

Denn er schadet oder bremst uns auf dem Weg nach vorne nicht immer, im Gegenteil: Er ist dringend erforderlich für unsere soziale Anpassungsfähigkeit. Als innere Instanz, die uns Regeln und Normen einhalten lässt, unterzieht er unsere Vorhaben einer moralischen Prüfung und hält uns von der Ausführung ab oder bestärkt uns darin. Er ist unser Gewissen. Aber sein Urteil ist nicht neutral. Wir übernehmen Verbote und ethische Vorstellungen als Kinder kommentarlos und unzensiert. Wir halten uns an diese Verbote, weil wir sie als innere Richtschnur nicht in Zweifel ziehen. Sie sind so mächtig, dass sie von keiner zweiten Person mehr ausgesprochen werden müssen. Wir verbieten uns selbst, was man uns verboten hat. Das Akzeptieren ethischer Vorschriften ist eine wichtige Voraussetzung für ein gesellschaftliches Zusammenleben. Aber wo wir uns innerhalb dieser Vorschriften keine Freiheiten mehr gestatten, wo unser Entwicklungspotenzial zu schnell an die eng gesetzten Grenzen stößt, sollten wir die Schlussfolgerungen unseres inneren Zensors auf die Probe stellen und gegebenenfalls sogar gegen seine Moralvorstellungen verstoßen.

Heilsame Übung

Die Enge weiten

Nehmen Sie sich ein Blatt Papier und einen Stift zur Hand. Kommen Sie zur Ruhe und beantworten Sie folgende Frage: Was würde ich gerne tun, wenn ich völlig frei wäre? Beobachten Sie, wenn eine innere Stimme »Nein« sagt. Manchmal tritt ein »Das kannst du nicht«, »Das darfst du nicht« oder »Das geht nicht« an seine Stelle. Schreiben Sie auch auf, welche Dinge Sie tun, aber gar nicht tun wollen. Welche Gefühle setzt die Beschäftigung damit bei Ihnen frei?
Nutzen Sie die Heilsame Übung *dazu, Ge- und Verbote aller Art, an die Sie sich halten, zu hinterfragen. Beispiele sind: Das Essen muss zu einer bestimmten Zeit fertig sein, die Kinder müssen abgeholt werden, es muss geputzt sein, die Nachbarn sind freundlich zu grüßen. Wie könnte ein erster Schritt aussehen, sich dem Zwang solcher Formeln zu entziehen?*
Der Nutzen dieser Übung liegt darin, dass wir unsere Potenz und unser Potenzial spüren. Möglichkeiten, die in uns stecken, kündigen sich in der Ferne an. Wir merken aber, dass wir innerlich blockiert sind. Das beschriebene Blatt Papier vor Ihnen könnte der erste Schritt in Ihr eigentliches Leben sein. Was darauf steht, zeigt, was Sie zu leisten fähig sind.

Der innere Zensor wirkt nicht immer hinderlich oder setzt unserem Handeln Widerstände entgegen. Manchmal fordert er sogar zum richtigen Handeln heraus. Aber oft könnten das Wünschen und das Leben so einfach sein, wenn es ihn und seine lähmenden Argumente nicht gäbe. Wer jemals mit einem zweijährigen Kind gespielt hat, weiß, wie es ist, wenn dieser Zensor noch keine Macht besitzt. Der Kleine hat eine sehr genaue Vorstellung von der Reihenfolge, in der die Bauklötze gestapelt werden müssen. Alternativen gibt es nicht. Oder gönnen Sie sich die Freude, mit ebendiesem Kind über die Schlafenszeit oder die zulässige Menge an Süßigkeiten zu diskutieren. Sie werden merken, dass es eine harte Sache ist, mit dem kleinen Menschen zu verhandeln.

Macht hat Macht

Denn er hat erst vor kurzem etwas entdeckt, was ihn so hartnäckig und seine Eltern oft verzweifelt macht: Sein Wille verleiht ihm diese Macht. Er ist jetzt in einem Alter, in dem er sich in der Welt behaupten will. Dazu haben ihn einige Beobachtungen geführt. Bei gewissen Dingen freut sich die Mutter, bei anderen wird sie wütend, wieder andere lassen sie gar gleichgültig. Wenn das Kind seinen Teller leer gegessen hat, wenn es in die Windel gemacht hat, dann ist die Welt des Kindes in Ordnung: Die Eltern lohnen dies mit Zärtlichkeit oder Lachen. Umgekehrt funktioniert das genauso. Fällt eine Vase im Wohnzimmer um oder landet ein Löffel Brei auf der Tapete, ändern sich die Mienen und das Verhalten der Eltern.
Hat das Kind den Schritt von der Beobachtung zu ihrer Auswertung vollzogen, folgt sofort die Anwendung: »Wenn ich mit Mama schmuse, freut sie sich. Also: Wenn ich will, dass sich Mama freut, dann schmuse ich mit ihr.« Dieses erhebende Gefühl für den kleinen Menschen, seine Kraft und Potenz zu spüren, ist Teil seiner Selbsterfahrung. Das Kind fängt an, seine Eltern zu kontrollieren, die Macht dazu hat es. In diesem Entwicklungsstadium lernt das Kind, die Muskeln seiner Ausscheidungsorgane zu beherrschen.

Ausgerechnet dann machten sich früher die Eltern an die Arbeit, ihr Kind zur Sauberkeit zu erziehen. Das Kind dürfte mit seiner eigenen bewussten Entscheidung für den Zeitpunkt, aufs Töpfchen zu gehen, die Eltern mehr als einmal zur Weißglut gebracht haben. Heute sieht man die Sauberkeitserziehung nicht mehr ganz so eng, aber die »Machtspiele« zwischen Eltern und Kindern sind prinzipiell die gleichen geblieben und sie dauern oft lange. Und um es vorwegzunehmen: Werden sie mit ungleichen und unfairen Mitteln geführt, freut sich der innere Zensor: Er erhält mit jedem Verbot, mit jeder Regel und mit allzu kompromissloser Ausübung von Macht mehr Einfluss auf die Persönlichkeit des Kindes. Dabei sind die Auswirkungen bei jedem anderer Art, aber es gibt gemeinsame Strukturen.

Wenn der kindliche Wille bricht

»Das Kind hat seinen eigenen Kopf.« Damit beschreiben wir umgangssprachlich, wenn ein Kleinkind seine Potenz entdeckt. Es ist eine Zeit, die es anfällig für seelische Wunden macht. Die Eltern können die Grenzen zu eng setzen und den Lebensimpuls des Kindes dadurch zerstören, dass sie seinen Willen brechen. Sie können aber auch zu wenig Grenzen setzen, was für das Kind in Orientierungslosigkeit endet. Am schwierigsten gestaltet sich der Mittelweg zwischen den Wünschen des Kindes und den Vorstellungen der Eltern.

Die Mutter eines Sohnes, der »seinen eigenen Kopf« durchsetzen wollte, erlebte dies als starke Krise. Ihr Mann war eine bekannte Persönlichkeit aus Wirtschaft und Politik. Fast genauso bekannt war inzwischen der Sohn. »Typisches Kind reicher Eltern«, hieß es. Denn schon seit seiner

Gymnasialzeit war der Junge negativ aufgefallen. Zuerst waren es die notorisch schlechten Noten gewesen, erzählte die Mutter. Doch das hatte sie mit Nachhilfeunterricht vor dem Vater lange kaschieren können. Es war dennoch schlimmer geworden. Die fünfte Klasse hatte ihr Sohn nur mit größter Anstrengung geschafft, die sechste hatte er wiederholen müssen. Für den Vater war das der Beweis, dass der Sohn, in den er alle Hoffnungen gesetzt hatte, ein »Versager« war. Damals war ein Band zwischen Vater und Sohn zerrissen, meinte sie. Aber das Ende war noch nicht gekommen.

Der Name ihres Sohnes fiel immer öfter im Zusammenhang mit Streichen, deren Ausmaße sich kontinuierlich steigerten. Sein Freundeskreis bestand »aus diesen Typen, Sie verstehen schon«, klagte seine Mutter. Er wurde wieder nicht versetzt, trotzdem sie »Unmengen an Nachhilfestunden« organisiert hatte. Sein Vater hatte ihn daraufhin auf eine private Schule geschickt. Er war doppelt verzweifelt: Erstens weil er genau zu wissen glaubte, wie »wir jetzt vor aller Welt dastehen«, und weil er immer noch gehofft hatte, dass sein Sohn einmal in die Firma eintreten, sie sogar übernehmen würde.

Inzwischen hatte sich diese Hoffnung zerschlagen. Denn auch auf der Privatschule hatte der Junge keine besseren Leistungen gebracht. Er war noch wilder und rebellischer geworden, ein Gespräch mit seinem Vater war nicht mehr möglich. Nur die Mutter als Vermittlerin hatte Zugang zu ihm. Deshalb erfuhr es der Vater auch aus ihrem Mund: Der Sohn hatte in der zehnten Klasse die Schule verlassen, wollte von zu Hause ausziehen und eine Lehre als Schreiner anfangen. In dieser Krise war die Mutter zu keinem klaren Gedanken mehr fähig gewesen: ihr Mann, die Öffentlichkeit, die Firma, ihre Familie, ihr Sohn – ihre Welt war zusammengebrochen.

Schauen wir uns diese Welt an. Es war, so beschrieb sie es, immer eine geordnete Welt gewesen, ihre »kleine heile Familie«. Ihr Mann sei ein richtiger Überflieger gewesen. Als sie sich kennen lernten, hatte sie seinen Ehrgeiz und die Kompromisslosigkeit an ihm bewundert.

Doch jetzt hatte er durch ebendiese Eigenschaften seinen Sohn allzu sehr eingeengt. Er habe jedoch immer nur das Beste für den Sohn gewollt. Dazu sei eben eine gewisse Strenge nötig, aber sie habe ihn doch immer gegen seinen Vater verteidigt. Über das Wort »Strenge« lachte der Junge, den mitzubringen ich die Mutter überredet hatte. Er sprach von »Unterdrückung«. Nie habe er das tun dürfen, was er gerne getan hätte. Er wäre so gern wie die anderen gewesen. Aber wenn er Freunde mit nach Hause brachte, passten sie seinem Vater nicht. Welchen Hobbys er in der Freizeit auch nachging, sie wurden verboten. Da half auch das Vermitteln der Mutter nicht.

Der über die Maßen ehrgeizige Vater war eine derart dominante Persönlichkeit, an der der Wille eines kleinen Jungen scheitern musste, denn er übertrug seine Stärke nicht auf sein Kind, sondern hielt es damit in Grenzen. Schon von klein auf galten in dem gut funktionierenden Haus eine Unmenge von Regeln, wie der Vater sagen würde, Verbote, wie der Sohn es nannte. Die Palette bot alles von einfachen (und teilweise auch vernünftigen) wie: Mach dich nicht schmutzig! Sei pünktlich! Fasse dies nicht an! Daneben gab es andere, die dem Jungen das Leben schwer machten. Es waren kanonische Leitsätze wie: Das Wichtigste ist, eine ordentliche Familie nach außen zu sein! Beim Essen hat absolute Sauberkeit zu herrschen! Das höchste Ziel im Leben ist viel Geld und Macht! Lerne etwas Gescheites! Hebe dich von den anderen ab!

Jetzt stellen Sie sich das zweijährige Kind vor, das sich so wunderbar hartnäckig beim Spielen mit Bauklötzen und bei der Diskussion um die Schlafenszeit gegen seine Eltern durchsetzten möchte. Setzen Sie ihm den Vater des Jungen gegenüber, den wir gerade kennen gelernt haben. Man hört förmlich, wie der Wille des Kindes mit jedem Zentimeter Durchsetzungskraft, den der Vater nicht nachzugeben bereit ist, gebrochen wird. Seinem Entdeckungsdrang werden enge Grenzen gesetzt, hinter denen die Angst vor zerbrochenen Vasen oder schmutzigen Böden steht.

Heimliche Kämpfe um die Macht

Der kindlichen Lebensfreude werden ständig Dämpfer aufgesetzt, weil es im Spiel probiert, seinen Erfahrungshorizont zu erweitern, der Vater dem aber kein Verständnis entgegenbringt. Wie soll sich ein so kleiner Mensch gegen seinen allmächtigen Vater durchsetzen? Ganz einfach: verdeckt, indem er seine Verweigerung nicht offen zur Schau trägt.

Wenn ein Sechstklässler täglich hört, wie wichtig gute Noten sind, wird er sich nicht trauen, der Übermacht des Vaters ein »Nein« entgegenzuschleudern. Er wird innerlich widersprechen und schlecht in der Schule abschneiden. Wenn der Vater die jugendlichen Freunde nicht akzeptiert, wird der Junge aus Erfahrung wissen, wie sinnlos Diskussionen sind, und sich weiter mit ihnen treffen, heimlich. Auch das ist eine Facette der Macht, freilich in ihrer fast perfiden Form.

Denn auch ein Junge, der sich so unterdrückt fühlt, kann das Verhalten seiner Eltern steuern, er muss sich nur andere Strategien ausdenken. Wenn offene Gegenwehr aussichtslos ist, wird es zu Grabenkämpfen kommen, unter denen beide Seiten leiden. Man stelle sich die Wut vor, die sich mit jedem väterlichen Verbot aufstaut, zumal ein Kind dessen Sinn oft nicht versteht. Aus dem Gefühl der Ohnmacht wird es sein berechtigtes Aufbegehren nicht mehr äußern, sondern nach innen verlegen. Meinungsverschiedenheiten und Streitereien werden nicht zwischen Personen ausgefochten, sondern nur in Gedanken des Schwächeren.

Ein Mensch, der sich nicht »Nein« zu sagen traut, verlegt sich immer mehr auf den Trotz. Denn auf Dauer kann sich kein Begehren unterdrücken lassen. Es sucht sich einen wie auch immer gearteten Weg nach außen. Der Zorn kann eine Form sein, wie jemand, der sich unterdrückt fühlt, versucht, sich Geltung zu verschaffen. Leicht zornige Menschen sehen vieles sofort als einen Angriff auf ihre Persönlichkeit und verzichten meistens auf Argumente, sondern »kläffen« den anders Denkenden bei Diskussionen eben wie angegriffene Hunde von der Seite an. »Ich kann sowieso nichts ausrichten«, drückt ihre Grundeinstellung aus.

Eine zu große und unüberwindliche Machtfülle hat diese nie geheilte Wunde geschlagen, deren Auswirkungen sich in jedem Lebensumfeld anders gestalten können. Viele Leute mit dieser Vorgeschichte haben an ihrem Arbeitsplatz resigniert. Jeder ihrer Vorschläge wird abgelehnt, sie werden bis in die kleinsten Arbeitsschritte kontrolliert oder sie haben aufgrund ihrer Position und Ausbildung fast kein Mitspracherecht. Dies bedeutet nicht zwangsläufig, dass sie sich auch zu Hause oder in der Partnerschaft zurückgezogen haben. Es zeigt nur, dass sie eine solche Wunde irgendwann in ihrem Leben erlitten haben und dass sie noch nicht geheilt ist.

Eigenständig wird das Ich nur durch das »Nein!«

Wie wichtig ist auf der Reise zur Entwicklung der eigenen Persönlichkeit dieses offene »Nein!« Das Kind lernt, dass sein Ich auch etwas ausrichten kann, dass es nicht nur ausgeliefert ist. Seine Spielsachen braucht es nicht bedingungslos wegzugeben, es darf sie behalten. Auch Zärtlichkeiten kann es verweigern. Wird das Nein gar akzeptiert, hat das Kind ein weiteres Kapitel gelernt: Man darf und kann sich mit seiner Meinung behaupten. Jede Erfahrung, ein eigenständiges Ich zu sein, wird es gedanklich ein Stück weiter in die Selbstständigkeit und Freiheit führen.

Mit Schlägen oder überbordender Strenge wird Kindern dieser Weg verbaut. Sie werden rigide, und da sie mit ihrem wachsenden Durchsetzungsvermögen nichts erreichen, beginnen sie die Eltern zu kontrollieren, indem sie ihnen in vorauseilendem Gehorsam alles recht machen wollen. Dadurch hoffen sie, der elterlichen Anerkennung sicher zu sein. Oder sie durchbrechen die engen Grenzen mit den Mitteln des Protests, wie der Sohn des strengen Vaters. Ihm ist es geglückt, sich mit seinen Vorstellungen vom eigenen Leben gegenüber seinem Vater abzugrenzen.

Vielen Menschen gelingt dies wegen ihres inneren Zensors nicht. Er ringt so lange das Selbstbewusstsein auch von Erwachsenen nieder, bis sie von ihrer eigenen Machtlosigkeit überzeugt sind und sich wenig zutrauen, sodass in ihrem Leben ein permanenter Unterton der Unzufriedenheit mitschwingt: Sie fühlen sich ausgeliefert und – jetzt sind wir wieder beim »Wunschzettel« angekommen – sie machen nicht das, was sie eigentlich wollen.

Zeigen Sie es Ihrem Zensor, der sofort die Schere bei Ihren Wünschen ansetzt, und setzen Sie ihm einen mächtigen Gegenspieler gegenüber: den Glauben an sich selbst.

Heilsame Übung

Ich darf ich sein

Machen Sie sich noch einmal Gedanken darüber, wo Sie in Ihrem Leben das Gefühl haben, Dinge zu tun, die Sie eigentlich nicht tun wollen. Was würden Sie stattdessen gerne tun, natürlich im Rahmen der Vernunft? Beobachten Sie Ihren inneren Zensor, was er dazu sagt. Entgegnen Sie ihm: »Ich darf ich sein. Ich darf mich behaupten. Ich darf meine eigenen Dinge tun, die ich will, die mir gemäß sind. Ich fühle mich frei, das zu tun. Ich darf mich verabschieden, ich darf gehen, ich darf aufgeben, ich darf spielen, ich darf schmutzig sein, ich darf ein deutliches ›Nein!‹ aussprechen ...« Führen Sie selbst diese Liste fort.
All das dürfen Sie in aller Offenheit tun, nicht versteckt und heimlich.
Diese Übung zeigt Ihnen, in welchen Bereichen Sie sich gegängelt und unfrei fühlen. Sie zeigt aber auch, in welche Richtung sich Ihre Potenziale entwickeln können – wenn Sie die Fesseln abstreifen.

Mit diesem Wissen und den Übungen des Kapitels wird noch lange nicht jedes »Das geht nicht« in ein »Das will ich tun« umgemünzt. Aber sich bewusst zu machen, dass eines der größten Hindernisse für ein zufriedenes Leben in einem selbst liegt, ist ein wichtiger Schritt hin zur Eigenverantwortung – denn dann können wir nicht mehr länger die anderen oder die Umstände für unsere Situation verantwortlich machen.
Für uns bleibt auch in schwierigen Situationen eine Handlungsoption. Weisen wir sie aus Angst oder Unsicherheit zurück, entscheiden wir uns für den alten Weg – gegen unsere Vorstellungen. Ergreifen wir sie, haben wir eine

Chance, unser Leben in diesem Punkt zu ändern – nach unseren Vorstellungen. Wenn wir dies nicht tun, werden sich bestimmte Muster und Situationen immer wieder auf die gleiche unheilvolle Weise abspielen, wie ein Perpetuum mobile, ein Karussell, das sich unaufhörlich dreht. Wir können es stoppen, wenn wir bereit sind, das Alte loszulassen.

Lange Jahre arbeitete ein ebenso angesehener wie frustrierter Angestellter in einer großen Firma. Er drückte sich so aus: »Ich schufte oft bis spät in die Nacht. Aber gedankt wird es mir nicht.« Und tatsächlich waren Überstunden die Regel, er kam nicht selten erst heim, wenn seine Kinder schon zu Bett gegangen waren, er opferte sich auf. Doch die Position, die er innehatte, war schon jahrelang die gleiche. Andere hatten ihn regelmäßig auf der Karriereleiter überholt. Ihm blieben nur der Ärger, die Wut und die Trauer darüber. Aber trotzdem kündigte er nicht, ja er versuchte noch nicht einmal, eine andere Stelle zu finden, obwohl er mit seinen Qualifikationen die besten Chancen gehabt hätte. »Was hält mich dort? Warum lasse ich mich so ausnutzen?«, fragte er mich deprimiert.

Die Antwort war verblüffend einfach, und er glaubte es anfangs nicht so recht: Er wollte nicht kündigen, denn er hatte – Angst. Er hatte tatsächlich Angst, nicht mehr dazuzugehören, zu den Kollegen, zum Arbeitsprozess, zum gewohnten Umfeld. Oder anders ausgedrückt: Er konnte die Firma nicht loslassen, er schien sie zu brauchen, obwohl es ihm dort nicht gut ging. Ein erwachsener, erfolgreicher Mann sollte nicht in der Lage sein, ein Arbeitsverhältnis zu beenden?

Ich fragte ihn, ob er solch eine Situation in ähnlicher Form schon einmal erlebt hatte. Natürlich war ich nicht überrascht: Die Unfähigkeit, sich von etwas zu verabschieden, zog sich wie ein roter Faden durch seine Lebensgeschichte,

über den er immer wieder stolperte. Der Abschied war für ihn stets mit Schmerz und Frustration verbunden. Die Aussicht auf etwas Neues konnte ihn erst gar nicht locken. Das erste negative Beispiel, das ihm einfiel, war seine Zeit auf der Universität. Er fand sich noch in den Hörsälen, als seine Kommilitonen aus den Anfangssemestern schon die ersten Arbeitsverträge unterschrieben hatten. Er brauchte einfach etwas länger, obwohl er nicht weniger gescheit als die anderen war, das bestätigten auch seine Lehrer. Aber irgendwie verunsicherte ihn wohl das, was nach dem Studium folgen würde. Er wollte keine Zeit zum Lernen finden oder hatte plötzlich »wichtigere« Dinge zu tun, die seine Aufmerksamkeit erforderten. Manchmal waren es auch private Angelegenheiten, die er als Entschuldigung für seine lange Studiendauer vorschob. Dieses Hinauszögern des Abschlusses hätte ein deutlicher Hinweis darauf sein können, wie schwer es für ihn war, Lebewohl zu sagen. So wurde aus dem begabten jungen Mann ein richtiger Bummelstudent, der erst ging, als er gehen musste.
Dieses Muster schimmerte auch bei seinen Freund- und Partnerschaften durch. Neue Beziehungen zu knüpfen fiel ihm leicht. Er hielt es sowieso nie lange alleine aus. Und so hatte er sich mit manch einer Frau eingelassen, die sich bald als ungeeignete Partnerin für ihn herausstellte. Es hatte oft Streit gegeben, dafür nur wenig Gemeinsamkeiten. Aber auch in diesem Bereich hatte er lieber vieles ertragen, das ihn schmerzte und traurig machte, anstatt die Initiative zu ergreifen und einen Schlussstrich zu ziehen. Es waren immer die Partnerinnen gewesen, die ihn verließen, er hatte es nie fertig gebracht, er konnte und wollte nicht gehen.
So verharrte der Mann in der Angst vor dem Neuen. Wie panisch klammerte er sich am Alten und Bekannten fest, sobald eine Veränderung am Horizont erschien, die sein

gewohntes Leben in Unordnung zu versetzen drohte. Er zog die vertrauten Qualen seines Zustands der ungewissen Zukunft vor. Dies ist ein weit verbreitetes Phänomen, das uns in unserem Weiterkommen hemmt und unseren Gefühlen der Ohnmacht, des Versagens und der Frustration zugrunde liegt. Mit der folgenden Übung zeige ich Ihnen, wie Sie eine kleine Vorarbeit erledigen können, die Ihnen, wenn es darauf ankommt, das Loslassen alter Strukturen erleichtern wird.

Heilsame Übung

Der Bär geht aus dem Käfig

Einen Vorteil hat die Gefangenschaft: Sie gewährt Sicherheit. Ein Bär war als noch junges Tier in den Zoo gekommen. Dort drehte er in einem Käfig seitdem seine nicht enden wollenden Runden. Nach Jahren ließ der Zoo ein weitläufiges Freigehege bauen. Doch die Besucher wunderten sich noch lange über das mächtige Tier, das mitten in diesem Gehege seine kleinen Runden drehte, als sei es von einem unsichtbaren Käfig umgeben.

Nutzen Sie im Gegensatz zu dem Bären die Freiheit, die sich Ihnen bietet. Zeichnen Sie einen Käfig auf ein Papier. Schreiben Sie Ihr Leben hinein: Was macht es aus, was sind die kennzeichnenden Merkmale, wodurch definiert es sich?

Wenden Sie sich jetzt dem Gebiet außerhalb des Käfigs zu. Dorthin schreiben Sie alle Ihre Sehnsüchte, Ihre Träume und Wünsche. Je näher sie Ihnen sind, desto näher sollten Sie am Käfigrand stehen, und umgekehrt. So können Sie auch kontrollieren, was Ihnen am wichtigsten ist – und Sie sollten versuchen, es zu verwirklichen.

Haben Sie das Gefühl, zu viel Zeit mit dem Partner zu verbringen, möchten Sie wieder einmal mit Freunden ausgehen? Ist Ihnen das sehr wichtig? Dann sollte dieser Wunsch ganz nah an den Käfigrand gerückt werden. Was macht Ihnen Angst, sich diesen zu erfüllen? Ist es die Angst vor einem Streit mit dem Partner? Die nächste Stufe auf dem Weg in die Freiheit führt zur Überlegung, wie Sie diesen Konflikt lösen könnten. Vielleicht könnte ein klärendes Gespräch oder die Unterstützung einer Freundin helfen. Dann sind Sie bereit für Ihre erste Grenzüberschreitung, Ihren ersten Schritt aus dem Käfig heraus. Unter Umständen müssen Sie die Spannungen aushalten, die Sie damit auslösen. Nehmen Sie sich danach eine andere Sehnsucht vor. Haben Sie kleine Kinder, die Ihnen wenig Freizeit lassen? Würden Sie gerne ins Fitness-Studio gehen? Was hält Sie davon ab? Diese Heilsame Übung *zeigt Ihnen die Grenzen, die Sie sich gesetzt haben, und wie Sie diese überwinden können. Dabei fordert sie nur kleine, behutsame Schritte von Ihnen.*

Der Begriff des Loslassens enthält zwei Aspekte des gleichen Vorgangs. Er meint zum einen, sich nicht mehr am Alten zu halten und zu orientieren, wie wir es gerade besprochen haben. Wer aber etwas loslässt, dessen Hände und Gedanken werden frei für das Kommende. So umfasst der Begriff nicht nur die Vergangenheit, sondern auch die Zukunft. Das Loslassen ist eine der Fähigkeiten, die sich schon das kleinste Kind aneignen muss, sonst wird sie der Erwachsene umso leidvoller erlernen. Bedenken wir, dass es die Zeit im Bauch der Mutter als eine Art innigster Gemeinsamkeit erlebte, in der es zwischen sich und der Außenwelt keinen Unterschied machte. Es fokussiert in der Folgezeit seine Aufmerksamkeit nur auf die Mutter. Vielleicht versucht es so, einen Teil der symbiotischen Verbindung zu bewahren. Denn es ist sich seiner existenziellen Einsamkeit und der daraus resultierenden Verletzlichkeit bewusst. Die Natur hat also eine ideale Vorgehensweise für die allmähliche Loslösung des Säuglings entwickelt.

»Aber Mama weinet sehr …«

Im Laufe der Ich-Entwicklung, wenn das Kind zu einer eigenständigen Persönlichkeit heranreift, will es sich immer weiter von der Mutter lösen. Wenn es dann nicht losgelassen wird, führt das zu Wunden. Das Kind möchte die Welt erkunden und merkt, dass dies nur ohne die Mutter möglich ist, aber wiederum auch nur mit der Mutter. Ist es etwa ein Jahr alt, kann es auf eigenen Beinchen stehen. Verbunden damit ist der Versuch, selbstständig einen eigenen Weg zu gehen. Das ist ein natürlicher Vorgang. Je mehr Zutrauen ihm von Seiten der Mutter mitgegeben wird, desto besser kann es sich entwickeln. Reagiert die Mutter jedoch mit großen Ängsten und übertriebener Vorsicht, verunsichert sie das Kind. Es lernt von Anfang an, dass die enge Verbindung zur Mutter wichtig ist: für Anerkennung, für Beachtung, zur Bestätigung. Später wird es für alles, was es macht, eine Bestätigung brauchen, wird immer abhängig von anderen Personen sein: Es wird nicht loslassen und sich frei fühlen können. Der Auslöser für diese Unfähigkeit liegt in der Angst und der Trauer der Mutter, wenn sich das Kind von ihr löst. »Aber Mama weinet sehr«, heißt eine Zeile in einem Kinderlied, das auf dieser Weisheit basiert. Der kleine Junge, Hänschen, macht sich »frohgemut« auf, erntet dafür aber die Tränen der Mutter. Die auf diese Weise erzeugten Schuldgefühle treiben das Kind wieder in ihren Schoß zurück, immer wieder, auch wenn es schon erwachsen ist.

Das Gefühl, dass man einen geliebten Menschen nicht unglücklich machen darf, entwickelt sich zu einem Gesetz. Es ist ungeschrieben und hat dadurch eine enorme Wirkung auf uns. Denn die Folgen der Nichteinhaltung bleiben im Dunkeln und lassen sich nur in einem vagen »Das kannst du doch nicht machen!« zusammenfassen. Dieser Satz treibt übrigens Sonntag für Sonntag Heerscharen von erwachsenen Söhnen und Töchtern zu ihren Vätern und Müttern zum pflichtgemäßen Mittagessen oder zum Kaffee. Schließlich haben die meisten von uns die größte Angst davor, von der eigenen Familie ausgestoßen zu werden, weil sie die Regeln nicht beachtet haben, oder etwa nicht?

Vertrauen macht stark

Wir ahnen, dass die Mutter des frustrierten Angestellten aus unserem Beispiel, der sich ausgenutzt fühlte, ihn nicht in einer stärkenden Weise losgelassen hat. Sie hat ihren Sohn nicht richtig auf die Situationen im Leben vorbereitet, in denen ein Abschied erforderlich ist. Nein, sie hat es ihm wahrlich schwer gemacht. Dabei wollte sie es ihm doch so leicht wie möglich machen.

Sie wollte ihr kleines Baby nicht leiden sehen, wenn es auf seinen Erkundungen hinfiel und schrie. Sie ließ es nicht aus den Augen oder folgte ihm auf dem Fuß, sie half bei schwierigen Situationen oder versuchte, es von ihnen fern zu halten. Der erste kindliche Kontakt mit der Freiheit fand unter strenger Bewachung statt. Denn die Mutter traute ihrem Sohn nicht zu, in manchen der neuen und schwierigen Situationen ohne Hilfe zurechtzukommen. Deshalb ließ sie ihn nicht los.

Obwohl sie es gut meinte, machte sie es ihrem Kind nur scheinbar einfacher. Denn eine der wichtigsten Übungen für ihren Jungen, nämlich sich im Loslassen zu üben, hat sie ihm aus Liebe verweigert und ihn dadurch zur Abhängigkeit von fremder Bestätigung und behaglicher Harmonie verdammt. Ihr Sohn wäre auf die wenigen Schrittchen in seine Unabhängigkeit angewiesen gewesen. Immer wieder hätte er sich der Zustimmung und der Nähe seine Mutter versichert. Sein Forscherdrang und sein Wunsch nach Geborgenheit hätten sich die Waage gehalten. Ebenso müssen Eltern die Balance zwischen ermutigender Erlaubnis und vorsichtiger Zurückhaltung finden. Mütter neigen oft dazu, sich mit der Liebe zu ihrem Kind alle anderen ihnen fehlenden Lebensinhalte zu ersetzen. Eine der häufigsten Wunden, die eine Mutterliebe schlagen kann, ist die, seinem Kind etwas nicht zumuten zu wollen und es über das Maß zu verwöhnen.

Heilsame Übung

Was mein Kind will, was ich will

Setzen Sie sich ruhig hin, schließen Sie die Augen und stellen Sie sich Ihr Kind vor: wie es läuft, wie es sitzt, wie es spielt, wie es isst usw. Machen Sie eine Liste von all den Dingen, die es schon kann. Überlegen Sie sich dann, wozu es Sie noch braucht und wozu überhaupt nicht mehr, manchmal oder selten. Schreiben Sie dies auf. Fragen Sie sich folgendes: Was soll mein Kind als Nächstes lernen, damit es wieder ein Stückchen mehr Unabhängigkeit erlangt und freier ist? Wo wollen Sie sich mehr von Ihrem Kind lösen? In welcher Beziehung, in der Ihr Kind nach Freiräumen strebt, binden Sie es zu stark an sich? Und umgekehrt: In welchem Bereich soll Ihr Kind sich lösen, will es aber nicht? Was sind die Bereiche, in denen Sie von Ihrem Kind noch gerne gebraucht würden? Zeichnen Sie gerne, machen Sie gerne Musik? Ist es Ihr Wunsch, dies Ihrem Kind zu vermitteln? Hier könnte ein Bereich sein, in dem Sie es zu eng halten. Schreiben Sie alles detailliert nieder.

Mit dieser Übung machen Sie eine ehrliche Inventur, wo Sie in der Erziehung Ihres Kindes stehen. Sie deckt auf, inwieweit Sie in manchen Bereichen wachsam sein müssen, um seiner Entwicklung gerecht zu werden.

Kinder, die man nicht gehen lässt, werden bleiben, abhängig bleiben. Denn dieser erste Ablöseprozess von der Mutter, der wichtigsten Bezugsperson nach der Geburt, ist gleichzeitig der wichtigste in der Entwicklung des Kindes. Wenn er misslingt, kann es nicht von klein auf üben, sich alleine auf einen Weg zu machen. Es hat dann nie erfahren dürfen, was es heißt, etwas nicht zu schaffen und deswegen frustriert zu sein und trotzdem geliebt zu werden.

So hatte es der Angestellte erlebt, der verzweifelt vor mir saß. Wir dürfen vermuten, dass er als Kleinkind völlig »überwacht« worden war. Nie war ihm in dieser Zeit zugemutet worden, einen Misserfolg, und sei es auch ein schmerzlicher, zu erleiden. Deshalb hat er später teilweise krampfhaft versucht, Trennungen und Frustrationen aus dem Weg zu gehen. Er hielt lieber den Schmerz aus, in seiner Firma ausgenutzt zu werden; er hielt lieber die Schmach aus, als letzter seiner Freunde das Studium zu beenden; er hielt lieber die Spannungen in Beziehungen aus, statt all diese Situationen zu ändern. Ihm fehlte aufgrund dieser anerzogenen Form der Abhängigkeit die Gewissheit, für sich selbst sorgen zu können. Ihm fehlte aber auch das Vertrauen der Mutter, dass er schwierige Situationen ohne Unterstützung aushalten und meistern konnte. In dieser Melange aus Unterordnung und Unsicherheit entwickelte er weder Eigenständigkeit noch Souveränität. Deshalb also zog sich bei ihm dieses Problem wie ein roter Faden durch sein Leben. Er konnte sich nicht von Dingen lösen, die ihm lieb und vertraut geworden waren. Ihm fehlte der Biss, diese unsichtbare Nabelschnur, die ihn nicht nur von der Mutter abhängig machte, zu durchtrennen: Die Aufgabe, sich von alten und einengenden Strukturen loszureißen, liegt bei jedem selbst. Nach diesem »Biss« werden wir uns auch der Macht von Autoritäten nicht mehr so leicht beugen.

Verwöhnen entmündigt

Neben dem Phänomen, dass Eltern ihre Kinder nicht gehen lassen und sie so in Abhängigkeit halten, wissen die Psychologen noch von einem weiteren: der Verwöhnung. Wir erkennen verwöhnte Kinder sofort. Mit nur geringem Aufwand an Überzeugungsarbeit ringen sie der Mutter das ab, was sie wollen, und sind es nur Süßigkeiten an der Kasse im Supermarkt. Sie verlangen alles, was möglich ist, und sie bekommen es auch. Ihre Erfahrung hat gezeigt, dass sie sich bislang immer darauf verlassen konnten: Die Eltern, unfähig ihre Kinder »leiden« zu sehen, stillten nämlich auf der Stelle deren Bedürfnisse.
Das fing bereits an, als sie noch Babys waren. Ganz gleich, ob Schmerzen, Hunger oder Einsamkeit die Ursachen ihres Kummers waren, sie konnten fest damit rechnen, dass ihre Eltern mit aller Macht versuchten, sie von ihrem Leid zu befreien. Nuckelflaschen, Kekse oder Süßigkeiten verfehlten ihre beruhigende Wirkung nie und wurden dementsprechend eingesetzt. Dabei war es gleich, ob das Baby nur der Hunger plagte oder ein anderes Bedürfnis gestillt werden sollte. Hauptsache, dem Kind ging es »gut«.

Einfallslosigkeit und Bequemlichkeit leiten manche Eltern, die so handeln; aber insgeheim haben sie oft auch Angst davor, die Liebe ihrer Kinder zu verlieren, wenn sie nicht das bekommen, was sie fordern. Die Kinder aber leiten aus einem solchen Verhalten das Recht auf eine schnelle Befriedigung ihrer Wünsche ab. Wie man damit umgeht, etwas nicht zu bekommen, werden sie nicht lernen. Aus derart verwöhnten Kindern wird nur schwer ein mündiger Erwachsener werden. Wenn es darauf ankommt, werden sie sich nicht dazu durchringen, hart zu sein, den Einsatz zu bringen, der von ihnen gefordert wird. In ihnen rumort deswegen auch immer das Gefühl, ein Versager zu sein. Wie sich eine zu verwöhnende Erziehung auf einen Erwachsenen auswirkt, zeigt folgendes Beispiel, das mir ein Gerichtsreporter erzählte:

Auf den ersten Blick war es kein besonders spektakulärer Fall, der vor dem Amtsrichter verhandelt wurde. Ein Auszubildender hielt nicht an, als ihn die Polizei kontrollieren wollte, sondern raste ungebremst weiter. Dabei hätte er beinahe einen Polizisten überfahren. Schon öfter war der Jugendliche mit seinem Wagen auffällig geworden, der örtlichen Polizei war er kein Unbekannter. Er hatte schon einige Verwarnungen erhalten, aber jetzt ging es um seinen Führerschein. Um ihn zu retten, hatte er sich eine falsche Aussage einfallen lassen, die aber nichts nützte: Das Fahrverbot war unausweichlich.
Seine Eltern folgten der Verhandlung auf den Zuhörerbänken. In der Pause unterhielt sich der Reporter mit ihnen. Sie waren trotz der eindeutigen Beweislage, die gegen ihren Sohn sprach, von seiner Unschuld überzeugt. Auch in früheren Fällen hatten die Eltern ihren Sohn in Schutz genommen, seine Probleme gelöst und ihm Wege geebnet. Vor zwei Jahren hatten sie ihm einen Ausbildungsplatz

besorgt. Weil der Betrieb in einer anderen Stadt lag, musste der Junge den Führerschein machen, den sie natürlich bezahlten. Auch ein Auto finanzierten sie dem Sohn zum Berufsstart. Die Familie war nicht wohlhabend, sie lebte in einem dicht besiedelten Stadtrandgebiet, in dem sich Hochhaus an Hochhaus reiht. Das Fahrverhalten ihres Sohnes hielten sie für normal. »So sind die Jungen«, sagte der Vater. Sie betrachteten das Urteil, Führerscheinentzug, als falsch und kämpften dagegen an.
Ohne Führerschein geriet der Tagesablauf der Familie völlig in Unordnung, denn die Mutter fuhr den Sohn nicht nur jeden Morgen zum Bahnhof, damit er zur Arbeit kam, sondern auch jeden Abend zu seiner Freundin in ein nahe gelegenes Dorf. Wenige Wochen später ging seine Lehrzeit zu Ende, aber er wurde nicht übernommen: Zur Arbeit war ein Führerschein notwendig. Die arbeitslosen Tage verbrachte er in einer Garage, wo er Autos von Freunden reparierte. Dass er eine Stelle abgelehnt hatte, die ihm das Arbeitsamt angeboten hatte, verteidigte seine Mutter: Er würde zu wenig verdienen, nach Abzug der Steuern lohne sich die Arbeit nicht. Also lebte er weiter auf Kosten der Eltern.

Eigentlich ist dies ein Trauerspiel und der nächste Akt nur eine Frage der Zeit. Ein Kind, das nie dazu gezwungen wird, schwierige Situationen allein durchzustehen, lernt nie die Bedeutung von Verantwortung kennen. Es verlässt sich darauf, ja es erwartet sogar, dass ihm geholfen wird, wenn Leid droht. In dieser Beziehung bleibt es das kleine Kind, das sofort getröstet wurde, wenn es schrie, das nie zu leiden brauchte.

Lebenslänglich an der Nabelschnur

Es geht natürlich nicht darum, seinen Kindern um jeden Preis Unterstützung oder kleine Freuden und Genüsse vorzuenthalten, um sie im Umgang mit Frustrationen zu trainieren. Aber es darauf anzulegen, ihnen jede Belastung abzumildern oder gar abzunehmen, geht zu Lasten einer vitalen Bereitschaft, sich mit Ursachen von anstehenden Problemen gründlich auseinander zu setzen. Die Antworten auf die Fragen des Lebens fordern zu mehr heraus, als die Symptome oberflächlich mit Hilfsmitteln leichter erträglich zu machen.

Exkurs

Seien Sie eine Rabenmutter

Die Rabenmutter ist die beste Mutter, die es gibt. Sie legt größten Wert auf die Ablösung der Kinder vom Elternhaus. Sobald die Rabenkinder fliegen können, wirft ihre Mutter sie aus dem Nest. Sie wartet damit keinen Tag länger als nötig. Sie mutet ihren Kindern zu, alleine für sich zu sorgen, und vertraut darauf, dass sie es schaffen werden.
Seien auch Sie eine Rabenmutter und verhalten Sie sich Ihren Kindern gegenüber wie eine solche. Belasten Sie sich und die Beziehung zu Ihrem Kind nicht mit Schuldgefühlen, wenn Sie ihm etwas verweigern. Belasten Sie die Beziehung mit angemessenen Aufgaben. Denn gerade darin zeigt sich die Liebe. Auch wenn es das Kind noch nicht verstehen kann, es ist eine Stärkung, wenn Sie ihm – liebevoll – zumuten, Frustration

auszuhalten. Die Alternative wäre eine vielleicht lebenslange Abhängigkeit: von den Eltern, von Partnern, Freunden und Arbeitgebern. Das Prinzip der Rabenmutter lässt sich auch anwenden, wenn Ihre Kinder schon größer sind.

In der Überversorgung der Kinder vermuten die Forscher eine der Ursachen, weswegen so viele »Helfer« in schwierigen Zeiten über den Mund funktionieren. Darum steigt die Zahl der Menschen, die mit dem Essen Schwierigkeiten haben, drastisch an. Es passt in diesen Zusammenhang, dass schon viele Kinder unter Übergewicht leiden. Fastfood, Süßigkeiten und das Häppchen zwischendurch haben ein Übel gemeinsam: Sie zwingen uns nicht mehr zum Kauen, sondern werden als so genanntes *Convenience Food* serviert, Nahrung also, die der Verbraucher nicht mehr zerbeißen muss, sondern einfach nur bequem zu schlucken braucht. Wie wichtig das Kauen für den Menschen ist, zeigt der Blick auf seine extrem gut ausgebildeten Kaumuskeln.

Auch im übertragenen Sinn setzen wir diese Muskeln nicht ein, weil wir es verlernt haben oder weil es einfach anstrengend ist. Wir »zerkauen« Probleme nicht mehr gründlich, bis wir sie gelöst haben, wir setzen uns nicht mehr mit ihnen auseinander, sondern wählen die »Fast-Food-Lösung«: Schnell schlucken, schnell weg damit, bevor es schwierig wird. Dabei lassen wir eine gesunde Aggression vermissen, von deren Nützlichkeit wir in Krisen durchaus profitieren könnten. Im Wort *Aggression* schwingt ein leicht negativer Unterton mit, fast ist es kriminalisiert. Mit *angreifen* im Sinne einer gewalttätigen Auseinandersetzung hat es jedoch in seiner Grundbedeutung nichts zu tun, denn es bezeichnet *herangehen, auf etwas zugehen, sich stellen.* Der Biss in einen Apfel ist ebenso ein Akt der Aggression wie die Atmung, bei der die Luft in ihre Bestandteile zerlegt wird.

Probleme zerkauen

Auch Kauen ist ein solcher aggressiver Akt, bei dem wir uns abreagieren können. Doch statt Rohkost stehen verkochte und breiige Gerichte auf dem Speiseplan, die uns zwar satt machen, aber nicht wirklich sättigen. Das führt nicht nur zu einer schnellen Befriedigung, sondern auch zu Übergewicht. Zwar werden kurzzeitig Ängste, Frustration oder Stress mit Essen abgebaut, Fettzellen aber angesetzt. Das wiederum versuchen Menschen mit Diäten zu bekämpfen, die aber wirkungslos bleiben, da sie die Ursachen ihres Essverhaltens nicht ändern. Die als Kind gelernte schnelle Befriedigung zeigt ihre Wirkung. Der Körper ist an diese breiige Nahrungsform inzwischen gewöhnt. Ändern wir die Gewohnheiten und stellen die Ernährung auf Vollkorn- und Rohkostprodukte um, kommt es zunächst sogar zu Problemen, denn der Körper scheidet sie unverdaut wieder aus. Aber beim Kauen geht es nicht allein um die Zerkleinerung, sondern um die Assimilation, letztlich also um die Unterscheidung zwischen dem Nahrhaften, das es zu behalten gilt, und dem Schlechten, das wir abstoßen.

Auch auf psychologischer Ebene läuft in Krisenszenarien die Problembewältigung auf diese Entscheidung hinaus: Was nehme ich an, wie kann ich es verarbeiten und zur Grundlage weiterer Entscheidungen machen? Eine Krise ist ein Lernauftrag an uns. Sie kann uns beibringen, wie wir in Zukunft mit ähnlichen Herausforderungen angemessener umgehen. Diese Lektion wird nicht ohne Durchhaltevermögen und Biss zu bewältigen sein. Allerdings fällt es verwöhnten Menschen deutlich schwerer, sich auf ihre schwierige Lage einzulassen, sie fühlen sich damit überfordert. Sie wurden der Fähigkeit beraubt, sich hartnäckig mit einem Problem zu beschäftigen – auch wenn es schmerzt – und es zu ändern. Stattdessen wissen sie sich als Erwachsene nie lange mit einer Arbeit zu beschäftigen, werden vieles anfangen und das meiste unvollendet hinterlassen. Schlechte Gefühle werden sie nur schwer aushalten können.

Wie verhalten Sie sich in belastenden Situationen? Neigen Sie eher zu schnellen Lösungen oder sind Sie bereit, sie zu zerkauen, sie zu lösen? Greifen Sie oft zu kleinen Happen zwischendurch, essen Sie Süßigkeiten, wenn Sie Stress haben oder eine anstrengende Arbeit erledigen? Seien Sie ganz ehrlich zu sich und fragen Sie sich, ob Sie wirklich bereit sind, sich durch eine schwierige Situation »durchzubeißen«. Bedenken Sie, dass die Arbeit mit Krisen keine Fahrt im Schlafwagen erster Klasse ist. Fangen Sie damit an, dass Sie Ihren Kaumuskeln wieder etwas zumuten. Essen Sie ab jetzt eine rohe Karotte oder einen Apfel zwischendurch.

Heilsame Übung

Beißen Sie sich durch

Erfahren Sie, wie gut es tut, sich durchzubeißen statt nur hinunterzuschlucken. Betrachten Sie Ihren Speiseplan: Wie speisen Sie – auch im übertragenen Sinne? Ziehen Sie breiig gekochtes, weiches Essen vor, bei dem Sie nicht viel zu kauen haben? Seien Sie für kurze Zeit abstinent, lassen

Sie die Süßigkeiten liegen, das Glas Alkohol stehen. Nehmen Sie in dieser Zeit für ein paar Minuten Abstand von aller Lautstärke in Ihrer Umgebung und trauen Sie sich, ab und zu wenigstens, mit sich alleine zu sein. Fühlen Sie in sich hinein, was in Ihnen auftaucht: Ist es beunruhigend für Sie, nichts zu bekommen? Werden Hunger und Durst jetzt größer? Wovor haben Sie Angst? Davor, vergessen zu werden, verloren zu gehen, zu versagen oder ausgestoßen zu sein?

Essen Sie dann einen knackigen Apfel. Kauen Sie jeden Bissen mindestens 30 Mal. Stellen Sie sich währenddessen ein Problem vor, das Sie beschäftigt: Ärger im Büro, in der Familie, mit dem Partner. Legen Sie dort die gleiche Beharrlichkeit, mit dem Sie den Apfel zerkaut haben, an den Tag. Diese Übung sollte nicht einmalig bleiben. Sie können sie in Ihren Tagesablauf integrieren.

Der Siegeszug des Mobiltelefons, die Häufigkeit erfolgloser Diäten und der Griff zur Zigarette oder zur Flasche haben eines gemeinsam: In ihnen manifestieren sich Auswüchse nicht geheilter Verletzungen der Seele, die meist lange zurückliegen. Die Zahl der Menschen, die ein Handy für unverzichtbar halten, die Gewichtsprobleme haben und die süchtig oder suchtgefährdet sind, ist Legion.

Die Folgen der Verwöhnung

Das Rauchen scheint nicht nur mir, sondern auch vielen Psychologen ein Symptom dieser Unfähigkeit, etwas ungefiltert aushalten und verarbeiten zu können. Ob Langeweile, Ärger oder Einsamkeit, ein Zug an der Zigarette dämpft die negativen Gefühle und bietet einen Halt, an den man sich klammern kann. Außerdem kann das Rauchen als In-

diz gedeutet werden, sich nie ganz von der Mutterbrust gelöst zu haben. Denn auch hier verhilft das Saugen zur Linderung der als Qualen empfundenen Vorfälle. So gesehen ist jede Zigarette der erneute Versuch, wenigstens einen kleinen Teil dieser unendlichen Geborgenheit, die das Kind an der Mutterbrust empfand, wieder zu empfinden.
Hinter der Unfähigkeit loszulassen schlummert die Angst davor, nicht mehr dazuzugehören. Es droht ein Leben an der verlängerten Nabelschnur, in dem die Menschen sich nur von dieser Angst zu Entscheidungen verleiten lassen.
Eine neue Form der Nabelschnur verkörpert das Mobiltelefon. An ihm wird es besonders deutlich, dass derjenige, der es hat, unbedingt zu einer Gruppe gehören will. Ich kenne Menschen, die fast rücksichtslos und zornig werden, wenn der Akku ihres Handys nicht mehr funktioniert, die mehrmals in der Stunde überprüfen, ob ihr Gerät noch Empfang hat. Es mutiert zu einem ständigen Begleiter, auf den man sich verlassen kann. Ohne Handy aus dem Haus zu gehen ist für viele deshalb undenkbar geworden, weil sie Angst haben, die Verbindung zu verlieren und alleine dazustehen. Die ständige Erreichbarkeit gewährt die Sicherheit dazuzugehören, Teil eines Ganzen zu sein. Die Tatsache der Verlassenheit wird durch die stete Möglichkeit zu einer Verbindung scheinbar widerlegt. Jeder Anruf stellt einen Rückgriff auf diese Kontakte und eine Verbindung mit der Gruppe dar, die stellvertretend für das Ganze steht.
Endloses Fernsehen gehört unbedingt auch in diese Liste. Wenn das Gerät läuft, hat der Zuschauer das Gefühl, mit den anderen in Verbindung zu stehen. Es sind oft ältere und allein stehende Menschen, die sich so der Zugehörigkeit versichern. Ohne die Stimmen kommen sie sich vor, als ob sie den Kontakt zur Welt verloren hätten. So nährt auch das Fernsehgerät die Illusion, nicht alleine zu sein.
Nach diesen Gesetzen funktioniert der Massentourismus,

der den Menschen die immer gleichen Urlaubsorte diktiert, ebenso wie das ganze wirtschaftliche System. Durch Konsum bestätigen wir unsere Zugehörigkeit, wir kaufen uns die Berechtigung, dabei zu sein. Können oder wollen wir nicht mehr konsumieren, besteht die Gefahr, als Außenseiter abgestempelt zu werden. Die Beispiele zeigen eindrucksvoll, wie unsere Gesellschaft mit Verletzungen umgeht: Man deckt sie zu, statt sie gründlich zu heilen.

Wie wir gesehen haben, werden Kindern durch allzu maßlose Verwöhnung die Bedingungen erschwert, unter denen sie normalerweise die Eigenschaften entwickeln, die sie später als unabhängige, wehrhafte und zupackende Erwachsene ausweisen. Aber Kinder, die nicht verwöhnt wurden, müssen es deswegen nicht besser im Leben haben, was das folgende Beispiel zeigt.

Was die Sucht sucht

Stellen Sie sich vor, wie ein kleines Baby genussvoll und geborgen an der Brust seiner Mutter liegt, wie es die Milch zu beiden Seiten aus seinem Mündchen strömen lässt, wie es nachher liebevoll gewickelt, ins Bettchen gebracht und in den Schlaf gewiegt wird. All das ist für dieses Baby selbstverständlich. Jetzt lassen Sie uns die Mutter durch eine andere Frau ersetzen. Sie gibt dem Kleinen die Flasche, wickelt es mechanisch und bringt es rasch zu Bett. Nicht, dass die zweite Frau das Kind nicht liebte, aber sie gibt ihm wenig körperliche Wärme in seiner ersten Zeit im Leben.

Mit einer Berührung schicken wir eine der ursprünglichen, sinnlichen Botschaften, die wir für einen anderen Menschen bereit haben: »Du gehörst zu mir. Du interessierst mich.« Hautkontakt vermittelt nicht nur den Babys die nötige Geborgenheit. Er gibt uns die Gewissheit, dass die geliebte Person präsent ist. Trotzdem können wir uns geborgen und eins fühlen, ohne dass wir Hautkontakt mit einem Menschen haben: in der Natur, bei einem Sonnenuntergang, im frischen Gras. Das zu wissen kann uns helfen, wenn wir Geborgenheit vermissen, zumal wir in einer Zeit leben, in der die Reize Sinnlichkeit und Zärtlichkeit nur wenig Platz haben. An ihre Stelle ist die massive Reizüberflutung getreten.

Dieses Wissen hat das Kind, dessen Mutter ihm weniger Zärtlichkeit zuteil werden lässt, noch nicht. Lebhaft lässt sich sein Sehnen nach »mehr« vorstellen. Es vermisst die Sinnesreize, die es die Mutter und sich selbst spüren lassen. Sein Leben lang wird dieser Wunsch das Kind begleiten. Immer werden Geborgenheit, Liebe und Sinnlichkeit die Ziele seines Strebens sein. Gierig wird es alles einsaugen, was ihm diese Empfindungen zu geben verspricht. Und es läuft Gefahr, diese Ziele in vielem zu suchen, auch dort, wo es womöglich aus dem Suchen nicht mehr herauskommt. Denn wo sich Sehnsucht nicht erfüllen lässt, wird sie zur Sucht.

Ich erzähle Ihnen jetzt die Geschichte eines jungen Mannes, die tödlich hätte enden können. Aber sie ist wieder ein Beispiel dafür, dass wir unsere Wunden immer heilen können, auch wenn sie noch so lange zurückliegen.

Jedes Mal, wenn er von seiner Herkunft sprach, sagte er: »Ich bin ein Ausrutscher, ein Unfall.« Er meinte, er sei ein nicht gewolltes Kind gewesen. Mit diesen beiden Worten beschrieb er seine ganze Kindheit. Die Mutter, eine Geschäftsfrau, hatte das Kind fast als Störung empfunden, auf jeden Fall als eine Last. Im Streit hatte sie ihm das regelmäßig vorgehalten. Erzogen worden war er von den

Großeltern oder fremden Leuten, während seine Mutter ihren Geschäften nachgegangen war. »Ich wurde ernährt, nicht genährt; versorgt, nicht geliebt«, fasste er zusammen, und die Traurigkeit darüber befiel manchmal auch noch den fast 40-Jährigen. Man merkte, dass ihm noch immer etwas fehlte. Die wenige gemeinsame Zeit mit seiner Mutter, die seltenen Berührungen und Zärtlichkeiten hatten in ihm den Wunsch nach mehr geschürt. Aus dem Wunsch wurde ein Begehren, die Vorstufe zur Gier. Er war traurig, wenn seine Mutter da war, und noch trauriger, wenn sie ging. Er kannte das Gefühl gut, zu kurz gekommen zu sein. In seiner Traurigkeit resignierte er wie viele Leute, die sich darüber beklagen, nicht das zu bekommen, was ihnen zusteht. Das waren eben die Wunden seiner Kindheit, die zu seinen Grunderfahrungen wurden.
Mit 14 Jahren geriet er in die falsche Gesellschaft und er begann zu trinken. Die Wirkung des Alkohols genoss er. Endlich verschaffte er sich Aufmerksamkeit und Beachtung, was ihm zu Hause versagt war. Seinen Freunden imponierte er mit den Mengen, die er brauchte. Weil er nur noch selten nüchtern war und schlecht aussah, waren plötzlich auch Menschen da, die Mitleid mit ihm hatten und ihm helfen wollten. Das verwechselte er mit Zuneigung, die er sich so wünschte, und er setzte weiter auf die Flasche. Anfangs war es nur eine geringe Menge, mit der er zufrieden war. Mit Freunden ein paar Bier zu trinken, das konnte doch nicht gefährlich sein, wie manche warnten. Aber es wurde im Laufe der Jahre schleichend mehr. Und noch ein Anzeichen wies auf die Gefahr hin, sich in der Sucht zu verlieren: Während andere sich mit einer bestimmten Menge begnügten oder für einige Zeit genug hatten, konnte er bald überhaupt nicht mehr genug bekommen. Es war, als ob er ein riesiges schwarzes Loch auffüllen wollte. Zwar nahm er sich fest vor, nur wenig zu

trinken, doch er verlor regelmäßig die Kontrolle über den Konsum, und immer öfter endete der Abend in einem Vollrausch. Am Morgen danach waren die Schuldgefühle meist noch schlimmer als die Reaktionen des Körpers auf die Exzesse.
Irgendwann drehte sich alles in seinem Leben nur noch um den Alkohol; er aber merkte es nicht oder wollte es nicht merken. Es gab häufiger Probleme mit den Vorgesetzten und Kunden, die Kündigung war nur noch eine Frage der Zeit. Seine ständig wechselnden Partnerinnen hielten das Leben mit ihm nicht aus und verließen ihn. Das war ein willkommener Anlass mehr, um weiter zu trinken. Der körperliche Verfall und der soziale Abstieg kamen fast gleichzeitig. Er geriet immer wieder in die gleichen scheußlichen und gefährlichen Situationen, weil er trank, und er reagierte auf die immer gleiche Weise darauf: Er trank. Es war ein Teufelskreis.

Die Seele schützt vor zu viel Leid

Als ich ihn kennen lernte, war er schon eine Zeit lang »trocken«. Eine Therapie hatte ihm geholfen. Jetzt endlich hatte er die Möglichkeit, sich um die Wunden zu kümmern, die seine Sucht verstärkt haben. Denn durch das Trinken schädigte er nicht nur seinen Körper, sondern er verschüttete sich auch den Blick auf das, was er wirklich gebraucht hätte, was ihm der Alkohol nicht hatte geben können. Noch immer neigte er zum Übermaß in vielen Dingen. Ich habe auch gemerkt, wie schwer es für ihn war, sich etwas Gutes zu tun. Er ging ab und zu in ein gutes Restaurant, aber er konnte es nicht genießen. So hatte er es eben in seiner Kindheit gelernt: Sich zu versorgen ist genug, sich zu lieben ist überflüssig und muss nicht sein.

Ich empfahl ihm eine ganz einfache Übung. Er sollte eine gedankliche Reise in seine Kindheit antreten. Nachdem er dort angekommen war, bat ich ihn, mir zu erzählen, was er damals erlebt hatte. Er sollte erzählen, was ihm als Kind wirklich gefehlt hatte. Anfangs scheute er davor zurück, aus Angst, die Konfrontation nicht ertragen zu können. Aber ich sagte ihm, dass er sich einer Sache ganz sicher sein könne: Wir können nur so tief in uns gehen, wie wir es auszuhalten imstande sind. Mehr lässt unsere Seele nicht zu, das ist ihre Art, sich selbst vor allzu Schrecklichem zu schützen.
Für kurze Zeit war er wieder ein Kind. Er hatte natürlich nicht nur Schlechtes erleben müssen, aber er hatte schon einige Entbehrungen erlitten. Seine Mutter tauchte in der Erinnerung kaum auf, und wenn, dann nur in kurzen Episoden. Er wusste nicht zu berichten, wann die beiden einander in zärtlicher Nähe und Vertrautheit begegnet wären, so selten war es vorgekommen. Sie war meist weg gewesen, er bei anderen Leuten. Er gestand seiner Mutter zu, dass sie ihm bestimmt alles gegeben hatte, wozu sie selbst in der Lage war, aber viel an mütterlicher Wärme war es sicher nicht. Gerade aber Zuwendung hatte er sich so gewünscht. Jetzt, da er nüchtern geworden war, konnte er sich auch für eine emotionale »Nachnährung« Zeit nehmen.

Wunden sind unsere Wegweiser

Könnten wir dem ganzen Leid nicht einfach aus dem Weg gehen? Das wäre die bequemste Lösung, doch so funktioniert unser Leben nicht, denn das Schicksal hat etwas Unausweichliches, Unumgängliches. Nur unbewusst wissen wir davon. Keine Tulpe, die neben einer Rose wächst, kann als Rose erblühen. Es ist ihre Aufgabe, ein vom Schicksal erteilter Auftrag, als Tulpe auf der Welt ihr Leben zu meistern. Ihr Schicksal ist es, das Beste aus ihrer Situation zu machen. Steht die Tulpe auf einem dunklen und kargen Stück Land, wird sie trotzdem als Tulpe aufblühen, soweit es ihr möglich ist.

Mit Wunden umzugehen, die wir in unserer Kindheit erleiden, ist eine Lebensaufgabe. Wir dürfen uns aber nicht vor ihr verstecken. Das Schicksal meint es dann gut, wenn wir Verantwortung für unser Leben übernehmen. So »erblühen« wir nicht trotz unserer Wunden der Vergangenheit, sondern gerade wegen ihnen. Denn sie weisen auf unsere Stärken und Schwächen. Ein Mensch, der noch so wenig an Rüstzeug mitbekommen hat, der weder Wärme noch Liebe noch das Urvertrauen darauf, dass von allem genug da sein wird, erfahren hat, kann sich dies bewusst machen. Er lernt, woher dieses Gefühl kommt, zu »leiden wie kein anderer« oder zu kurz zu kommen – wenn er bereit dafür ist. Der Mann aus unserem letzten Beispiel machte sich auf den Weg zur Quelle seiner Wunden, wo er den Personen, die ihn verletzt hatten, begegnete. Er setzte sich den schmerzenden Gefühlen, die er in seiner Kindheit als Mangel empfunden hatte, wieder aus. Eines der Werkzeuge in der Krisenarbeit ist es, den Dingen auf den Grund zu gehen. Wenn wir die Gründe verstehen, die Menschen dazu bewegt haben, uns so zu behandeln, dass wir darunter litten, können wir besser annehmen, was uns widerfahren ist. Wenn danach die ehrliche und unvoreingenommene Würdigung der Person erfolgt, die uns damals Leid zugefügt hat, sind wir von der einengenden Last der Schuldzuweisung befreit. Der Alkoholiker gestand seiner Mutter zu, das Äußerste dessen gegeben zu haben, was ihr möglich gewesen war. Er schaute nicht mehr im Zorn zurück, wies fortan niemandem mehr eine Schuld an seiner Krankheit zu, sondern versuchte seinen eigenen Weg zu gehen: frei und mit dem Blick nach vorne.

Sich seinen Wunden zu stellen und sie anzuschauen bedarf größter Anstrengung. Denn es reicht nicht, nur die Symptome zu behandeln, wir müssen nach den Ursachen fragen. Erst wenn wir sie erkannt haben, ist Heilung möglich. Dazu haben wir auch die Chance, wenn es sich um Wunden aus der Kindheit handelt. Oft wird es darum gehen, die Sinnlichkeit neu zu entdecken, uns auf das einzulassen, was das Herz sagt. Es spricht davon, was wir wirklich spüren wollen: Geborgenheit, Zugehörigkeit und Angenommensein. Um dies zu erreichen, müssen wir offen sein, für uns und andere Menschen, für Neues und Anstrengendes. Denn nur wenn wir unseren Sehnsüchten in einem positiven Sinne aggressiv gegenübertreten, können sie erfüllt werden.

Zusammenfassung

1. Für gewisse Entwicklungen sind wir nicht selbst verantwortlich. Trotzdem dürfen wir nicht in der Selbsterkenntnis verharren, sondern wir können aus diesem Schicksal das Beste machen.
2. Nicht reflektierte Überzeugungen halten uns von dem ab, was wir wirklich wollen.
3. Das Alte loszulassen und sich auf das Neue einzulassen ist die Grundvoraussetzung für das Meistern einer Krise.
4. Eine Krise zu bestehen bedeutet aber, sich mit Problemen auseinander zu setzen und sich auf Frustrationen einzustellen.

5. Wir bevorzugen jedoch meist schnelle und einfache Lösungen – zu unserem Schaden. Stattdessen wäre es besser, wenn wir uns durchbeißen und manche Situationen aus- und durchhalten würden.
6. Dass wir es nicht tun, hat seine Ursache in dem Wunsch dazuzugehören. So droht ein Leben in Abhängigkeit, an der Nabelschnur.
7. Eine andere Form der Abhängigkeit ist die Sucht. Sie entsteht durch ein unerfüllbares Sehnen nach Zuwendung, das sich in der Angst äußert, nie genug zu bekommen.

Das Krisen-Perpetuum-mobile

Ungelöste Krisen bewirken immer blutende Wunden.

»Es ist leichter zu leiden als etwas zu ändern.« In dieser Weisheit ist die ganze Tragik vieler Krisen zusammengefasst. Eine große Leidensfähigkeit schiebt nötige Veränderungen so lange hinaus, bis ein Tiefpunkt erreicht ist, an dem das Leid so groß geworden ist, dass wir es nicht mehr ertragen können. Erst dann, wenn wir den aussichtslosen Kampf aufgegeben haben, das Schicksal allein nach unseren Vorstellungen gestalten zu müssen, werden wir gewinnen. Wir gewinnen die Freiheit, eine andere Lösungsmöglichkeit zu suchen. An den Tiefpunkten im Leben stellt sich oft Verzweiflung darüber ein, nicht mehr weiterzukönnen, den bisherigen Plan, die erhoffte Sicherheit oder den geliebten Partner aufgeben zu müssen. In der folgenden *Heilsamen Übung* werden wir eine Situation, bei dem ein unausweichliches Ende, ein Tiefpunkt erreicht ist, »nachspielen« und einen möglichen Ausweg andeuten.

Heilsame Übung

Lieber weiter so oder doch anders?

Wie soll es jetzt weitergehen mit Ihrem Problem? Wenn man an diesem Punkt angekommen ist, ist es an der Zeit,

die Ratlosigkeit hinter sich zu lassen und einen geeigneten Weg zu suchen, der aus der Krise führt. Wählen Sie sich die Musik aus, die zu Ihrer Stimmung passt. Stellen Sie allerdings dazu die Lautstärke ein, die Ihnen zurzeit überhaupt nicht gefällt. Hören Sie die ersten Takte der Musik bewusst an. Stellen Sie sich jetzt in Ihrem Zimmer an dem Punkt auf, von dem aus die gegenüberliegende Wand möglichst weit entfernt ist.
Versuchen Sie, die Wand zu vergessen. Denken Sie nicht an sie, sondern nur an den Weg, den Sie nehmen möchten, um dorthin zu kommen. Gehen Sie auf die Wand zu. Machen Sie den ersten Schritt in diesem Bewusstsein, nur eine Strecke quer durchs Zimmer zurückzulegen. Hindernissen weichen Sie einfach aus. Bleiben Sie immer in Bewegung, niemals jedoch stehen. Ist das schwierig? Wie weichen Sie dem aus, was Ihnen im Weg steht? Steigen Sie darüber, gehen Sie außen vorbei?
Irgendwann geht es nicht mehr weiter, dann ist die Wand, ein Schrank oder ein Regal vor Ihnen. Konzentrieren Sie sich darauf. Vielleicht kommen Sie noch ein paar Zentimeter weiter. Probieren Sie es aus, bis es wirklich nicht mehr weitergeht.
Wie fühlen Sie sich jetzt, da Sie bei diesem endgültigen Hindernis angelangt sind? Was hätten Sie gemacht, wenn Sie früher erkannt hätten, dass es nicht mehr weitergeht? Wenn Sie über die scheinbare Ausweglosigkeit verzweifelt sind, halten Sie die Verzweiflung aus. Fällt Ihnen auf, dass in dem Wort Verzweiflung die Zahl »zwei« steckt? Sie haben also mindestens zwei Auswege aus dieser Krise – und einen Irrweg. Der Irrweg ist der »Weiter-so-Weg«. Welche Wege gibt es noch, wenn es auch keinen Weg mehr zurück gibt, nur noch die Rückschau, die Erinnerung? Wenn Sie sich Ihre Möglichkeiten ins Bewusstsein gerufen haben, dann wählen Sie den rechten Weg aus. Der rechte Weg kann

aber auch der linke sein, der ungewohnte. Mit welchem Bein beginnen Sie Ihren neuen Weg aus dieser »Weiter-so-Krise«? Rechts ist das Spielbein. Damit probieren wir aus. Links ist das Standbein. Ihm dürfen wir den festen Stand zutrauen. Wie unterscheidet sich der erste Schritt jetzt vom ersten Schritt zu Beginn dieser Übung?
Wie auch immer Sie sich entschieden haben, probieren Sie alle Wege aus, bevor Sie sich endgültig entscheiden, wie, wohin und warum Sie weitergehen wollen.
Mit dieser Heilsamen Übung *stellt Ihr Unterbewusstsein einen Bezug zu Ihrem aktuellen Problem her, ohne dass Sie dies explizit benennen müssen. Sie haben eben gerade die Chance genutzt, Wege aus Ihrer Krise zu finden. Auch diese Wege müssen nicht benannt werden, aber es gibt sie, und Ihr innerer Führer kennt sie. Selbst wenn Sie jetzt noch keine Wegbeschreibung geben können, haben Sie tief in sich eine Ahnung geweckt, eine wortlose Andeutung erhalten, die im Laufe der nächsten Zeit klarer werden wird. Es ist gut, wenn Sie Ihre Gefühle und die Ergebnisse, die Sie während der Übung hatten, aufschreiben.*

»So kann es nicht mehr weitergehen!« Dieser Satz gehört zum Standardrepertoire fast jeder Krise. Er fällt meist nebenbei, während sich die Betroffenen komplizierte Lösungen überlegen, wie sie aus einer schwierigen Lage wieder herauskommen. Dabei enthält dieser Satz bereits die Lösung, nur übersehen wir sie: Wir müssen unser Leben nicht mehr so wie bisher, sondern anders ausrichten, denn wir sind an einer Kreuzung angelangt. Unsere Intuition diktiert uns diesen Sachverhalt. Aber dreierlei hält uns davon ab, die Chance auf Veränderung zu ergreifen: Erstens haben wir verlernt, auf unsere innere Stimme zu hören, zweitens dürfte ein gutes Stück Bequemlichkeit dafür sorgen, dass wir nichts in unserem Leben ändern. Drittens überlassen wir der Angst das Feld: Sie kann der schlechteste Führer aus der Krise sein, denn in ihr stecken bleiben heißt in der Krise stecken bleiben.

Mut macht Veränderungen möglich

Viele Menschen, die mir gegenübersitzen, haben diese Erkenntnis gehabt. »So kann es nicht mehr weitergehen!« Ich entgegne darauf normalerweise: »Das ist klar. Aber was geht nicht mehr weiter, wenn es so nicht mehr weitergeht? Und wie geht es dann weiter? Und wohin geht es?« Die Antwort ist meist Schweigen.

Das Leben funktioniert nicht wie eine mathematische Gleichung. Wenn dort der Lösungsweg einmal gefunden ist, lässt er sich auf alle Gleichungen derselben Art anwenden. Die Aufgabe der Mathematik ist es, immer eine allgemein gültige Lösung zu finden, die Aufgabe im Leben dagegen, immer einen Lösungsweg zu finden, der unserer Situation angemessen ist. Dies ist auch eine Frage von Kreativität. Und für die wiederum ist eine Portion Mut unerlässlich. Vor meiner Zeit als Werbefachmann und Coach habe ich als Künstler gearbeitet. Unmengen von weißem, schönem Papier haben vor mir gelegen, die ich füllen wollte. Dafür aber musste ich den Mut aufbringen, das makellose Weiß der Zeichenblätter zu vernichten. Ich habe die Blätter quasi zerstört, um etwas Neues zu erschaffen. Bei den vielen Vorträgen und Artikeln, die ich geschrieben habe, habe ich manchen Entwurf wieder gestrichen. Im Nachhinein hat es sich als die effektivere Methode erwiesen, als wenn ich versucht hätte, das Geschriebene mühsam zu verbessern. Diesen Weg empfehle ich Ihnen auch bei der Suche nach Wegen aus Ihrer Krise. Seien Sie guten Mutes und trauen Sie sich, alte Strukturen zu zerstören. Sie werden staunen,

wenn Sie die neuen Möglichkeiten sehen, die in Ihnen verborgen liegen.
Im Grunde genommen ist es gar nicht so, dass uns immer wieder das Gleiche passiert, sondern wir reagieren in ähnlichen Situationen immer mit der gleichen Strategie. Diese »Überlebenspläne« haben wir von unseren Vorfahren aus der Menschheitsgeschichte übernommen. Für sie ging es noch ums nackte Überleben, weshalb viele von ihnen sich auf die gleiche Strategie, nämlich das Jagen und Sammeln, verlegt haben. Die Entdeckung zu kooperieren und aus Erfahrungen lernen zu können, führte zu einer gemeinsamen Überlebensstrategie: zur Sesshaftigkeit mit Ackerbau und Viehzucht. Diese Form der Überlebensgemeinschaft entwickelte sich immer weiter. Heute ist unser äußeres Überleben durch ein soziales Netz und die moderne Medizin gesichert. Wir können uns sozusagen um unser inneres Leben kümmern. Es geht nicht mehr darum, nur satt zu werden. Es geht je nach Persönlichkeit um ein gutes, spirituelles, ausgefülltes, schlicht: ein zufriedenes Leben. Im Grunde machen auch wir nichts anderes als unsere Vorfahren vor einigen tausend Jahren: Wir überlegen, mit welcher Strategie wir am besten zum Ziel gelangen, und setzen sie dann ein. Nur bedenken wir oft nicht, dass diese einmal gelernte Strategie nicht auf immer die richtige sein kann. Denn wir ziehen die geänderten Rahmenbedingungen nicht ins Kalkül. Dann aber bewirkt diese einst so intelligente Strategie ihr Gegenteil.

Strategien furchtlos überdenken

Wir wollen glücklich und zufrieden leben. Glück bedeutet, dass im Leben etwas glückt. Ich meine allerdings das innere Glück, das wenig Wohlstand oder Erfolg braucht, das man nur im Einklang mit sich, seinen Werten und Zielen erlangt. Es ist nicht von den Moden des Zeitgeistes verwässert, sondern zeigt sich darin, all dem die nötige Aufmerksamkeit zu schenken, das uns am wichtigsten ist. Wenn die Gewichtungen in Partnerschaft, Familie, Beruf und Hobby so verteilt sind, dass wir nichts vermissen und die Bereiche ausgeglichen sind, dann spreche ich von einem geglückten Leben. Viele Menschen sind aber unglücklich und unzufrieden. Wenn sich diese Gefühle auch nicht auf ihr ganzes Leben erstrecken, so doch auf Teilbereiche. Dann stimmt jedoch der Satz: »So kann es nicht mehr weitergehen«, und es wird Zeit, seine Strategien furchtlos zu überdenken.

Auch bei Beziehungen fällt immer wieder auf, wie leicht Menschen sich an ihre alten Muster klammern – und jedes Mal enttäuscht werden. Ich sage enttäuscht, weil sie sich über ihre Motive, eine neue Partnerschaft einzugehen, nicht ehrlich Rechenschaft ablegen, sondern sich etwas vormachen. Sie werden mit dem Abschied nicht reicher, sondern nur verzweifelter und einsamer. Wenn eine Beziehung endet, unter Umständen theatralisch, beginnt oft sofort die Suche nach einer neuen. Davor ist meist der Versuch gescheitert, im Wortsinne krampfhaft an der alten Beziehung festzuhalten. Doch bald wird sich die Erkenntnis einstellen, dass man sich auch mit dem neuen Partner nicht versteht: Statt gemeinsamer Dialoge herrscht Schweigen, der anfänglichen Begeisterung ist die Langeweile gewichen. Dann kommt es zur Trennung und zur Suche nach einem neuen Partner.

Vielleicht ist dies ein Plan aus der frühen Kindheit, in der das Klammern an die Mutter das Überleben gesichert hat. Die Erwachsenen sollten diese Strategie jedoch überdenken, denn sie bewirkt, dass alles wieder von vorne anfängt und sie am Ende nur noch unglücklicher sind als zuvor.

Das Krisenkarussell beginnt sich von neuem zu drehen, wie ein Perpetuum mobile, das nie von selbst anhält. Nur: Wir können es anhalten, wenn wir merken, dass es so nicht mehr weitergehen kann. Wir müssen unser Verhalten auf immer neue Situationen einstellen. Um diese Fähigkeit zu erlangen, hilft es, sich diesen Kreislauf bewusst zu machen.

Die Opferrolle ablegen

Eine sehr traurige Version eines Krisenkarussells hat eine Klientin von mir erlebt. Sie war mehr als zwanzig Jahre glücklich verheiratet, als sich ihr Mann eine ganz junge Geliebte nahm. Nicht nur, dass sie das tolerierte, sie ließ sogar zu, dass ihr Mann mit seiner Geliebten im ehelichen Haus wohnte. Fast ein Jahr ertrug sie diese Tortur, die noch gesteigert wurde, als ihr Mann Vater eines Kindes wurde, dessen Mutter eben seine Geliebte war. Erst dann brach die Frau unter der Last ihres Schicksals zusammen. Doch als ob sie unbeirrt ihren Leidensweg weitergehen müsste, wurde sie in der Klinik, in deren Obhut sie sich begeben hatte, von anderen Patientinnen geschlagen. Diese Übergriffe versetzten auch die Ärzte in Erstaunen. Die Frau schien selbst sonst ruhige und besonnene Frauen durch etwas zu provozieren, sie geradezu herauszufordern. Es war, als ob in ihrem Habitus und in ihrer Ausstrahlung ein Hinweis darin zu finden gewesen wäre, dass die Leidensbereitschaft dieser Frau übersteigert war. Alle Schläge, alle Qualen der Seele ertrug sie – weil sie der Überzeugung war, sie lang ertragen zu müssen. Das war ihr sich wiederholendes Motiv im Leben.

Sie schien etwas auszustrahlen, das andere Menschen zur Grenzüberschreitung förmlich aufforderte. Erst in der Klinik erkannte sie diesen Zusammenhang. Bis dahin hatte sie sich immer als Opfer gefühlt, das zur Passivität verdammt war. Zum ersten Mal sollte sie ihr Krisenkarussell zum Stoppen bringen. Die Frage: »Was mache ich nur, dass man mir das antut?« führte sie aus der geduckten Haltung eines Opfers heraus. »Was trage ich selbst dazu bei? Wieso treffe ich immer wieder mit Menschen zusammen, die mich schlecht behandeln?« Schon in ihrer Kindheit hatte es jemanden gegeben, der ständig ihre Grenzen überschritten hatte. Ihre jüngere Schwester hatte Anspruch auf die Spielsachen erhoben, ihr alles weggenommen, später ihre Kleider angezogen. Von Männern hatte sie schon mehrfach schlechte Behandlung erfahren. Die Verantwortung dafür hatte sie immer bei denen gesucht, die ihr das Leid zufügten. Die Erkenntnis, zu einem Teil selbst dafür verantwortlich zu sein, machte sie in diesem Punkt wachsam.

Hier lag ihre Chance, eine der Ursachen der sich ständig wiederholenden Krise zu entschlüsseln. Die Konfrontation mit der Tatsache, dass die anderen nicht nur Täter waren und sie nicht nur Opfer war, hat ihr nach einer langen Zeit der Therapie geholfen. Den Anfang zu diesem Erfolg aber hatte die folgende *Heilsame Übung* gegeben.

Heilsame Übung

Falsche Strategien erkennen

Suchen Sie bei sich nach Verhaltensweisen, nach Stimmungen, Gefühlen, Reaktionen des Partners oder Streitpunkten, die immer wieder nach dem gleichen Schema ablaufen. Achten Sie auf Ihre innere Reaktion, wenn Sie diese Wiederholungen wahrnehmen. Welche ist es?

Wo kommen Sie in die immer gleiche Lebenssituation? Sind Sie damit zufrieden oder eher unzufrieden? Wenn Sie zum Beispiel in bestimmten Situationen immer die gleichen Gefühle empfinden, wenn Ihnen immer wieder das Gleiche passiert, wenn Sie sich oft als Opfer vorkommen, wenn Sie zum Beispiel gemobbt oder gehänselt werden, ist das ein Indiz dafür, dass es mit Ihnen selbst zu tun hat. Listen Sie diese Schemata in Ihrem Leben auf. Das wird einige Zeit dauern, denn Wiederholungen sind schwer zu erkennen.
Im nächsten Schritt sollten Sie die Alternativen zu den Wiederholungen aufschreiben. Merken Sie, welche Kraft in Ihren Sätzen steckt? Überlegen Sie, was Sie von deren Verwirklichung abhält.
Auch hier gilt, was wir bereits gesehen haben. Wer einsieht, hat den ersten Schritt zur Heilung schon gemacht. Das Erkennen von Zusammenhängen löst noch keine Probleme, aber es sensibilisiert und setzt einen Veränderungsprozess in Gang.

Woran merken wir, dass eine unserer Verhaltensweisen nicht die richtige ist? Wenn wir an ihren Folgen leiden, uns in unserer Haut nicht mehr wohl fühlen oder wenn uns Schuldgefühle bedrücken. Manchmal weist uns auch eine innere Stimme resigniert darauf hin: »Jetzt hast du es schon wieder gemacht.« Dann ist es Zeit, etwas an diesem Verhalten zu ändern, sonst werden die Schuldgefühle überhand nehmen, Lebensqualität und -freude werden sinken. Das geht manchmal einfacher als es aussieht, wie das folgende Beispiel zeigt.

Anfangs glich die Wohnung einer mir bekannten Familie einem Puppenhäuschen. Stets herrschte Ordnung, nirgendwo war ein Fleck zu sehen. Die strenge Korrektheit der Hausfrau, die dafür viel ihrer Zeit, aber auch viel an familiärer Harmonie opferte, war allgegenwärtig. Ihre Kriterien an Sauberkeit waren äußerst schwer zu erfüllen. Es war den Kindern nur an wenigen Plätzen gestattet zu spielen, aber auch dort galten die Gebote der Sauberkeit. Etliche Unternehmungen mit der Familie fielen dem Putzen und Aufräumen zum Opfer. Auch wenn es deswegen oft Streit gab, die Hausfrau konnte nicht aus ihrer Haut. Sie wusste, dass ihre Art weder ihr noch der Familie gut tat. Trotzdem stellte sie das Erscheinungsbild der Wohnung über die Wünsche ihrer Angehörigen. Argumenten war sie nicht zugänglich.

Zwänge wegputzen

So wie diese Hausfrau leiden viele Menschen unter ihrem Verhalten, anstatt es zu ändern. Es sind immer blutende Wunden, die geheilt werden müssen, sonst lässt sich ein freies Leben nicht führen. Wie wenig Spielraum bleibt zum Beispiel den übergenauen Menschen, wenn sie alles exakt planen und durchführen. Auch ihre Umwelt leidet unter diesen Vorgaben, dass alles zu einer bestimmten Zeit an einem bestimmten Ort zu sein hat. Wie viel Nörgelei, Streit und Unzufriedenheit könnten sie sich und anderen ersparen und wie viele neue Möglichkeiten im Leben schaffen, wenn sie von ihrer Pingeligkeit ließen und sich andere Strategien suchten? »So konnte es nicht weitergehen«, sagte die Hausfrau später lachend. Sie hatte sich auf einen neuen Weg getraut.

Und sie beließ es nicht bei der bloßen Erkenntnis, sondern zog die nötigen Konsequenzen, denn ihr Leidensdruck war schon zu groß. Wer bei sich Ähnlichkeiten mit dieser Frau entdeckt, dem kann folgende Übung helfen:

Heilsame Übung

Was wäre schlimm daran?

Was tun Sie gegen Ihre Überzeugung? Haben Sie sich diesen Zwang gar selbst auferlegt? Listen Sie wenigstens drei Situationen auf, in denen es sich so verhält.
Überlegen Sie jetzt, was passiert, wenn Sie es einmal nicht so, sondern anders machen. Was wäre die schlimmste Folge? Wenn diese Wirklichkeit wird, was wäre dann das Schlimmste? Und was dann? Und was dann? Spinnen Sie diese Gedankenkette bei allen Gelegenheiten weiter, bei denen Sie einen innerlichen Druck spüren, so und nicht anders handeln zu müssen. Sie werden merken, dass da eigentlich gar nichts droht, jedenfalls nicht in dem befürchteten Ausmaß.
Sie entdecken bei dieser Übung, welche Ängste hinter Ihrem Verhalten stecken und es bestimmen.

Mit Hilfe dieser Übung war die Hausfrau darauf gekommen, dass es im Grunde nur die Angst davor war, die Kontrolle zu verlieren, die sich in ihrem überhöhten Wunsch nach Sauberkeit ein Ventil suchte. Ihre größte Sorge war nämlich, sich und andere nicht mehr beherrschen zu können. Der Gedanke, dass sich bei Nichteinhaltung ihrer Regeln das blanke Chaos einstellen würde, machte sie ganz wild. In der Folge stellte sie alles und jeden unter ihre Kuratel. Erinnern Sie sich noch an den Jungen mit dem allzu strengen Vater aus dem vierten Kapitel? Unsere putzwütige Hausfrau ist ein weiteres Beispiel dafür, wie sich eine allzu starke Einengung im Elternhaus später bemerkbar machen kann. Die meisten Ängste, die in dieser Phase gründen und uns heute noch beherrschen, sind ziemlich diffus. Betrachtet man die Ursachen, werden sie als nichtig entlarvt. Sie konnten uns allein nur deswegen quälen, weil wir ihnen in unseren Gedanken diese Macht eingeräumt haben.

Das Muster der Krise

Wenn wir mit einem anderen, geweiteten Blick auf unser Leben schauen, wie wir es im zweiten Kapitel geübt haben, können wir sehen, dass sich ein Prinzip wiederholt. Es ist das ewige Stirb und Werde, ein Muster, dem wir ausgeliefert sind und das sich überall in der Natur nachweisen lässt. Immer wieder sehen wir uns einer Situation ausgesetzt, in der wir bedroht werden und vor der wir uns in Sicherheit bringen müssen, immer wieder werden wir verletzt, um wieder heil werden zu können. Das hat einen tiefen Zweck, denn nur auf diesem Weg können wir zu Persönlichkeiten reifen. Wie ein Baum, der sich seiner welken Blätter entledigt, um im nächsten Frühjahr neu zu blühen und frische Früchte zu tragen, dürfen wir Ballast abwerfen, der unser Wachstum hemmt.

Dieser Lebensprozess, hinter dem das Schöpfungsprinzip durchschimmert, ist ein Thema, das sich in Variationen in vielem nachweisen lässt: beim Wachstum der Pflanzen, bei den Jahreszeiten, bei Wetterphänomenen. Sogar das Universum spiegelt das Muster der Krise wider. Dort wird von schwarzen Löchern Materie angesaugt. Das Alte will sterben, und etwas Neues will geboren werden. Nach einem Vulkanausbruch können wunderschöne, fruchtbare Landschaften entstehen, ebenso nach Überschwemmungen und anderen Naturkatastrophen.

Wenn es uns gelingt, nicht nur zu sehen, dass das Gewohnte und Bekannte bedroht ist, sondern dass darin auch eine Chance für uns liegt, dann haben wir schon den ersten Schritt in Richtung Genesung gemacht. Verschließen wir uns dieser Sicht, dann besteht die Gefahr, in einer Sackgasse zu landen, wo es (so) nicht mehr weitergeht. Wir hindern uns am Vorwärtskommen nur dadurch, dass wir am Alten festhalten.

Exkurs

Der Standpunkt, der Stillstand

Zum Vorwärtskommen, Weitergehen, Sich-Entwickeln gibt es eine passende Analogie: Ein Standpunkt ist ein Punkt, an dem wir stehen. Dies ist nicht nur übertragen in Bezug auf unsere Überzeugungen gemeint, sondern auch im wörtlichen Sinne. Wer auf einer Stelle steht, hat seinen Standpunkt. Wenn wir feste Standpunkte haben, wenn wir also unverrückbare Positionen einnehmen – dann bleiben wir auf der Stelle stehen. Durch unser Festhalten und Verharren auf diesem Punkt nehmen wir uns die Möglichkeit weiterzugehen und in einer anderen Richtung neue Erkenntnisse zu gewinnen.

Krisen lassen sich nicht verleugnen. Wir können uns eine Zeit lang selbst täuschen, doch unsere Psyche weiß sich in der Not zu helfen. Sie spürt die Gefahr, fühlt sie und bearbeitet sie. Es können Tag- wie Nachtträume sein, mit deren Bildersprache sie uns auf einen Missstand aufmerksam macht, es können aber auch körperliche und psychische Leiden daraus werden. All das sind Signale aus unserer Seele, die wir ernst nehmen sollten: Sie zeigen, dass wir am Ende eines Weges sind.

Hingabe oder Aufgabe

Wenn wir über unsere Probleme wenigstens mit Freunden sprechen können, haben wir nicht so schwer an ihnen zu tragen. Aber bei gewissen Themen ist die Hemmschwelle derart hoch, dass wir nicht über sie sprechen wollen. Sie belasten uns doppelt. Unter dieser Last ist eine junge Frau zusammengebrochen.

Sie war noch nicht lange verheiratet; sie hatte, wie man sagt, eine gute Partie gemacht. Er war ein attraktiver Mann, sie eine attraktive Frau. Dem Eheglück sollte eigentlich nichts im Wege stehen, doch sie war weit davon entfernt, eine glückliche Frau zu sein. Äußerlich war ihr nichts anzumerken. Die hohen beruflichen Anforderungen erfüllte sie zwar erfolgreich, weswegen sie mit den besten Aussichten belohnt wurde. Aber innerlich litt sie unter quälenden Schuldgefühlen. Sie schämte sich für ihre sexuellen Vorstellungen, die in ihr hochkamen, mit denen sie aber gar nichts anzufangen wusste und die sie sogar an der Liebe zu ihrem Partner zweifeln ließen. Waren es wirklich nur Phantasien oder doch eher Wünsche, deren Existenz sie aus welchen Gründen auch immer in das Innerste der Seele verbannt hatte? Immerhin war sie eine anständige und erfolgreiche Frau, die im Leben nicht immer Zeit für das hatte, was andere »Spaß haben« nannten.

Wunsch oder Phantasie?

Nicht dass sie ihrem Mann hätte untreu werden wollen. Darauf hatte sie es nicht abgesehen. Aber die Phantasien machten ihr mit nicht gekannten Verlockungen ein abenteuerliches Angebot. Ihre Blicke schweiften immer zu anderen Männern, auch wenn sie mit ihrem Mann unterwegs

war. Sie flirtete, legte es darauf an, auf sich aufmerksam zu machen. Dann waren plötzlich die Bilder da, die in ihr hochstiegen. Bilder von ausgelassenem Sex, bei dem sie ihre Lust daraus zog, vollkommen beherrscht und sogar gedemütigt zu werden. Auf diese Praktiken würde sie sich nie einlassen, denn die Angst vor dem Unbekannten war zu groß. Trotzdem musste sie sich den Reiz eingestehen, es auszuprobieren.
In dieser Spannung von Angebot und Verbot, von heimlicher Begierde und Angst vor Erfüllung kam es zur Krise. Ihrem Mann hatte sie von ihrem inneren Doppelleben nie erzählt. Deswegen hatte sie ein schlechtes Gewissen und Schuldgefühle: ein Teufelskreis, in dem sie schon lange steckte. In der Offenheit hätte ein Schlüssel gelegen, sich von der Macht der Phantasien freizusprechen. Doch die Furcht vor der Eifersucht ihres Mannes hielt sie von einer Aussprache mit ihm zurück. Außerdem hatte sie Angst vor ähnlichen Gedanken, die er hegen könnte.
Nie waren ihre Begegnungen mit Männern auch schon vor der Ehe das, was ihre Freundinnen als »normal« bezeichnet hätten. Entweder ergriffen die Männer die Flucht, sobald sie von ihren Phantasien erzählte. Oder aber sie wurde nach ihren Offenbarungen in irgendeiner Weise belästigt, sei es mit Worten, sei es mit ungewollten Berührungen. Diese Erfahrungen beherrschten ihren Umgang mit Männern, es war jedes Mal das Gleiche. Und jedes Mal tat es wieder weh.

Wo lag der Ursprung für diese Wiederholung im Leben der Frau, die immer eine schmerzhafte Wunde hinterließ? Als heranwachsendes Mädchen hatte sie sich stark zu ihrem Vater hingezogen gefühlt. Er war alles für sie gewesen, ihr Märchenkönig. Auf der anderen Seite hatte es ihre Mutter gegeben, von der die enge Bindung zwischen Vater und

Tochter streng beäugt wurde. Wie alle Frauen, deren Männer wegen ihres Berufs wenig Zeit für sie haben, neigte sie dazu, die Zeit und Zärtlichkeiten der beiden als Verlust für sich zu verbuchen. Zudem machte ihr heimlich eine große Angst zu schaffen. Ihre jugendliche Tochter könnte mehr Zuneigung, Nähe, Zärtlichkeit und Zeit als sie gewidmet bekommen.
So wurde sie zu einem Keil in der Beziehung von Tochter und Vater. Er merkte natürlich, wie seine Frau ängstlich die Beziehung zwischen Vater und Tochter beobachtete, und hielt fortan Abstand zu seinem Kind. Das war ihm gar nicht unrecht, denn ihn irritierte ein Impuls, den er für seine Tochter in sich spürte und den er gar nicht einzuordnen wusste. Auch er hatte Angst vor der Macht der Jugend und wollte nicht in Versuchung kommen: Das war der Grund, warum es keine weitere als die eigentlich recht spärliche Vertrautheit und seltene Nähe zwischen Vater und Tochter mehr gab, obwohl ebendiese Vertrautheit und Nähe für beide wichtig gewesen wären.
So wurde dem jungen Mädchen ein fatale, weil verschwiegene und verheimlichte Form der Körperlichkeit und Sinnlichkeit vorgelebt. Man ging einerseits auf Distanz und verzichtete auf körperliche Nähe, auch wenn man eine tiefe gegenseitige Zuneigung füreinander empfand. Andererseits hatte sie, wie alle Kinder, die Ambivalenz der Atmosphäre bei ihren Eltern erlebt, sobald dieses Thema im Raum stand. Gesprochen wurde darüber nicht. Diese Wunde, die sie in ihrer Kindheit erlitten hatte, war verantwortlich für ihren wenig glücklichen Umgang mit Männern, wie sie ihn immer wieder erleben musste.

Offenheit entwaffnet

Das Schicksal hat der jungen Frau die Aufgabe gestellt, das ungelöste Problem ihrer Eltern zu lösen, die das Begehren aus ihrer Beziehung verbannt hatten. Denn unterdrückte Energien werden von den Kindern feinfühlig wahrgenommen und bahnen sich später in irgendeiner Form einen Weg nach außen. Sie konnte sich von dem schwierigen Erbe der Generation vor ihr lösen, indem sie nach Wegen für eine Sexualität suchte, die ihr gemäß war. Das war erst möglich, nachdem sie die Dynamik des Problems ihrer Eltern, das ungelöst zu dem ihren geworden war, entdeckt hatte. Jetzt sah sie die Ursache für ihre Phantasien und konnte nach anderen Lösungsformen suchen. Sie sprach offen mit ihrem Mann und ihren Freundinnen, wenn sie andere Männer attraktiv fand. Dadurch nahm sie ihren Blicken und ihrem Sehnen den Ruch des Heimlichen, der Reiz ging verloren.

Wenn diese Offenheit nicht gelingt, suchen sich Männer und Frauen Erfüllung in der Ausschweifung, andere gestehen sich eine von Lust erfüllte Sexualität erst gar nicht zu und unterdrücken ihre Wünsche vollkommen. Sie können keinen Partner oder keine Partnerin finden, und bei manchen deutet die Tatsache, dass sie keine Kinder bekommen können, auf eine falsch gelebte Sexualität. Einigen ist jedes Mittel recht, um ihre Partner ganz an sich zu binden, sie können dies aber nicht zugeben. Sie versuchen, die Gefühle anderer zu steuern, um sie zu kontrollieren. Dazu zählt auch, heimlich nach »Beweisen« für eine befürchtete Untreue zu suchen. Wieder andere leben in ständiger Eifersucht. Sie werden von der Angst beherrscht, ihren Partner zu verlieren. Denn sie glauben, nicht gut genug zu sein. Bei Männern weist oft die Impotenz auf Defizite hin, die meist aus der Kindheit stammen. Doch ich will es immer wieder betonen: Jeder von uns hat täglich die Chance, diese Wunden zu heilen.

Was die junge Ehefrau als Kind nicht erfahren hatte, durfte sie als Erwachsene lernen: dass körperliche Nähe etwas Entspannendes ist, dass man sich vor ihr nicht in Acht zu nehmen oder zu schämen braucht. Sie ist auch ein menschliches Grundbedürfnis, dessen Befriedigung ein starker Antrieb in uns ist. Wird er gebremst oder abgelehnt, greift die Phantasie ein. Sie zeigt das sexuelle Defizit und erweitert es oft um andere psychische Dimensionen.
Die Frau fand die Antwort auf weitere Fragen, die bisher ungeklärt geblieben waren. Ihr Wunsch nach sexueller Unterwerfung, vor dem sie große Angst hatte, hatte ihr gezeigt, dass auch sie schwache Seiten hatte. Von Kind an war sie gewohnt, die Kontrolle auch über ihre Gefühle zu behalten. Sich fallen zu lassen, etwa in die Arme eines starken und zärtlichen Vaters, ging nicht, wie wir gesehen haben. Deshalb war es immer ihr größter Wunsch, einen »starken Mann, einen Ritter« zu heiraten. Sie fühlte sich auch nur von Männern angezogen, die sich mit einer Aura von Erfolg und Stärke umgaben. Bei diesen sah sie die Chance, sich mit ihren beiden Seiten zu zeigen und angenommen zu werden: mit ihrer starken Seite, die sie zu einer erfolgreichen Frau im Beruf machte, die sie mit erhobenem Kopf und einem Siegerlächeln auftreten ließ; und mit ihrer schwachen Seite, die sich nach Geborgenheit sehnte und das Ruder gerne für eine Zeit aus der Hand geben würde. Ebendiese Phantasien hatten ihr gezeigt, dass sie nicht nur die Starke war, die Strukturen vorgab, sondern auch die Schwache, die selbst Führung brauchte.

Heilsame Übung

Sich der Hingabe hingeben

Haben Sie Angst sich hinzugeben? Die Hingabe verlangt nach körperlicher Entspannung und nach Vertrauen. Sie löst Widerstände und Ängste auf. Haben Sie verbotene Träume, unmoralische Vorstellungen, die in diese Richtung gehen? Stellen Sie sich manchmal »solche Dinge« vor? Machen Sie die Übung Was wäre so schlimm daran *jetzt noch einmal und stellen Sie sich vor, was im schlimmsten Fall passieren könnte, wenn Sie diesen Wünschen nachgeben. Gefährden Sie Ihre Partnerschaft, Ihren Beruf, Ihre Familie? Notieren Sie sich, wo Sie als Frau »Ihren Mann« stehen. Welche Angst haben Sie davor, sich hinzugeben, was ist bedrohlich daran? Könnten Sie Ihre Selbstständigkeit verlieren? Was ist schlimm daran, einmal auch schwach zu sein? Ist es in Ihrer Beziehung möglich, ebenso Ihre abgelehnte, peinliche, schmerzliche und unerfüllte Seite zu zeigen? Oder sind Sie mit Ihren Impulsen und Gefühlen allein gelassen?*
Notieren Sie die Begriffe, die Ihnen einfallen, wenn Sie an »Hingabe« denken. Unterscheiden Sie nach Tätigkeiten, Personen, Ereignissen und Eigenschaften. Wem oder was können Sie sich hingeben? Wem wünschen Sie sich hinzugeben? Man kann sich auch einem Naturgefühl hingeben, einem Sonnenuntergang oder der Musik – es wird immer um das Einssein gehen, um die Verschmelzung mit dem Objekt der Hingabe. Dafür soll diese Heilsame Übung *die Augen öffnen.*

Er war einer derjenigen Männer, die zwar viel können, noch mehr anfangen – aber nichts zu Ende bringen. Von einer Stelle zur anderen hatte es ihn getrieben, nirgends hielt er es lange aus. Die Langeweile, die niedrigen Anforderungen, die mobbenden Kollegen, Gründe für eine Kündigung fand er schnell. Nebenbei malte er, sogar auf einer Ausstellung waren seine Gemälde zu sehen. Als Hobbymusiker gelangen ihm manche Auftritte. Aber nichts davon verfolgte er professionell, nichts kam über das Anfangsstadium hinaus.

Impotenz oder Wenn nichts mehr geht

In einem Gespräch gestand er mir einmal: »Ich habe Angst, von meiner Frau verschlungen zu werden.« Nach einigen Ehejahren war er impotent geworden, die Beziehung stand nicht zuletzt auch deswegen kurz vor dem Scheitern. Er schalt seine Frau, dass sie nicht mehr zu ihm stand, sie beschimpfte ihn als »Waschlappen«. Dabei hatte er ihr alle Wünsche von den Augen abgelesen und ihr erfüllt, was finanziell möglich war. Sie hatte sich die ganzen Jahre um »alles gekümmert«: war Hausfrau, Mutter seines Sohnes, half ihm durch seine vielen Krisen und hielt ihm den Rücken frei, während »er sich um seine Bedürfnisse kümmerte«. Es fiel ihm sichtlich schwer, aber er musste zugeben, dass er sich schon bei den einfachsten Tätigkeiten auf seine Frau verlassen hatte, seit mehr als 25 Jahren. Allzu lange drehte sich bei diesem Mann das Krisenkarussell, eigentlich noch viel länger. Denn früher hatte seine Mutter alles für ihren Kleinen gemacht, ihm alles abgenommen, um nichts hatte er sich kümmern müssen. Später suchte er sich immer wieder den gleichen Typ von Frau, die bereit war, die Organisation für ihn zu übernehmen.
Er scheiterte schon an den einfachen Dingen des Lebens. Bankgeschäfte waren ihm unverständlich, Terminabsprachen mit Werkstätten, Ärzten und Handwerkern konnte er

nicht koordinieren, denn er hatte es nicht gelernt. Immer war ihm alles abgenommen worden. Seine Frauen hatten seine Liebe zu gewinnen versucht, indem sie ihm die Probleme abnahmen. Umgekehrt hatte er es ihnen immer recht machen wollen. Damit war er auch Mamas Liebling geworden. Als Kind hatte er all das unterlassen, von dem er befürchtet hatte, seiner Mutter könnte es wehtun. Er widersprach nicht, er stritt nicht, er gab in sehr vielen Fällen nach. Das Muster war bei all seinen Partnerinnen das gleiche geblieben, bei allen war es aber letztlich auf eine Enttäuschung hinausgelaufen. Auch mit seiner Frau wurde er unglücklich, sodass er ein solches Ende auch für seine Ehe kommen sah, denn er war in seinem altbekannten Teufelskreis gefangen: Ihm gelang nichts, sie machte ihm Vorwürfe, die seine Schuldgefühle nährten – und ihm gelang noch weniger, nicht einmal mehr, seine Frau sexuell zu befriedigen.

Selbstständigkeit macht selbstbewusst

Immer lag die Angst mit im Bett, von seiner Frau »verschlungen zu werden«. Natürlich bestärkte ihn dies in dem Gefühl, ein Versager zu sein, und führte zu einem Verlust seines Selbstwertgefühls. Im Internet versuchte er, Kompensation für ein fehlendes Sexualleben zu bekommen. Stundenlang war er aktiv auf der Suche nach Adressen von Frauen.

Die einzige Frau indes, die er nicht zu enttäuschen schien, war seine Mutter. Sie war noch immer eine Anlaufstation, bei ihr sprach er sich aus, ja sie kochte ihm sogar noch immer seine Lieblingsgerichte. Alle seine Partnerinnen standen in der Position einer Rivalin zu ihr. Die meisten hatten versucht, eine Rolle zwischen Ehefrau und Muttersatz zu spielen und waren gescheitert. Von seinem Vater wusste er wenig zu erzählen. Er hatte ihm bestimmt nicht vorgelebt, was einen Mann im Umgang mit einer Frau zu einem Mann macht. Sein Vater war selten zu Hause gewesen, die Erziehung lag nur in Händen der Mutter. Wie bei vielen allein erziehenden Frauen fehlte hier die Struktur gebende Kraft des Vaters. Zu wenig innere Führung führte zur Orientierungslosigkeit des Sohnes, die sich darin äußerte, dass er vieles anfing, aber nichts zu Ende brachte. Die Mutter konnte die Rolle des Vaters nicht übernehmen, denn es liegt nicht in der Natur des Weiblichen, für eine ordnende Struktur zu sorgen; ihr kommt eine ebenso bedeutsame Rolle zu: Im Weiblichen manifestiert sich die gewaltige Kraft der Emotionen, die sich allzu oft als Gegenspieler einer klaren Ordnung erweisen. Nur wenn beide Aspekte in einem ausgewogenen Verhältnis zueinander stehen, ist die Erziehung in einem ganzheitlichen Sinne erfolgreich.

Als »Hausaufgaben« hatte ich ihm, dem »Erfolglosen«, wie er sich selbst strafend nannte, einfachste Tätigkeiten gegeben. Er sollte anfangen, seine Sachen selbst zu ordnen. Termine vereinbarte er von jetzt an persönlich. Seine Frau schickte er auch nicht mehr auf die Bank oder zum Einkaufen. Wenn er etwas brauchte, machte er sich selbst auf den Weg. Das wohl Schwierigste für ihn war, seine eigene Meinung zu vertreten. Auch bei seiner Frau musste er sich durchsetzen, sogar auf die Gefahr hin, sich bei ihr unbeliebt zu machen. Denn ihn plagte eine zweifache Angst: die Angst vor seiner Frau und jene vor seinem eigenen Selbstbild.
Die Übernahme von Verantwortung und der offene Widerspruch könnten dazu führen, die Abhängigkeit und das Ausgeliefertsein erst ganz zu erfassen. Aber dies war sein

Weg aus der sich wiederholenden Situation im Leben: Seine Partnerinnen lösten für ihn die Probleme, er selbst blieb verloren in seinem eigenen Chaos, lebte nicht die Rolle als Mann und seine Partnerin nicht die Rolle als Frau. Statt Verantwortung auf seine Frau abzuwälzen, nahm er sein Leben nun selbst in die Hand. Das war die Chance für ihn, er selbst zu werden, nicht unter dem Druck zu stehen, gefallen zu müssen.

Heilsame Übung

Verantwortung übernehmen

Machen Sie sich eine Liste von Dingen, die Ihrer Meinung nach getan werden sollten - von Ihnen. Beginnen Sie mit dem Aufräumen. Wo sehen Sie Ihre Aufgaben? Wo müssten Sie wieder mehr Verantwortung übernehmen? Notieren Sie es, dann erhält es mehr Gewicht.
Sprechen Sie darüber mit Ihrem Partner. Treten Sie mit Forderungen auf, auch wenn es zum Streit kommt. Setzen Sie sich dem Dialog aus. Miteinander streiten ist besser als zu schweigen. Denn ein Streit ist nicht das Ende einer Beziehung, wohl aber die Gleichgültigkeit. Nur wer für sich Verantwortung übernimmt, findet einen Weg aus der Krise. Manchmal fängt er mit den unscheinbarsten Schritten an. Darin liegt der Sinn der Übung.

Unser gesamtes Leben ist von drohenden Krisen und ihren Folgen durchzogen. Dies empfinden wir bewusst oder unbewusst. Die Angst davor ist etwas Normales. Wenn wir dieser Angst ausweichen, verschlimmern wir die Krisen, stellen wir uns ihr, gibt sie uns die Möglichkeit zu wachsen, alte Wunden hinter uns zu lassen und neue Lebensabschnitte zu beginnen. Es sind nur die ungelösten Krisen, die immer blutende Wunden verursachen.

Das ewige Stirb und Werde

Unsere ganze Identität ist auf das Prinzip des immer Gleichen aufgebaut, einer ewigen Wiederkehr. Es beginnt mit der Geburt, einer Krise, der wir mit der ersten Strategie begegnen. Wir wollen am Alten festhalten, eingetaucht bleiben in der symbiotischen Verbindung. Weil das nicht möglich ist, entscheiden wir uns dafür, alles zu nehmen und aufzunehmen, was wir bekommen können. Der Säugling hängt an der Mutterbrust und lässt die Milch voller Wonne in seinen Mund strömen, als ob er sich an der Fülle berauschte. Er möchte trinken, als ginge es darum, nicht nur die Lebenskraft seiner Mutter anzuzapfen, sondern sich wieder in den Körper der Mutter einzusaugen. Nach etwa eineinhalb bis zwei Jahren kommt er in die Phase der Verarbeitung, er lernt bewusst auszuscheiden und im übertragenen Sinne loszulassen. Er weiß in der Zwischenzeit auch, dass er und die Mutter zwei verschiedene Wesen sind, er hat schmerzlich erfahren, dass er im Grunde allein auf der Welt ist. In der nächsten Entwicklungsphase sucht er nach weiteren Strategien, die er braucht, weil er sich durchsetzen muss. Denn da ist vielleicht ein Geschwisterchen, dem die Eltern mehr Aufmerksamkeit zu schenken drohen. Er wird sich weiter durchsetzen und sich sogar gegen den Willen der Eltern auflehnen und ihnen einiges abtrotzen. Wir sehen, in jeder Phase dieses biologischen Entwicklungsprozesses sind wir gezwungen, auf andere Strategien auszuweichen. Immer wiederholt sich ab jetzt das gleiche Strickmuster, sich zuerst am Neuen zu stillen, um es danach zu verarbeiten und sich zu Eigen zu machen.

Später in seinem Leben plagt sich der Jugendliche in einer Phase, in der er sich nicht entscheiden kann. Es ist die Zeit, in der wir alle in der Selbstfindung hängen bleiben, die Zeit der Pubertät. Erst wenn sie erfolgreich überwunden ist, können wir heranwachsen, viel ausprobieren, mit vielem scheitern, vieles schaffen und erschaffen. Nur so reifen wir zu einer Persönlichkeit und nur nach diesem Prozess können wir am Ende auch zum Sterben und Vergehen, unserer letzten Phase, laut »Ja« sagen.
Dieses Prinzip unserer Entwicklung durchzieht alle Bereiche des Lebens: Es gilt für die Liebe gleichermaßen wie für den Bau eines Hauses, das Verfassen eines Buches, eine Beziehung. Zuerst wird die Idee geboren, mit der wir lange schon schwanger gegangen sind. Ganz vage entsteht sie vor unserem inneren Auge, wenn überhaupt sind nur Umrisse zu erkennen. Dann wollen wir aufnehmen, möglichst viel Information beschaffen, die es zum Thema gibt. Wir suchen in allen Richtungen, lassen uns inspirieren, aber es kristallisiert sich noch kein klares Bild von unserem Vorhaben heraus. Danach schreiten wir zur Phase der Verarbeitung, in der die Idee in uns wirkt, sie uns nicht mehr loslässt, wir mit ihr beschäftigt sind. Wir planen, überlegen und verwerfen vieles wieder. Erstmals sind von uns Entscheidungen gefordert, die eine Konkretisierung unserer Vorstellungen verlangen. »Wie stellst du dir das vor?« »Wie soll das aussehen?« In diesem Abschnitt des Entstehungsprozesses wird es zu Phasen kommen, in denen heftige Zweifel die Ausführung gefährden und wir am liebsten aufgeben würden. Entscheidungen verlangen klare Positionen, die es zu finden gilt. Im Laufe dieses Ringens wird aus der vagen Idee ein tragfähiger Plan werden, auf dessen Grundlage sich das Projekt verwirklichen lässt. Verschwommene Umrisse werden zu klaren Linien, die das Abbild der Wirklichkeit darstellen. Wie ein Mensch zu ei-

ner Persönlichkeit heranreift, wie sich in Krisen seine Persönlichkeit formt, nimmt auch jene anfänglich vage Idee im Laufe ihrer Wandlung zum Plan eine endgültige Form an. Nach diesem Prinzip verlaufen alle Schaffensprozesse, in der Kunst und der Wirtschaft, privat und politisch. Und es entstehen Wunden, die Krisen auslösen.

Krisen erlösen

In allem, was entsteht, liegt bereits der Kern zu einer Krise verborgen, niemand ist vor ihr sicher, jederzeit kann uns das Schicksal für ein hartes Krisenszenario auswählen.
Keine der menschlichen Entwicklungsphasen geht ohne Probleme vonstatten. Wenn die Krisen nicht er- und gelöst werden, schleppen wir ihre Last in die nächste Lebensphase mit. Wir haben zwar zu jeder Zeit die Möglichkeit, die Wunde auch nachträglich zu heilen, doch wenn wir dies vollkommen unterlassen, besteht sogar die Gefahr, dass wir sie der nächsten Generation als Aufgabe und Schicksal übertragen, als ein »schweres Erbe«. Viele Menschen müssen ein solches mit sich herumschleppen, für manche ist es fast ein Fluch. Da wächst ein Kind in dem Bewusstsein heran, dass es »etwas Besseres« ist. Im schlimmsten Fall wird seine ganze Lebensführung auf die Erfüllung dieses Erbes angelegt sein: Es wird sich immer verpflichtet fühlen, besser zu sein als andere. Wie viele wachsen in dem Glauben heran, zu einer benachteiligten Gruppe zu gehören? Ihr Leben lang werden sie sich nur schwer von diesem belastenden Erbe lossagen können.
Unserem Schicksal können wir aber nicht aus dem Weg gehen. In irgendeiner Form werden uns die ungelösten Probleme unserer Eltern und Vorfahren begegnen. Warum das so ist, vermag keiner genau zu erklären. Unser Hori-

zont ist zu begrenzt, um es zu verstehen. Vielleicht erschließt sich dieses Phänomen erst in den Maßstäben der Evolution, jener Schöpferkraft, die unendlich viel Zeit hat und nicht in Menschenaltern rechnet. Sehen wir die Krise als einen Auftrag an, der von der Evolution gestellt wird. Ziel dabei ist es, besser für das Leben gerüstet zu sein. Diese Aufträge haben alle Lebewesen zu erfüllen: Eine Blume, die auf kargem Boden und in rauem Klima wachsen muss, wird trotzdem auf ihrem Platz erblühen. Sie wird ihren Auftrag erfüllen und ihr Wissen, welche Strategien die richtigen für das Überleben in einer unwirtlichen Umgebung sind, als Erbinformation weitergeben.
Jeder Weg der Erlösung führt über das Akzeptieren, dass es diese Aufgabe gibt und dass sie nicht nur negative Seiten hat. Auch das ist ein wichtiges Kriterium bei der Arbeit mit Krisen: Nichts ist so schlecht, als dass es nicht auch seine guten Seiten hätte. Wenn es so nicht mehr weitergeht, wollen wir uns lieber für den besseren Weg entscheiden.

Zusammenfassung

1. Wenn es so nicht weitergehen kann, muss es anders weitergehen. Daraus folgt, dass wir uns einen anderen Weg suchen müssen.
2. Doch Angst, Bequemlichkeit und die Unfähigkeit, auf unsere innere Stimme zu hören, halten uns davon ab.
3. Wir reagieren in ähnlichen Situationen immer gleich, auch bei Beziehungen findet sich das Muster: ein Krisenkreislauf.
4. Wir können diesen jederzeit unterbrechen und aufhören, Dinge zu tun, die gegen unsere Überzeugung sind. Die Angst vor schlimmen Folgen ist meist unbegründet.

5. Krisen lassen sich nicht verleugnen, sie kommen ja immer wieder. Häufig äußern sie sich in körperlichen und seelischen Leiden.
6. Oft müssen die Kinder die ungelösten Probleme ihrer Eltern lösen, auch in der Sexualität. Wird sie falsch vorgelebt, führt das zu einem krisenhaften Erleben der eigenen Sexualität als Erwachsener.
7. Werden Aufgaben in Krisenzeiten nicht gelöst, geht die Krise auf die nächste Lebensphase über, sie kann sogar die nächste Generation belasten.

Wunden wollen Freunde sein

Sollbruchstellen auf unserem Wachstumspfad stellen uns immer wieder vor die Entscheidung.

Wenn gute Freunde oder Familienangehörige in einer Krise stecken, sind sie eines mit Sicherheit nicht: zugänglich für Ratschläge, und sind sie noch so gut gemeint. Wer sich von jemandem trennen musste, der ist mit seinem Schmerz zuerst am liebsten allein, etwas anderes kann er nicht zulassen. Mit diesem Mechanismus hat die Seele einen wunderbaren Weg gefunden, Abstand zu dem zu finden, was ihr schwer zu schaffen macht. Wir sollten uns dieses Prinzip zunutze machen und akzeptieren, was nicht zu verändern ist: In der ersten Zeit einer schweren Krise will der Betroffene keine rationalen Begründungen hören, er hat ein gutes Recht darauf, verärgert, traurig oder wütend zu sein. Es ist gut, dass er in seinem Gefühlschaos nichts entscheiden will und kann, denn seine Entscheidungen würden nicht auf vernünftigen Argumenten fußen. Der Leidende verbarrikadiert sich also zum eigenen Schutz in einem ihn umgebenden Dunkel, durch das kein tröstendes Wort an sein Ohr gelangt. Dort herrschen höchstens Schuldzuweisungen, Wut, Traurigkeit oder ein Gefühl der Ohnmacht, gar nichts gegen die aktuelle Lage ausrichten zu können.

Die Reaktion der Seele, wenn sie dem harten Schicksal ausgeliefert wird, ist oft die Niedergeschlagenheit. Mit ei-

nem totalen Rückzug in sich selbst besiegelt der Leidende das Ende seiner Handlungsfähigkeit. Oft wird dies als Ausdruck von Depression wahrgenommen. Diesen Zustand müssen alle akzeptieren, sowohl derjenige, der selbst von der Auswirkung der Krise am härtesten be- und getroffen ist, als auch diejenigen, die helfen wollen. Für alle Beteiligten bricht eine Zeit des Verweilens an, bis die nächste Stufe der Krise einsetzt.
Bis dahin wird das aktuelle Problem immer wieder in Gedanken, inneren Bildern und Dialogen hin- und hergewälzt. In einem wiederkehrenden Akt vergegenwärtigt sich das Unglück einem Menschen in stets neuen Facetten, der es in der ganzen Tragweite noch gar nicht fassen kann. Erst wenn er sich selbst eingesteht, dort zu stehen, wo er jetzt steht, nämlich an einem Wendepunkt, ist ein Schritt in eine andere Richtung möglich. Dies einzusehen hilft beiden Seiten, dem Betroffenen und dem Helfenden. Den Zustand zwischen der Unfassbarkeit des Leids und einer sich nur ungewiss abzeichnenden Lösung auszuhalten ist für beide Seiten nicht leicht.

Mach etwas daraus

Erst allmählich wird der von der Krise Geschüttelte an den Punkt kommen, von dem aus ein neuer Weg beschritten werden kann, als ob die Wunde, an der er so lange gelitten hat, ihm »Mach endlich etwas daraus« zuriefe. Sie will nicht sein Feind sein, sondern ein Freund werden. Wenn wir dies erkennen, können wir die Situation ändern. Wer aber die Ursache für seine Wunden nicht erkennen und sich ihrem Einfluss nicht entziehen lernt, der läuft Gefahr einer permanenten Wiederholung der Krise. Doch scheint es zur inneren Logik im Leben zu gehören, dass wir öfter

die gleiche Lektion brauchen, bis wir aus ihr gelernt haben. Erst durch die Wiederholung wird uns bewusst, dass wir auf einem Krisenkarussell fahren. Wie ein Motiv in einem Musikstück immer wieder anklingt, und seien es nur einzelne Töne daraus, so lassen sich auch in unseren Geschichten solche Wiederholungen erkennen.
Sie gehören als elementare Bestandteile zu unserer Lebensdramaturgie, ebenso wie sie in der Musik unverzichtbar sind. Doch auch dort ertönen in Variationen scheinbare Missklänge. Diese Dissonanzen lösen sich jedoch und klingen in einem harmonischen Schlussakkord aus. Bleiben wir in diesem Vergleich, dann wollen wir unsere Wunden nicht als etwas Missliches, ein Missgeschick betrachten, sondern als einen Klangpunkt, den wir in Harmonie, in Übereinstimmung mit unserer Grundstimmung zu einem wohlklingenden Schluss führen wollen. Eines sollten Sie dabei nie vergessen: Sie allein sind der Komponist Ihres Lebenswerks, Sie allein bestimmen Tonlage, Tempo, Besetzung und ob es eine Sinfonie, ein Geigensolo oder eine Oper wird.

Freunden gehört unser Herz

Freunde sind etwas Besonderes. Wie behandeln wir sie richtig und ab wann kann man überhaupt von Freunden sprechen? Sie werden es in dem Augenblick, wenn wir sie nicht mehr wie Fremde behandeln. Fremden haftet sogar noch eine größere Gefährlichkeit an als Feinden, von denen wir wissen, was zu erwarten ist. Freunden gegenüber öffnen wir unser Herz, weil wir ihnen vertrauen möchten, wir vergeben ihnen, behandeln sie rücksichtsvoll, voller Liebe und Zuwendung. Wir bringen ihnen Verständnis entgegen und verurteilen sie nicht vorschnell, sie können sich unseres Mitgefühls sicher sein. Und wie sieht es mit seelischen Wunden aus? Wir werten sie ab, machen uns ihretwegen Vorwürfe, überhäufen uns mit Schuldgefühlen. Als ob der schon oft vergeblich gefasste und ebenso oft missachtete Vorsatz, die Zigarette endlich in der Schachtel zu lassen, nicht schon schlimm genug wäre; als ob das Ziel, das wie immer viel zu hoch gesteckt war und wieder nicht erreicht worden ist, nicht eine persönliche Demütigung an sich wäre; als ob die kleinen Gemeinheiten seinem Partner gegenüber, die dann doch wieder gefallen sind, nicht schon Schmerz genug bereiteten: Wir schaffen es, uns für all unsere »Fehler«, die nichts anderes sind als der Ausdruck einer seelischen Verwundung, zusätzlich zu bestrafen. »Jetzt hast du schon wieder ...«, mault das schlechte Gewissen. Einem Freund würden wir auf diese Weise nie begegnen. Er könnte auf unser nachsichtiges Entgegenkommen bauen, selbst wenn wir bestimmt und kritisch auftreten müssen. Aber auch hier zeigt sich ein Krisencharakteristikum: Zusätzlich zum Schmerz kommt die Verzweiflung, weil wir nicht wissen, wie wir mit ihm umgehen sollen.

Den Schmerz willkommen heißen

Es ist ratsam, es uns zum Ziel zu machen, auch mit unseren Wunden freundlich umzugehen. Statt sie mit strafender Herablassung zu verstoßen, sollten wir sie lieber mit freundlicher Zuwendung beachten.
Manche Menschen leiden unter häufigen oder sogar chronischen Schmerzen. Ob sie im Rücken, in den Gelenken oder im Kopf stecken, das Ziel dieser Leidenden ist nur eines: Der Schmerz muss weg. »Ich will ihn nicht haben, er stört mich. Ich kann ihn nicht gebrauchen.« Beim Kampf gegen

ihn ist jedes Mittel recht. Meist endet ein Marsch durch viele Wartezimmer mit dem Griff zur Tablette oder Spritze – bis die Schmerzen wieder anfangen. Wenn wir versuchen, die Schmerzen als Freunde zu sehen, und ihnen auch auf diese Weise gegenübertreten, hat das Folgen im Umgang mit ihnen.

Wir können sie ganz herzlich begrüßen. Sie sind ja fast schon wie treue Freunde, die immer wieder zu Besuch kommen. Wir können sie fragen, warum und wann sie immer wieder auftauchen. Was wollen sie bei uns? Welches »Geschenk« haben sie für uns im Schmerz verpackt? Was haben sie uns mitzuteilen? Ihre Botschaft ist bestimmt wichtig, denn alle Mittel, sie für immer loswerden zu wollen, haben bisher nichts gefruchtet.

Auch wenn zum Beispiel die Angst ein ständiger Begleiter ist, kann man ihr mit Achtung gegenübertreten und diese Fragen stellen: »Was treibt die Angst zu mir?« Oder auch: »Was hat sie mir gebracht? Wozu war sie mir schon nützlich?« Denn auch Angst oder Schmerzen sind Teile unserer Persönlichkeit, die wir nur zu gerne ablehnen, weil sie nicht in unser Selbstbild passen oder uns von unseren Zielen abhalten. Lassen wir davon ab, diese ungewollten Teile in uns zu verleugnen, und lassen sie stattdessen zu, werden wir sie sogar als liebe und liebende Freunde schätzen lernen, weil sie uns achtsam und hellhörig für Dinge machen, die einer anderen Strategie als der unseren bedürfen.

Der Umgang mit Schmerzen ist oft von ablehnender Aggression geprägt. Schließlich halten sie uns von einigem ab, und darauf reagieren wir mit Ärger. Nicht selten kommt auch Wut hoch, weil die Schmerzen schon wieder da sind. Neue Wege, sich seinen Wunden zu nähern, führen zu neuen Wegen aus der Krise.

Heilsame Übung

Dem Schmerz lächelnd begegnen

Vor einer Freundschaft kommt die Kontaktaufnahme. Genauso können Sie auch mit Wunden in Kontakt kommen. Lassen Sie von Ihrem Ärger ab, weil Ihr Schmerz Sie behindert oder weil er schon wieder da ist. Begrüßen Sie ihn als alten Bekannten, dann kann er vielleicht zu einem Freund werden. Reden Sie mit ihm. Schauen Sie sich Ihren Schmerz an. Fühlen und atmen Sie in ihn hinein. Dann lächeln Sie ihn an, als ob Sie in ihn hineinlächelten.
Halten Sie für einige Zeit inne und werden Sie eins mit dem schmerzhaften Gefühl. Geben Sie sich und dem Schmerz innerlich Raum. Machen Sie dafür den Brustkorb ganz weit. Dies führt zu einer großen Traurigkeit, die aber befreiend wirkt. Vielleicht werden Sie gar nicht mehr lächeln, sondern zu weinen anfangen. Aber auch im Weinen lösen wir unsere Schmerzen auf. Der Sinn dieser Übung liegt darin, dass Lächeln zum einen etwas ganz Entspannendes ist. Zum anderen baut man zum Schmerz dadurch, dass man ihn »anschaut«, eine andere Beziehung als vorher auf. Wenn man lächelt, ändern sich die Gefühle und die Einstellung dem Schmerz gegenüber. Auch wenn er etwas Fremdes und Krankes ist und uns nicht gut tut, können wir ihn annehmen. Übrigens ist wissenschaftlich schon längst bewiesen, dass Lächeln das Immunsystem stärkt. Durch ein mildes Lächeln demonstrieren wir dem Schmerz auch unsere Machtlosigkeit. Darin offenbart sich die Stärke des Weichen und Sanften, das nicht zu kämpfen braucht, sondern nur annehmen will.

Auch ich selbst bin im Laufe meines Lebens oft auf der Stelle getreten. Dabei ist es so, als ob man in einer fremden Gegend ein Haus oder eine Straße sucht. Erst wenn man mit seinem Auto schon einige Male an dieser einen Kreuzung war, schon öfter an diesem einen Gebäude vorbeigekommen ist, merkt man, dass man sich wieder verfahren hat. So erging es einem sehr guten Freund von mir mit seiner Schwester. Er ist ein bekannter Coach, aber hier scheiterte er als Helfer, weil er nicht einsehen wollte, dass jeder sein eigenes Schicksal hat und niemand das des anderen erlösen kann. Lange wechselten Verzweiflung und Ärger miteinander ab. Seine Schwester lebte im Grunde ein Leben, das sie sich nicht leisten konnte. Sie war »nur« eine Angestellte, hatte sich aber mondän eingerichtet und dafür einen hohen Kredit aufgenommen. Ihre so genannten Freunde hatten sie in ihrer Art bestätigt, sie aber hatte nicht erkannt, dass sie nur ausgenutzt wurde. So wuchsen die Schulden, in ihrer Verzweiflung geriet sie weiter an die falschen Leute. Immer wieder kam es so, wie der Coach und andere es ihr prophezeit hatten, immer wieder stemmte sich mein Freund dagegen und wählte jedes Mal die gleichen Mittel: Geld und gute Worte. Sie halfen nichts: Seiner Schwester nicht, sie rutschte noch tiefer ins Unglück, und ihm nicht, er wurde noch wütender, noch ärgerlicher und – noch hilfsbereiter.

Die Stärke des Machtlosen

Wenigstens zu uns selbst sollten wir ehrlich sein, dadurch wird es viel leichter, sich eine falsche Strategie einzugestehen. Die falsche Strategie meines Freundes war der starke Wunsch, seiner Schwester zu helfen, wodurch er in Wirklichkeit seine starke Eigenliebe befriedigen wollte. Eine echte Hilfe meint aber, mit einem in Not geratenen Menschen gemeinsam durch den Schmerz zu gehen, ihn gemeinsam auszuhalten, aber nicht ihm diesen Schmerz abzunehmen. Darin scheiterte mein guter Freund, er machte seine Schwester zum Opfer seiner Hilfsbereitschaft – ja, auch das gibt es. Genau genommen war nicht nur sie sein Opfer, sondern die meisten Menschen, die er traf, als sie sich in Schwierigkeiten befanden. Sie konnten versichert sein, dass er sich um sie Gedanken machte. Die Folgen kennt jeder, der seine Hilfe für unverzichtbar hält: Konfrontiert mit Undankbaren, Unbelehrbaren und solchen, die nur ausnutzen, stellen sich bei den Helfern Enttäuschung, Misstrauen und ein Gefühl des Ausgebranntseins ein. Sie kommen sich vor, als ob sie benutzt würden, woraus sich im schlimmsten Fall ein *Burnout* entwickelt. Das kennen viele, die sich dafür entschieden haben, beruflich anderen Menschen in schwierigen Zeiten beizustehen. Ich habe so manche Krankenschwester und Ärzte aller Fachrichtungen getroffen, die sich bitter beklagt haben, weil man nur in Notfällen an sie denke und sie nur selten mit einem »Danke« belohne. Dann braucht der Helfer selbst Hilfe. Das war auch die immer blutende Wunde meines guten Freundes, jenes bekannten Coachs, bis sie sein Freund wurde und er erkannte, wie er sich künftig verhalten müsse.

Meinem Freund wurde neben all der Liebe seiner Eltern etwas in die Wiege gelegt, was sich auch bei anderen als schweres Erbe erwiesen hat: Die unerschöpfliche Hoffnung, dass er einmal Glück haben sollte im Leben, was nichts anderes war als der verbrämte Auftrag, Glück bringen zu müssen. Glück war für viele Menschen nach dem Krieg nur etwas, das man nicht mehr kannte. Nach vielen Entbehrungen, Not und Leid kam mit den Kindern der Wunsch auf die Welt, all dies hinter sich zu lassen.

»Pass auf!«

Doch Wünsche verbissen zu hegen führt zur Zwanghaftigkeit, die sich in einer alleinigen, fast störrischen Ausrichtung auf ein Ziel äußert. So wird aus der Hoffnung auf ein besseres Leben ein Diktat der Hoffnung: »Du musst aufpassen, dass du nicht auch so leben wirst wie wir!« Auch hier war ein sehnlicher Wunsch seiner Eltern versteckt: »Du musst uns hier herausholen.« Die Eltern meines Freundes, einfache Arbeiter in bescheidenen Verhältnissen, hatten ihr eigenes Schicksal vor Augen, das zugegebenermaßen kein leichtes war und mehr Leid als Freude gebracht hatte. Deshalb waren sie immer voller Misstrauen, was in Zukunft noch auf sie zukommen würde. Der Krieg hatte sie genauso geprägt wie andere harte Einschnitte. In einer Zeit, in der die medizinische Versorgung noch nicht so weit fortgeschritten war, starben mehr Neugeborene als jetzt. Auch seine Eltern hatten den Tod von Kindern in der Familie zu beklagen. Die Summe dieser als Leid empfundenen Aufgaben führte bei seinen Eltern zu einer latenten Angst vor dem Schicksal und der Zukunft, denn wer Leid und Not erlebt hat, der kann sich nur schwer Freude und Überfluss vorstellen. Daraus erklärt sich das permanente Misstrauen allem Neuen gegenüber. Solcherart geprägte Menschen schätzen den Wert der Sicherheit sehr hoch ein. Überall lauert die Gefahr, und wenn sie noch so klein und unwahrscheinlich ist, die Devise heißt immer: »Pass auf!«

So lernte der Coach »aufzupassen«. Manche der Hoffnungen, die in ihn gesetzt worden waren, erfüllten sich, manche nicht. Doch welche Angst schleppte er beispielsweise in die Schule mit. Schließlich musste er dort »aufpassen«, nicht unter »ferner liefen« zu landen. Hatte er es einmal geschafft, wurde sofort an der Erwartungsschraube gedreht: nach oben. Diesen Zwang, stets um die Sicherheit bemüht zu sein, die ein angesehener Beruf, viel Geld, Einfluss und so weiter bietet, hatte er mit vielen Menschen geteilt. Der Spielraum, den ihm die Angst vor dem Versagen gelassen hatte, war nur minimal.

Dem Schicksal vertrauen

Erst Jahre später verstand mein Freund, was seine Eltern zu dieser Haltung getrieben hatte: Sie hatten aufgrund von unerledigten Trauerwunden kein Vertrauen mehr in das Schicksal. Für sie war es immer mit etwas Negativem verbunden. Aber ist es wirklich immer schlecht? Zum ersten Mal konnte er das mit »Nein« beantworten, als seine Schwester wieder einmal angerufen und ihm ihre Not geklagt hatte, wie all die Jahre zuvor. Ihre Schulden wurden immer größer, der Lebensstil aber nicht bescheidener, die Kündigung war nur noch eine Frage von Tagen. Ihre Existenzangst war also mehr als berechtigt. Trotzdem wusste er bei diesem Anruf: »Das Schicksal meint es gut, auch mit deiner Schwester.«
Jahrelang hatte er ungefragt und verzweifelt versucht zu helfen. Er hatte Geld geschickt, er hatte Gespräche geführt, er hatte Strategien entworfen, die aus der Verschuldung hätten führen können, und vieles mehr. Wenn er mir sagte, dass er sich »aufgerieben« hatte, traf es den Kern seines damaligen Lebensgefühls. Allerdings war alles vergeblich. Denn das Schicksal lässt sich nicht kontrollieren, weder mit viel Geld noch mit den besten Ratschlägen. Wir können anderen Menschen nur helfen, ihr Schicksal zu ertragen, wir können aber nicht für sie die Dinge tun, die ihrer Pflicht obliegen. Mein Freund jedoch hatte sich zeitlebens für seine Eltern und seine Schwester verantwortlich gefühlt, vielen Menschen in Not hatte er beruflich geholfen.

Unzählige seiner »guten Taten« ließen sich aneinander ketten, denn alle hatten nur ein Motiv: Er wollte Menschen, die litten, ein anderes Schicksal ermöglichen als das, was ihnen seiner Meinung nach drohte. Erst durch die lange blutenden Wunden, die er sich durch die vergeblichen Rettungsversuche bei seiner Schwester zugefügt hatte, hat er diesen Sachverhalt zu durchschauen gelernt. Auf der einen Seite waren die ständige Ohnmacht und der Zorn über einen Menschen, der sich nicht helfen ließ, auf der anderen der Zwang, helfen zu müssen. So ähnlich war es ihm ergangen, als er in der Schule gezwungen war, zu den Besten zu gehören, weil seine Eltern es ihm aufgetragen hatten. Welche Befreiung hatte er verspürt, als er sah und einsah: »Auf diese Weise kann ich meiner Schwester nicht helfen.« Erst nach dieser Einsicht sind die Wunden aus der geschwisterlichen Beziehung zu Freunden geworden. Eines Tages hatte er sie mit einem freundlichen Lächeln begrüßt. Weshalb waren sie so regelmäßig da? Was wollten sie ihm sagen? Er ließ sich Zeit, dachte nach und spürte in sich hinein. Was wir verloren haben, können wir wieder finden. Wenn unser Verstand etwas finden will, bläst sich unser Ego mit seinen Wünschen und seiner falschen Verliebtheit in sich selbst auf. Bei Misserfolg wird das Ego wie ein Luftballon platzen. Ein Beweis dafür ist auch mein Freund: Hatte er nicht oft genug »versagt«, als er seiner Schwester helfen wollte? Wenn wir unserer Seele mit ihrer Intuitionskraft die Antwort überlassen, wird sie ehrlicher, zumindest ausgewogener ausfallen. Intuition und Verstand gemeinsam anzuwenden ist ein Zeichen von Intelligenz. Diese findet, was aus unserer Krise heraus entstehen will, sie erkennt die Aufgabe, die uns von der Schöpfung gestellt worden ist. Wir können uns vertrauensvoll darauf verlassen. Aber wie kann man vertrauen, wenn man so enttäuscht worden ist?

Täuschungen enttäuschen!

Zunächst sollten wir uns klar machen, dass wir eine Täuschung enttäuscht haben. Dies ist primär eine Verstandesleistung. Mein Freund musste schmerzlich einsehen, dass er sich darin getäuscht hatte, seiner Schwester helfen zu können. Seine Antwort war bis dahin, lieber alles zu kontrollieren oder mit Druck so durchzusetzen, wie er es wollte, als sich seine Machtlosigkeit einzugestehen. Dies führte zu Verkrampfungen, er fühlte sich ständig verpflichtet, belastete sich mit den Problemen anderer Menschen und *musste* helfen. Nicht helfen zu können – davor bekam er Angst. Die Angst beherrscht die Gedanken, sie macht diese unfrei und lähmt das Leben mit Ohnmacht: Denn wer etwas verloren hat, wer etwas nicht erreicht hat, wer enttäuscht worden ist, der will nicht, dass solches noch einmal passiert. Ohnmächtige fühlen sich als Opfer, sie fühlen sich abhängig, und Abhängige haben Angst, den Retter zu verlieren. Lieber gehen sie als Retter unter. So sehen sie ihre Freiheit.
Die folgende Übung, die nicht nur den Verstand in den Entscheidungsprozess mit einbezieht, half dem Mann, die Angst vor dem Schicksal zu überwinden:

Heilsame Übung

Fühlen, was die Seele will

Es ist ein kleines Abenteuer, auf das Sie sich jetzt einlassen: Spüren Sie einmal in den verkrampften Teil Ihres Körpers. Lassen Sie das geschehen, was Ihr Atem will: Wo strebt er hin, nach außen oder innen, nach oben oder unten? Will etwas mit Druck aus Ihnen heraus? Wird der

Atem ruhig oder beschleunigt er sich? Was der Atem will, will Ihre Intuition. Wenn Sie jetzt bewusst das zulassen, bejahen, eventuell sogar fördern, aber nicht erzwingen, was werden will, dann gehen Sie intelligent mit Ihrem Leben um. Dann weicht der Druck aus Ihrem Leben, aus Ihrer Krise, Ihrem Atem, Ihren Adern, Ihren Augen. Sie beginnen wieder anders zu sehen. Sie beginnen, den Raum wahrzunehmen, den Sie ausfüllen, aber auch den Freiraum, den Sie ausfüllen könnten, die Möglichkeiten im weiten Raum, die Sie bis jetzt wegen Ihrer Verkrampfung nicht ausschöpfen konnten.
Schauen Sie zum Schluss noch in die Ferne: Das ist der Raum, der zu Ihrer Verfügung steht. Versuchen Sie ihn zu durchschreiten, zu durchschauen. Sie werden es nicht schaffen. Aber beginnen können Sie. Warum nicht gleich?

Eine der Botschaften, die meinem Freund seine Intuition bei dieser *Heilsamen Übung* übermittelt hat, war, endlich das Schicksal walten zu lassen und ihm ebenso zu vertrauen wie der verborgenen Kraft in seiner Schwester. Die andere war weitaus härter: »Höre endlich auf, dich zu einem Riesen und Retter aufschwingen zu wollen. Du bleibst ein ›Scheinriese‹, ein Zwerg, der das Schicksal nicht verbiegen kann, weder sein eigenes noch das anderer Leute. Lass deine Schwester, lass sie los!« Die eigene Machtlosigkeit zu erkennen, das war seine Krise.

Das Schicksal meint es gut mit jedem

Als mein guter Freund seiner Schwester Geld geschickt hatte, hatte er das verhindert, was das Schicksal mit ihr vorhatte: dass sie erwachsen wurde. Ihr Los wollte sich erfüllen und erfüllte sich auch. Für die Angehörigen bleibt die harte Übung des Loslassens, aber auch ein starkes Vertrauen in die Barmherzigkeit des Schicksals: Es muss nicht alles schlecht ausgehen. Die Ambivalenz dieser Situation führt zur Krise beim Helfer und beim Opfer. Mein Freund lernte in dieser Zeit aber auch, dass seine Schwester deshalb keinen Rat von ihm angenommen hatte, weil sie sich als Angehörige zu nahe waren. Seine Schwester fand dann auch einen Therapeuten, der den Abstand und die Kompetenz hatte, ihr wirklich zu helfen.

Menschen in schwierigen Situationen sind mit Tieren kurz vor dem Wintereinbruch vergleichbar. Wie ein Freund, der einen anderen in Not sieht, hat ein Tierfreund zwei Möglichkeiten, mit den Tieren umzugehen. Entweder er zimmert ihnen eine Futterstelle und bringt sie über die schwere Zeit. In diesem Fall macht er sie allerdings von sich und seiner Technik abhängig, was bedeutet, dass sie nicht mehr allein lebensfähig sein werden. Oder aber er überlässt sie dem Winter und vertraut sie einer anderen Macht als der seinen an. Die folgenden Monate können eisig werden, was unter Umständen den Tod der Tiere bedeuten würde. Sie könnten aber auch durch die Härte des Winters gestählt mit neuer Kraft in den Frühling gehen. In diesem Fall müsste er den Tieren eine gewisse Leidensfähigkeit zugestehen und die Kraft, der Härte zu widerstehen. Andererseits wären bei einem milden Winter die Tiere gerettet und auf keine Hilfe angewiesen. Warum sollte diese Option ausgeschlossen sein?
Was macht die Entscheidung für den Tierfreund derart schwer, dass sie ihn in einen Konflikt führen kann? Aus Unsicherheit, wie er sich in dieser Situation entscheiden soll, gerät er in ein grüblerisches Verharren. Wir alle kennen dieses mit nahezu physischen Schmerzen verbundene Kreißen in Gedanken, wenn wir einem anderen Menschen

in der Not begegnen und nicht wissen, was zu tun ist. Manchmal gebietet dann die Menschlichkeit, jemanden sofort aus der Notsituation herauszuziehen. Auf der anderen Seite verbietet die Menschlichkeit, länger als über die akute Notfallsituation hinaus zu helfen, um die Selbstheilungskräfte des Not Leidenden zu aktivieren und ihm damit seine Unabhängigkeit zu bewahren. Die Entscheidung darüber, wie wir vorzugehen haben, machen wir uns schwer, weil wir entweder nur auf unseren Verstand oder nur auf unsere Schuldgefühle hören, nicht aber auf unser Herz. Im Innern des Zweifelnden läuft eine Art gedankliche Gerichtsverhandlung ab, bei der er als Richter fungiert. Das erste Plädoyer hält sein Gewissen, das sich in seiner Argumentation von Schuldgefühlen leiten lässt: »Du musst diesen Menschen, der in Not ist, retten, es geht ihm schlecht. Wenn du nicht hilfst, steht es dir nicht mehr zu, geliebt zu werden, deinetwegen wird ihm etwas Schlimmes passieren, er wird vielleicht sterben.« Unter dem Einfluss von Schuldgefühlen empfinden wir uns größer und einflussreicher, als wir es in Wirklichkeit sind. Sie machen es unmöglich, sich auf eine ausgewogene Vorgehensweise zu besinnen und verzögern mit einer erzwungenen Hilfe eine echte Lösung.

Hören wir dem Plädoyer des Verstandes zu, der in solchen Verhandlungen mit seinen Argumenten immer unterliegt: »Zu helfen wäre hier völlig sinnlos«, sagt er, »ein Fass ohne Boden. Es bringt nichts. Es wird genauso weitergehen wie bisher.«

Das Plädoyer mit der weisesten Entscheidung hören wir meist nicht, weil wir verlernt haben, die Sprache zu verstehen, in der es vorgetragen wird: Es hält unser Herz.

Die Sprache des Herzens

Um die Sprache des Herzens wieder verstehen zu können, müssen wir entdecken, dass es noch etwas anderes gibt als kühle Argumente und angstbeladene Zwänge, die uns mit ihrem Widerstreit in Schach halten. Es ist dies die Liebesfähigkeit, eine Qualität des Herzens, die sich in Demut und Vertrauen äußert. Liebe ist radikal und sie will, dass sich das Leben des geliebten Menschen erfüllt, und zwar bedingungslos, gleichgültig in welches Schicksal er hineingeworfen wurde. Wie ein Segler, der keine andere Wahl hat als sich nach Windrichtung, -stärke und Wetter zu richten, um in den Hafen zu gelangen, wird es auch dem geliebten Menschen gelingen, einen Weg in seinen Hafen zu finden, aber es muss nicht der sein, den wir uns für ihn vorstellen. Diese Einsicht und die daraus resultierende Haltung bedeuten ein Ablegen des Misstrauens dem Leben gegenüber und ein Verzicht auf Kontrolle.
Was diesen Verzicht auf Kontrolle für meinen guten Freund im Umgang mit seiner Schwester so besonders schwer gemacht hatte, war der Abschied von seiner angenommenen Macht, ja Allmacht. Es ist jene Fata Morgana, die uns von unserer Überheblichkeit und von unseren Schuldgefühlen vorgespielt wird und durch deren betörenden Einfluss wir uns zu Rettern aufschwingen wollen. Was aber jeder Einzelne in der Welt bewirken kann, ist nur winzig klein im Vergleich zu dem, was nötig wäre, das Schicksal zu verändern.

Krisen kann man nicht verhindern

Krisen verhindern zu wollen ist sinnlos und führt die Betroffenen höchstens in eine andere hinein, vielleicht sogar in eine noch schlimmere. Das hat das Beispiel meines

Freundes und seiner Schwester gezeigt. Ihre Situation hatte sich durch sein Eingreifen nicht gebessert, im Gegenteil. Durch seine Anstrengungen hatte er ihr jede Chance auf ein eigenverantwortliches Leben genommen.
Und deswegen musste er zusehen, wie sie von einer Katastrophe in die nächste rutschte. Er konnte das nur im Vertrauen darauf aushalten, dass es das Schicksal im Grunde gut meint, ganz gleich, was auch immer geschieht. Diese Einsicht macht Hilfe nicht unnötig, sie verändert sie. Er hat kein Geld und keine guten Ratschläge mehr schicken müssen, er hat den Gang der Dinge nicht mehr kontrollieren müssen. Gebete haben sowohl ihm geholfen, die Ungewissheit auszuhalten, als auch seiner Schwester, nicht aufzugeben. War sie es gewohnt zu jammern, sich klein zu machen und dann Geld zu bekommen, war sie jetzt gezwungen, sich nach einer anderen Lösung umzusehen. Aber sie fühlte sich nicht allein gelassen und – das sagte sie immer wieder – sie »hätte nie geglaubt, dass so viele Menschen an sie denken und an sie glauben würden«. Das Wissen um eine liebende, aber nicht mitleidige Begleitung schien zu helfen, und das bestätigte sie auf ihrem Weg. Die Hilfe meines Freundes wurde zu einer Art Begleitung, einer Mischung aus praktischen Ratschlägen, freiwilliger Hilfe und wohlwollendem Beistand. Viele Dinge haben sich wie »zufällig« zum Guten gewendet oder sind bei weitem nicht so schlecht ausgegangen, wie er es befürchtet hatte.
Ein Wort zu diesen so genannten Zufällen, an die ich nie so recht geglaubt habe: Warum, habe ich mich gefragt, bleiben sie gerade dann aus, wenn wir denken, noch etwas abwenden zu können, wenn uns das Schlimmste angeblich noch bevorsteht? Seltsam, aber sie stellen sich erst dann ein, wenn wir aufgegeben haben uns zu wehren und akzeptieren, dass wir jetzt eine andere Richtung einschlagen

müssen. Es ist nämlich nur unsere eigene Phantasie, die uns »das Schlimmste« in allen Farben ausmalt, mit der Realität muss dieser Entwurf aber nichts zu tun haben. Nach dieser Einsicht habe auch ich mehr Vertrauen zum Schicksal gefasst und bin zu einem »Dienstleister des Schicksals« geworden.

Heilsame Übung

Ich liebe mich

Schauen Sie in den Spiegel. Sagen Sie der Person, die Sie dort sehen, ganz achtsam: »Ich liebe dich.« Es kann sein, dass ein Schmerz in Ihnen hochkommt, wenn Sie sich dies vorsagen. Halten Sie ihn aus, am besten Sie teilen ihn mit einem anderen Menschen, denn dieser Schmerz ist hilfreich. Oft entsteht der Zwang, helfen zu müssen, aus Mangel an Selbstliebe. Selbstliebe ist etwas anderes als die um Beifall bemühte Eigenliebe. Wer sich liebt, dessen Herz öffnet sich – und wird ihm ganz neue Wege weisen. Neigen Sie dazu, das Schicksal nur mit Leid zu verknüpfen? In diesem Sinne wollten Sie helfen und haben vielleicht nur Leid geschaffen. Das wird sich jetzt ändern.
Diese kleine Übung überwindet die Barriere, die Sie zu sich aufgebaut haben. Allein die drei Worte »Ich liebe mich« haben die Kraft, Sie bereit zu machen, die Härte gegen sich zu lockern und Ihr Herz zu erweichen.

Auch ich hatte ähnliche persönliche Erfahrungen gemacht, die ich einigen teils sehr erfolgreichen Menschen, die in Krisen meine Hilfe suchten, erzählte. Meine Ehrlichkeit schien sie zu beeindrucken. Ich erinnere mich an einen prominenten Mann aus der Fernsehbranche. Spontan entgegnete er mir: »Fast hätte ich es zu meinem Beruf gemacht, anderen zu helfen.« Aber seine Eltern hatten eine andere Laufbahn für ihn vorgesehen. Er wollte sie – natürlich – nicht enttäuschen und ergriff einen gut bezahlten, angesehenen Beruf, bevor er dann doch zur Unterhaltung wechselte. Mutter und Vater nicht enttäuschen zu wollen, das war oft der Antrieb für seine Höchstleistungen, die den Grundstock für seine außergewöhnlichen Erfolge legten. »Das Glück des Tüchtigen«, sagte er, denn er hatte vieles dafür getan: Überstunden, nächtelanges Arbeiten, zusätzliche Ausbildungen, Entbehrungen im privaten Bereich, kaum Urlaub. Als er alles in seinem Beruf Mögliche erreicht hatte, was war sein größter Wunsch? Er wollte eine Stiftung ins Leben rufen. Merken Sie es: Schon wieder griff er zum bekannten Repertoire: Er wollte helfen, wollte Wünsche erfüllen, der Gute sein, der den Leuten gefällt, weil er es musste, sich gezwungen fühlte.

Liebe ist bedingungslos

Doch wie würde sein Lohn aussehen? Er wäre mehr als karg, denn das, was er eigentlich damit erreichen wollte, würde er nie erreichen können: die scheinbare Liebe seiner Eltern. »Scheinbar« deshalb, weil sich wahre Liebe nicht an Bedingungen festmachen lässt. Sie steht unverrückbar, wozu das Kind sich auch entscheiden mag. Sie kann loslassen und macht aus der Distanz zu eigenen Vorstellungen keine Distanz zu anderen Menschen. Dieser Mann sah ein, dass er machtlos war, was die Gefühle seiner Eltern ihm gegenüber betraf. Auch er war in einer Umgebung aufgewachsen, in der man gehofft hatte, dass sich kein Leid einstellen würde. Es auszusparen, darin lag sein geheimer Auftrag. Aber diese Art der Hoffnung ist eindimensional.

Sie geht davon aus, dass es die Aufgabe im Leben ist, dem Leid aus dem Weg zu gehen. So ist der Blick mehr auf die Widrigkeiten gerichtet, die angenehmen Dinge übersieht man leicht. Diese Sichtweise hat der erfolgreiche Medienunternehmer, wenn auch unbewusst, von seinen Eltern übernommen. Wann hätte er sich jemals ausgiebig verwöhnt, sich ohne geschäftliche Absichten ein gutes Essen oder einen langen Urlaub gegönnt? Er war nur darauf aus, »etwas zu leisten«, damit er »sich später keine Sorgen zu machen braucht«. Auch er hat »aufgepasst«, wie er es von klein auf gelernt hatte. Die Stiftung gründete er wenig später unter veränderten Vorzeichen doch, wie er mir schrieb: Nicht mehr weil er sich gezwungen fühlte zu helfen, sondern weil er dankbar war, »helfen zu können«. So wurde seine Wunde, die sich darin ausdrückte, helfen zu müssen, durch eine geänderte Einstellung geheilt. Er half, aber seine Motivation war eine reifere: Vorher hatte er keine Wahl, jetzt war an die Stelle des Zwangs die Freiwilligkeit getreten: Das Gleiche war jetzt nicht mehr das Gleiche.

Aus dem Befehl »aufzupassen«, der auch in ihm klang, war keine Form des Leichtsinns oder Draufgängertums geworden, es war eine Wachsamkeit gewachsen, eine neue Form des »Aufpassens«: Was sagt mir meine innere Stimme, was sagt mir mein Herz, was will ich wirklich?

Heilsame Übung

Vertrauen im Schlaf gewinnen

Legen Sie sich ins Bett und versuchen Sie zu schlafen. Wie schlafen Sie? Welche Haltung nehmen Sie dabei ein? Die Pränatalforscher behaupten, dass wir dazu neigen, die

Haltung eines Embryos im Mutterleib beim Schlafen einzunehmen. Sie können im Schlaf Selbstvertrauen gewinnen, wenn Sie sich dazu entschließen, auf dem Rücken zu liegen. Diese Stellung soll einigen Orthopäden zufolge auch für den Gelenkapparat die gesündeste sein. Strecken Sie die Beine und die Arme leicht gegrätscht vom Körper weg. Spüren Sie in sich hinein, wie sich das anfühlt. Ist diese Körperhaltung angenehm für Sie oder eher nicht? Möchten Sie sich lieber auf die Seite drehen, so wie Sie es von jeher gewohnt sind?
Probieren Sie trotzdem diese neue Schlafhaltung aus, auch wenn sie anfänglich Unbehagen bereitet. Sie ist eine Art der Kapitulation, in einem guten Sinn. Wer aufgibt, muss nicht mehr kämpfen, er gewinnt eine neue Gelassenheit und Vertrauen. Er kann sich auf die neue Situation einstellen. Diese Haltung, in der wir doch ziemlich schutzlos wirken, ist für manche Tiere der letzte Ausweg. Wer sich so seinem Gegner unterwirft, der braucht keine Angst mehr davor zu haben, gebissen oder gar getötet zu werden.
Diese Übung wird Ihr Selbstbewusstsein stärken. Sie werden eine innere Haltung und eine neue Stärke entwickeln, die Ihnen auch in einer so angreifbaren Lage wie der Rückenlage Vertrauen einflößen, wenn Sie nicht mehr der Unangreifbare, der Beste oder der Retter sein müssen. Das Schicksal meint es gut mit Ihnen. Sie lernen, weniger misstrauisch zu sein, auch sich selbst gegenüber.

Wer im Leid gefangen ist, der denkt oft, dass es nichts Schönes mehr für ihn geben wird. Wer schon lange von Durst geplagt durch die Wüste irrt, kann sich nicht mehr vorstellen, dass auch wieder eine Zeit kommen wird, in der er genügend erfrischendes Wasser zum Trinken haben wird. Seine Gedanken werden sich nur um den Durst drehen. Erinnern Sie sich an den jungen Mann, den wir als

Alkoholiker kennen gelernt haben? Auch seine Gedanken, sein ganzes Leben drehte sich ausschließlich um seinen »Stoff«, darum, den nächsten Supermarkt zu finden, damit er genügend Alkoholvorrat für das Wochenende kaufen konnte. Wer in solchen Gedanken gefangen ist, sieht keine anderen Möglichkeiten, hört auf keine anderen Stimmen mehr. Aber es gibt eine Möglichkeit, aus dem Teufelskreis herauszukommen: Den Weg zeigen uns Visionen. Fachleute sagen, dass sie unsere Seele für die Zukunft bereit machen, sodass das in dieser Form Geträumte Wirklichkeit werden kann. Unser Gehirn macht angeblich keinen Unterschied zwischen Traum und Wirklichkeit, den schafft erst unser Bewusstsein.

Die Vision – der innere Führer aus dem Leid

Nicht nur die Vergangenheit bestimmt das Heute, sondern auch die Zukunft, in der Weise nämlich, wie wir uns gedanklich auf sie einlassen. Das hat nichts mit positivem Denken zu tun, genauso wenig mit der inflationär angewandten Zauberformel: Man kann alles schaffen, man muss es nur wollen. Nein, die Zukunft, unsere Zukunft, das uns Mögliche ist als Keim in uns vorhanden, den wir allerdings zum Sprießen bringen müssen. Dazu ist zuerst eine Analyse unserer Ressourcen nötig: Was kann ich, was macht mir Freude, worauf kann ich mich stützen? Auf welche Fähigkeiten, Eigenschaften oder Menschen? Erst dann kann die Suche weitergehen; gerade hier hilft es, sich nicht nur auf den Verstand zu verlassen, was nicht ausgewogen wäre, sondern auch auf das Gefühl, dass alles seine Ordnung hat. Seiner Vision zu folgen ist nicht vergleichbar damit, dass man ein Ziel verfolgt, das man sich selbst gesetzt hat, sondern gleicht vielmehr einem Nachgehen und Nachgeben. Wir hören auf das, was die innere Stimme sagt, wie ein Maler, der dieser inneren Stimme nachspürt und es aus sich herausmalen lässt. Unser Ziel verschwimmt ebenso noch im Ungewissen wie das Bild vor dem inneren Auge des Malers. Doch je weiter wir gehen, je mehr Pinselstriche der Künstler setzt, desto deutlicher umrissen wird das Bild. Dieses Nachgehen und -geben setzt voraus, dass wir offen für andere als unsere gewohnten Erlebnisse und Erkenntnisse werden, dass wir bereit sind, auch sicher Geglaubtes aufzugeben – und darauf vertrauen, dass es eine Kraft gibt, die uns in diesem Schritt begleitet, dass wir mit genau den Fähigkeiten ausgestattet sind, die wir für die neue Aufgabe brauchen.

Exkurs

Nachrichten aus unserer Seele

Visionen sind Nachrichten aus unserer Seele. In Form von Bildern, Gedanken oder Träumen weisen sie uns einen Weg. Wir tun solche »Eingebungen« oft als undenkbar ab. Aber sie sind ein Zeichen dafür, dass wir unserer Sehnsucht eine Form des Ausdrucks geben können. Wir haben eine Möglichkeit, kreativ ins Neue zu gehen. Was uns davon abhält, diesen Schritt auch im »wirklichen Leben« zu vollziehen, das sind die vielen Male, die wir »Pass auf!« oder »Stopp!« gehört haben.

Ich habe die Schwester meines Freundes einmal gefragt, was sie tun wird, wenn sie endlich alle Schulden überwunden hat. Sie sollte es mir in allen Farben ausmalen. Doch wie schwer ist es für jemanden, der scheinbar kaum Mög-

lichkeiten hat, die Unmöglichkeit zu denken. Über diese Schwelle zu treten ist mit Angst verbunden, wie wir schon im letzen Kapitel gesehen haben. Musiker, Schauspieler oder Maler zu werden, dieser Wunsch ihrer Kinder ist für viele Eltern ein Graus. Wie viele Karrieren sind deshalb wohl schon verhindert worden?
Doch nicht nur Angst lauert an dieser Schwelle. Hinter ihr liegt auch etwas Verlockendes, etwas, das reizt, eine starke Anziehung hat. Es scheint uns zuzurufen: »Komm, ich bin das, was du dir wirklich wünschst!«, während die Angst uns am Schopf packt: »Bleib bloß da, daraus wird nichts. Das schaffst du nicht. Gib die Sicherheit nicht auf! Wenn du da hingehst, kannst du nicht mehr zurück.«

Der Angst trotzen

Wer diesen Schritt dennoch geht, darf nicht erwarten, dass die Stimme der Angst leiser wird. Sie wird bleiben. Die Herausforderung liegt darin, trotz und mit dieser Angst die Schwelle zu übertreten. Jeder von uns hat einen solchen Schritt von dieser Tragweite schon einmal gewagt, als es galt, den engen, dunklen Geburtskanal hinter sich zu bringen. Keine Angst davor, was die Welt außerhalb der bekannten Umgebung an schlechten Dingen zu bieten hat, hätte uns zurückhalten können, als hätten wir dieses Vertrauen in unser aufgetragenes Schicksal, ein Vertrauen in die Zukunft irgendwoher geschöpft, das uns die Tortur des Geborenwerdens auf uns nehmen ließ. Wir wollten es, ganz gleich, was uns erwartete, und zugleich war es unsere einzige Überlebenschance.
Sicher sind die Voraussetzungen für einen Berufswechsel, ein großes finanzielles Vorhaben oder sonstige gewichtige Einschnitte in unserem Leben äußerst vielschichtig. Wir

tragen Verantwortung, wir haben Pflichten, wir haben berechtigte Bedürfnisse. Aber wenn sich eine Vision einstellt, anfangs vage, teilweise in der Sprache der Träume chiffriert, dann können wir dem Aufruf unserer Seele folgen. Wir müssen uns aber im Klaren darüber sein, dass wir, wenn wir die Schwelle übertreten, auch beim ersten Schritt scheitern können. Die Angst vor der ungewissen Zukunft kann dazu führen, dass die Befürchtung Wahrheit wird. Viele erfolgreiche Leute, die mit dieser Einstellung Neues begonnen hatten, berichteten mir das. Und obwohl sie sich im Voraus darauf eingestellt hatten, zunächst zu scheitern, tat das Scheitern weh. Genauso weh taten auch die erwarteten Urteile jener, die »es kommen sahen« und das Unglück prophezeit hatten.

Sehr viele mir bekannte erfolgreiche Menschen haben aus ihrer Vision die Kraft gezogen, auch lange Durststrecken zu überwinden und »das Unmögliche« zu schaffen. So stark war das Bild, das sie von ihrer Zukunft sahen, dass sie es als Beweis für ein im Grunde gütiges Schicksal nahmen, wenn es eine solche gewaltige Hoffnung auf etwas Gutes in die Seele eines Menschen einpflanzen kann. Selbst eine kleine Portion Vertrauen in sich selbst und in das Schicksal reicht schon aus, um sich auf dieses Abenteuer seines Lebens einzulassen. Je stärker die Kraft der Vision wird, desto größer wird der Mut, bis Sie über sich selbst hinauswachsen.

Unsere Wunden wollen uns nicht mit ihrem Schmerz quälen, wollen uns nicht behindern. Sie so zu interpretieren hieße, sie als nicht zu uns gehörig zu sehen. Wenn sie uns fremd bleiben, bleiben es auch ihre Botschaften. Nur dadurch, dass wir sie sowohl annehmen als auch begrüßen, öffnen wir uns für diese Botschaften. Statt sie nur zu ertragen oder zu erdulden, wollen wir uns von ihnen zeigen lassen, wie wir besser leben können. Denn Wunden wollen Freunde sein.

Zusammenfassung

1. In einer ersten Reaktion auf eine Krise igelt sich der Leidende ein. Er schafft Abstand durch Unnahbarkeit. Das sollte man sich zugestehen und auch bei anderen akzeptieren.
2. Wenn wir uns den Wunden wie Freunden zuwenden, werden wir sie als einen Teil von uns sehen. Und wir erkennen, dass sie uns etwas sagen können.
3. Wer zu seinen Schmerzen, Wunden und Krisen eine Beziehung aufbaut, kann sie eher als Teil von sich akzeptieren und wird sie nicht verstoßen.
4. Wir sollten nicht nur den Verstand im Umgang mit Krisen einsetzen, sondern auch unsere Intuition, die Sprache des Herzens. Gemeinsam zeigen sie uns den Weg. Oft heißt es, die eigene Hilflosigkeit anzunehmen und dem Schicksal zu vertrauen.
5. Verstand und Herz haben dabei gegensätzliche und ergänzende Positionen. Nur wenn wir keine dieser Instanzen ausklammern, sind wir in der Lage, intelligent zu handeln.
6. Legen Sie Ihr Handeln nicht darauf aus, dem Leid aus dem Weg zu gehen. Solche Lebensläufe verlaufen eindimensional und unfrei.
7. Nicht nur die Vergangenheit bestimmt das Heute, auch die Zukunft. Mittels Visionen zeigt uns die Seele, was wir zu leisten fähig sind. Auf diese innere Stimme zu hören bedeutet Mut, denn wir verzichten dann auf Kontrolle, denn das Ziel liegt im Ungewissen.

Heilung heißt wieder in Ordnung kommen

Was ist in Unordnung geraten?

Der sicherste Fürsprecher dessen, was wir wirklich wollen, ist unser Herz. Sich von ihm leiten zu lassen garantiert ein erfülltes Leben, in dem es nur um unsere Herzensangelegenheiten gehen sollte, um Dinge eben, die uns am Herzen liegen. Das klingt gut, doch wie ist es möglich, einem Führer zu folgen, dessen Sprache wir nicht mehr verstehen? Dies ist nur dann machbar, wenn wir die Voraussetzungen dafür schaffen, erneut mit ihm in Kontakt zu treten: Wir müssen wieder in Ordnung kommen, in eine Ordnung, die uns gemäß ist.

Allgemein gesprochen bedeutet Krankheit, dass etwas in Unordnung geraten ist. Wer über Bauchschmerzen klagt, dessen innerer Haushalt ist in Unordnung geraten. Erst nachdem das richtige Verhältnis der beteiligten Faktoren wiederhergestellt ist, beginnt der reibungslose Ablauf der Verdauung. Bis dahin beeinflusst die Krankheit nicht nur den Magen, der ganze Körper ist in seinen Funktionen gestört.

Sind wir in bestimmten Bereichen unseres inneren Steuerungssystems beeinträchtigt, ist die Wahrscheinlichkeit groß, dass dies Auswirkungen bis in Bereiche unseres Lebens hat, in denen wir sie nie vermutet hätten. Wir haben irgendwo Defizite oder meinen, sie zu haben, und gleichen sie mit einem Überschuss an anderer Stelle wieder aus: Wer das Gefühl hat, zu wenig Liebe bekommen zu haben, der wird jemand anderen mit Liebe überschütten oder sein Bedürfnis mit anderen Mitteln stillen wollen, mit Geld, Anerkennung und Macht, wie wir noch sehen werden. Dann entsteht ein Missverhältnis, eine Unordnung, die wir schlimmstenfalls sogar für richtig halten und uns so an sie gewöhnen, dass sie zu einer inneren Ordnung für uns wird. Aus einer Notlösung wird der Standard, nach dem wir schönfärberisch unser Leben ausrichten, was zur Folge hat, dass weitere Maßnahmen uns noch mehr in Unordnung bringen.

Auf dem Weg zu einem meiner Workshops hatte ich etwas Zeit übrig und beschloss, an der Tankstelle einen Kaffee zu trinken. Irgendwie fiel mir ein Mann auf, dessen Hände zitterten, als er ebenfalls einen Kaffee verlangte. Die Bedienung stellte ihm die Tasse hin und fragte lachend: »Na, heute keine Medizin?« Jetzt lachte auch der Gefragte und nickte. »Ich dachte schon, mit Ihnen sei etwas nicht in Ordnung«, sagte die Frau und steckte ihm einige kleine Flaschen Schnaps in eine Tüte. Ich war getroffen. Beide Beteiligten an der Szene, die sich vor mir abspielte, hatten sich auf eine pervertierte Form der Ordnung eingelassen. Sie hielten an ihren alten Gewohnheiten fest und waren überzeugt davon, dass das, was sie bisher immer getan hatten, richtig war. Das Erlebnis beschäftigte mich so lange, bis ich die Erklärung dafür hatte, was bei beiden nicht in Ordnung war. Das Ergebnis meiner Überlegungen gilt für sehr viele von uns.
Hätte die Bedienung wirklich Respekt und Achtung vor dem Mann gehabt, hätte sie ihn nicht auf seinem offenbar falschen Weg noch bestätigt. Denn bei wem diese Mengen Schnaps zur Gewohnheit geworden sind, mit dem ist etwas

nicht in Ordnung. Stattdessen wäre es eine tiefe Verneigung vor der Würde des Mannes gewesen, ihn nicht weiter seinen falschen Weg gehen zu lassen, als ob er selbstverständlich wäre, sondern ihn irgendwie darauf hinzuweisen, dass man nicht bereit ist, sein Verhalten als selbstverständlich einzustufen. Zumindest hätte die Bedienung ihr bestätigendes Drängen unterlassen können.
»Aber es ist doch normal, dass der Mann sich täglich seinen Schnaps kauft«, hätte sie eingewendet. »Normal« ja, aber nicht »in Ordnung«. Über diesen Unterschied machen sich die wenigsten Gedanken, obwohl das Einsehen, dass beides zwei völlig verschiedene Dinge meint, ein Stück des Weges ist, der in die Ordnung führt.

Für jeden gilt eine andere Ordnung

Für viele ist es normal, nach dem Tod eines nahe stehenden Menschen eine gewisse Zeit der Trauer einzuhalten, bei uns dauert sie meistens in etwa ein Jahr, in anderen Kulturen herrschen andere Trauerzeiten, von eine Woche bis zu sieben Jahren. Ich kannte eine Familie, in der die Mutter unheilbar an Krebs erkrankt war. Sie hatte nicht mehr lange zu leben; sowohl der Vater als auch die beiden halbwüchsigen Kinder hatten dies gewusst. Die ganze Familie hatte sich auf den Abschied vorbereitet. Spezialisten und Krankenhäuser hatte niemand mehr aufsuchen wollen, keiner hatte verdrängt, wie es um die Heilungschancen stand, die Symptome waren eindeutig gewesen. Hoffnung hatte es keine mehr gegeben, höchstens eine trügerische, auf die sich die Familie nicht hatte einlassen wollen. Es wäre ein Strohhalm gewesen, an den zu klammern das Leid nur noch vergrößert hätte. Gemeinsam hatten sie in einem langen Trauerprozess die Zeit bis zum Tode von

Mutter und Frau erlebt und Abschied von allen Gemeinsamkeiten genommen.
Wer sich auf diese Weise von einem geliebten Menschen verabschieden kann, der wird nach dessen Tod wahrscheinlich die Trauerarbeit ganz anders bewältigen können als der, der sich erst nach der Beerdigung mit dem Abschied beschäftigt. Auch die Spanne der intensiv erlebten Trauer unmittelbar nach dem Tod dürfte sich verkürzen. Ich kannte den Familienvater gut, und als ich ihn einige Wochen nach der Beerdigung traf, schien er vom Verlust nicht mehr sehr gezeichnet, er begann auch wieder ein geselliges Leben. Im nachbarlichen Klatsch ist wohl die Bemerkung gefallen: »Das ist doch nicht normal. Er hat seine Frau wahrscheinlich nicht sehr geliebt.« Darüber empörte sich der Trauernde, und das zu Recht. Denn was die Nachbarn nicht in Rechnung zogen, war, dass seine Ordnung eine andere war als ihre Normalität. Die Unterschiedlichkeit jedes Einzelnen erfordert ein individuelles System der Ordnung.

Wie verschieden Menschen am Grab ihrer Angehörigen trauern, lernte ich bereits als Kind. Als ich noch klein war, hatte meine Mutter auf dem Friedhof einen Mann beobachtet, der einfach nicht über den Tod seiner Frau hinwegkam. Monatelang war er Tag für Tag am Grab und weinte unaufhörlich. Unsere täglichen Gespräche drehten sich auch um diesen armen Menschen. Doch die Abstände seiner Besuche wurden mit der Zeit immer größer. Eines Tages war er plötzlich nicht mehr da. Er hatte eine andere Frau kennen gelernt. Ist das »normal«? Hat er seine Frau wirklich nicht geliebt? Oder hatte er eine andere Art, seine Trauer auszudrücken, nämlich kurz und intensiv? Für jeden gilt eine andere Ordnung, eine ihm gemäße. Der eine trauert ein halbes Jahr, der andere ein ganzes Leben.

Was für Sie richtig ist, sollten Sie also alleine entscheiden, Ihr Tun in die richtige Beziehung zu Ihrem Wesen setzen und nicht einer gleichmachenden Moral unterordnen, deren Regeln zwar eng und klar sind, aber vielleicht gar nicht zu Ihnen passen. Erst dann handeln Sie Ihrer Persönlichkeit gemäß und räumen Ihren Handlungen die richtige Bedeutung ein, wenn Sie nach innen lauschen und sich von Ihrer inneren Stimme leiten lassen. Das ist leicht gesagt, denn bis dies gelingt, kann der Weg sehr steinig sein. Eine Unordnung zu beseitigen ist meist mit sehr viel Zeit und Schmerzen verbunden. Wer sich nach anderen richtet oder danach, was von ihm erwartet wird, wer alles einem Nutzen und Zweck unterordnet, wer außerhalb seiner selbst liegt, wird ohne Rücksicht auf seine Bedürfnisse handeln und irgendwann an seinem inneren Chaos zu leiden haben. Dann heißt es aufräumen oder eben sich weiter quälen.

Die Vergangenheit würdigen

Bei all den schnellen Veränderungen, die uns dauernd abverlangt werden, ist es ein ganz wichtiger erster Schritt, sich vom Alten gebührend zu verabschieden. Viele stürzen sich mit Feuereifer in die neue Beziehung oder in den neuen Beruf und haben für den alten Partner und die frühere Arbeitsstelle nur noch tadelnde oder geringschätzige Worte übrig. Sie sehen nicht, dass bei einem Wechsel auch der Übergang in Ordnung sein muss. Sie lassen sich keine Zeit mehr, Abschied zu nehmen. Deshalb möchte ich nicht alle, die ich kenne und die von heute auf morgen alles »hingeworfen und ganz neu angefangen« haben, zufrieden nennen. Denn sie haben all das Vorherige und somit ihr vergangenes Leben genau genommen weggeworfen wie Müll,

gleich ob es gut oder schlecht war. Menschen, Beziehungen und Angelegenheiten ohne Würdigung leichtfertig wegzuwerfen kann bedeuten, diese ohne unser Wissen und Wollen als zentnerschwere Last mitzunehmen. Unter dieses Joch gespannt können sich Erinnerungen in der Folge nur auf eine einzige Seite fokussieren, die schlechte oder die gute. Deshalb kommt der Lebensabschnitt, mit dem viele so genannte Aussteiger abschließen wollten, in ihrem Rückblick nicht gut weg oder er wird verklärt, denn zur Bewertung ziehen sie die guten und die schlechten Dinge nicht mehr gemeinsam heran. Ihr Neuanfang gleicht deshalb mehr einer Flucht, einem Sich-Fortreißen aus dem Gewohnten denn einem sorgfältigen Abschied, der die Vergangenheit im Großen und Ganzen überblickt.
Vielleicht wäre die Entscheidung in manchen Fällen sogar anders ausgefallen, zugunsten des Bestehenden. Wer sich an Kreuzungen des Lebens dergestalt verhält, der könnte sich bald auf dem neuen Weg, in den er abgebogen ist, unangenehmen Gedanken, Schuldgefühlen und Zweifeln gegenübersehen. Denn er schleppt etwas Unerledigtes mit sich. Dies lässt sich vermeiden. Meister, Lehrer, alle, deren Schüler oder Auszubildende am Ende der Lehrzeit angekommen sind, sollten nicht zürnen, wenn die Jungen gehen wollen. Sätze wie »Alles haben sie hier gelernt und jetzt gehen sie« entsprechen nicht der Ordnung eines Lehrmeisters. Er sollte anerkennen, dass die Zeit der Ausbildung vorüber ist, und seine Lehrlinge nicht mit bösen Worten oder Gedanken entlassen, sondern ihnen Gutes mit auf den Berufsweg geben. Sonst können Wunden geschlagen werden, die Schuldgefühle, Schmerzen, Gewissensbisse, Zorn und Hass bergen. Heilung heißt hier für den Lehrmeister: »Lass es geschehen, wie es geschieht!«
Gerade an den Kreuzungen im Leben kommen Zweifel auf, ob alles, was man bisher gemacht hat, richtig war. Die Fra-

ge nach dem Sinn dessen, was war, kennzeichnet auch das Ende mancher Beziehung. Ein Student etwa, der sein Diplom in der Tasche hat, aber keine Stelle findet, wird sich fragen, ob er das Richtige studiert hat. Am Ende eines Berufslebens steht als Überschrift über einer inneren Bilanz: »War alles richtig, was ich gemacht habe?« Ein Geschäftsmann, der mit Immobilien sehr reich geworden war, überraschte mich diese Frage eigentlich nicht sehr. War er doch in der Branche nicht nur als erfolgreich angesehen, sondern auch als »Hai« gefürchtet. Denn seine Qualität war das schnelle Handeln: Wie der Blitz griff er zu, mit dem richtigen Gespür für ein Geschäft, wie der Blitz verkaufte er, wenn er den richtigen Zeitpunkt gekommen sah.
»Das hat Spaß gemacht«, gestand er, »aber jetzt peinigt mich manchmal sogar ein schlechtes Gewissen.« Denn er hatte auf seinem Weg nach oben oft auch die Schwäche und die Not anderer Menschen ausnutzen müssen, hatte oft die Grenze zur Rücksichtslosigkeit übertreten und nur auf seinen Vorteil und Gewinn geachtet. Das hielt er, der baldige Ruheständler, jetzt für verwerflich und er fragte mich, wie er damit umgehen solle. Die Einschätzung seiner Leistung und der Blick auf sein Leben hatten sich geändert, nachdem ihn eine Krankheit an seine Vergänglichkeit gemahnt hatte. Sich dieser zu erinnern ließ ihn in jene Ordnung kommen, die alles Gewesene relativieren kann.

Vergangenes ruhen lassen

Die Erinnerung tut manchmal weh. Wunden, die wir anderen und uns zugefügt haben, brechen immer wieder auf. Zu beschönigen gibt es auch nichts: Wir haben Fehler begangen, teils schwere, die sich nicht wieder gutmachen lassen. Wir waren kaltblütig, rachsüchtig, egoistisch und manches noch viel Schlimmere. Aber so waren wir. Diese Dinge lassen sich nicht mehr ändern, selbst wenn wir uns täglich mit ihnen belasten. Was wir aber ändern können, ist unsere Einstellung zu ihnen. Dadurch nehmen wir unserem schlechten Handeln nicht die moralische Verwerflichkeit, wir entschuldigen oder rechtfertigen es auch nicht in allen Fällen, sondern wir schaffen uns eine Grundlage der Akzeptanz und Vergebung, auf der wir mit unserer Vergangenheit ins Reine, in Ordnung kommen und auf der wir eine Zukunft aufbauen, die unter anderen Vorzeichen steht: unter solchen nämlich, die uns voranbringen. Wir wollen unsere Kraft und unsere Gedanken nicht mehr an die Vergangenheit verschwenden, sie gehören dem, das jetzt werden will.

Das bedeutet nicht, dass wir die alten Verletzungen unbedingt wieder gutmachen sollen. Wir dürfen sie ruhen lassen. Ein tadelnder Umgang mit den alten Sünden gleicht einem Akt der Selbstzerstörung. Das bedeutet aber auch, dass wir in Zukunft Handlungen möglichst unterlassen sollten, die uns später Kopfzerbrechen bereiten, und uns von Einstellungen trennen sollten, die uns zu solchen Handlungen verleiten. Dazu zähle ich auch den Perfektionismus, der von uns rücksichtslos stets nur Höchstleistungen verlangt. Trotzdem wir diese natürlich nicht ständig zu leisten imstande sind, bringen wir große Opfer und schaden uns, weil wir unser wahres Ziel verkennen, und unseren Mitmenschen, weil sie unter unserem Vorgehen zu leiden haben.

Auch der Immobilienhai blickte mit erhobenem Zeigefinger auf seine Vergangenheit zurück. Aber er hatte ein großes Verlangen danach, seine Schuld wieder gutzumachen. Er wollte helfen, irgendwo, sogar viel Geld zu spenden zog er in Erwägung. Er war im Begriff, sein neues Leben als Antwort auf einen angeblichen »moralischen Scherbenhaufen« der Vergangenheit aufzubauen. Kommt man so in seine Ordnung, indem man seinen Schuldgefühlen oder seinen Ängsten die Führung überlässt, um wieder so zu werden wie früher? Ganz bestimmt nicht! »Aber ich will meine Fehler doch wieder gutmachen«, seufzte er. Sich selbst zu vergeben, daran hatte er nicht gedacht. Eine Bürde von Schuldgefühlen bedrückte ihn jetzt, da er an sein Handeln einen neuen Wertmaßstab anlegte. Er merkte, in welch kolossaler Unordnung er sich verstrickt hatte. Als ob er zum ersten Mal im Leben die Tür zum Keller seines Hauses geöffnet hätte und sich ihm ein undurchdringliches Chaos bot, wusste er nicht, was zu tun und wo überhaupt anzufangen war, um die Ordnung wiederherzustellen. Den Keller konnte er auf keinen Fall seiner Unordnung überlassen. Zu viel Energie hätte es ihn gekostet, den Schein der Ordnung aufrechtzuerhalten. Seine Lebensqualität wäre dem Verdrängen von unangenehmen Tatsachen zum Opfer gefallen. Deshalb ist es notwendig, sich zunächst selbst zu vergeben – und danach andere Geschädigte um Vergebung zu bitten. Es reicht nicht, dies nur in Gedanken zu tun. Die größte reinigende Kraft erhalten Worte nur, wenn man sie vor den Adressaten ausspricht. Sind diese verstorben, dann wirkt ein Besuch am Grab oder ein nicht abgeschickter, aber ehrlich verfasster Brief befreiend. Manchmal kann es auch eine kleine Geste sein, die von der Bereitschaft zur Entschuldigung zeugt. Seinen Keller auf diese Weise aufzuräumen kostet weniger Energie, als die Tür und die Augen vor der Unordnung zu schließen.

Sich selbst vergeben

Ich riet dem Immobilienmakler zu einer Übung, die sich überall ohne weiteres praktizieren lässt. Er sollte in Gedanken einen Film über sein Leben drehen. Vor seinem inneren Auge ließ er dann den Film seiner Geschichte ablaufen. Die Situationen, in denen er sich als »Hai« einen Namen gemacht hatte, durfte er nicht ausblenden, wie er manche Menschen übervorteilt hatte, welche unsanften Mittel dabei zum Einsatz kamen und so weiter. Er hielt die Kamera aber nicht nur auf das vermeintlich Schlechte, sondern zoomte auch das Segensreiche, das er in seinem Leben verantwortet hatte, heran. Er war hilfsbereit und großzügig und verstand es, seine Mitmenschen zum Lachen zu bringen. Danach verglich er seinen kurzen Film über seine wenigen Jahre auf der Erde mit dem Monumentalfilm über all die Abermillionen Menschen, die in Zehntausenden von Jahren hier gelebt haben. Und siehe da: Nichts hat er gemacht, das nicht vor ihm Unzählige bereits gemacht hatten, teilweise noch viel schlimmer. Er war also ein ganz normaler Mensch.

In Ordnung zu kommen heißt letztlich zu wissen und zu akzeptieren, dass man »ein normaler Mensch« ist, der auch seine schlechten Seiten hat. »So verschieden ist meine Geschichte von der anderer Menschen nicht.« Wer das mit Überzeugung von sich behaupten kann, der kann eher zu sich mit allen schlechten und guten Seiten »okay« sagen, der hat in diesem Punkt in seine Ordnung, seine Selbstachtung zurückgefunden, der wird sich weder über- noch unterschätzen, weder unterwürfig noch überheblich oder selbstgerecht sein.

Heilsame Übung

Das war mein Leben

Mit dieser Übung können Sie Ihr Gewissen erforschen und der Wahrheit begegnen. Wagen Sie eine Zusammenfassung Ihres Lebens. Schreiben Sie Ihre Geschichte auf, mit allen Höhen und Tiefen: Wo haben Sie den Eindruck, etwas nicht ausgesprochen zu haben, sich mit einem schlechten Gefühl einen Vorteil verschafft zu haben, nicht aufrichtig gewesen zu sein? In welchen Situationen haben Sie Ihre innere Stimme übergangen, die »Tu es nicht« gesagt hat, und etwas trotzdem getan?

Wo haben Sie der Gemeinschaft oder Ihrem Partner gegenüber Ihre geistigen und physischen Potenziale Ihrer Meinung nach nicht richtig und ausreichend eingesetzt? Wo haben Sie zu viel von sich, Ihrem Körper und anderen Menschen verlangt? Bitte verschweigen Sie nichts. Aber bleiben Sie nicht nur bei den schlechten Dingen stehen. Beides, das Segensreiche wie das Schmerzliche, ist das Material, mit dem Sie Ihr Leben bisher gestaltet haben. Schreiben Sie alles auf. Berichten Sie nur, was wirklich war, und nicht das, was hätte sein können. Übertreiben und untertreiben Sie nicht. Lassen Sie sich dafür ganz viel Zeit.

Danach stecken Sie die Lebenszusammenfassung in einen Umschlag, kleben ihn zu und öffnen ihn nie wieder. Sie können ihn auch verbrennen oder wegwerfen. Mit diesem Akt ziehen Sie innerlich und äußerlich einen Schlussstrich unter Ihre Vergangenheit, die ein für allemal vorbei und auch nicht mehr zu ändern ist. Die schriftliche Form erleichtert es, das Gewesene anzunehmen und nicht zu verdrängen. Es ermöglicht auch einen nüchternen, weil berichtenden Blick auf Ihre Lebensgeschichte.

Schon allein der Versuch des Geschäftsmannes, mit seiner Vergangenheit ins Reine zu kommen, bedeutete einen gewaltigen Fortschritt in Richtung seiner Selbstachtung. Bei all seinem Streben, beruflich wie privat, hatte er die wichtigste Person außen vor gelassen: sich selbst. So weit ging die Selbstverleugnung, dass er sogar seinen letzten Lebensabschnitt, den Ruhestand, nach Kriterien ausrichten wollte, die sich nur an anderen orientierten. Wer sich selbst keine oder nur fremdbestimmte Bedürfnisse zugesteht, hat schon etwas Wesentliches verloren, das er unbedingt braucht, um gesund zu werden, um in Ordnung zu kommen: sich selbst und seine eigenen Bedürfnisse zu kennen. Aus der Frage, was man wirklich braucht, und dem an der ehrlichen Antwort ausgerichteten konsequenten Handeln erwächst das Gefühl für das rechte Maß. »Das habe ich«, hatte er gleich gerufen, fast ein bisschen beleidigt. Ich meinte damit das Gefühl, das für sich Richtige und Angemessene zu tun. »Wer hat das schon?«, knickte er ein.

Auf die Ordnung einlassen

Da musste ich ihm Recht geben. Täglich bin ich mit Menschen zusammen, die in eine Krise gekommen sind, weil sie das rechte Maß nicht eingehalten haben, sondern einen Schritt gegangen sind, der sie aus der Ordnung herausgeführt hat. Viele halten die Grenzen, die für einen ordnungsgemäßen Ablauf sorgen, nicht mehr ein. Sie lehnen die Anerkennung von Hierarchien im Beruf und Privatleben ab. Aber selbst die Natur zeigt, wie wichtig sie zum Überleben sind: Das neugeborene Leben baut sich unterordnend auf dem auf, das vor ihm auf die Welt kam. Ein ganz häufiges Phänomen, das die Menschen in Krisen führt, habe ich in den verschiedensten Variationen festgestellt: die

Flucht vor dem Alter. Vor mir sitzen ältere Herren, die sich von ihrem schnellen Sportwagen nicht trennen mögen. Sie kleiden sich oft noch, als ob sie zehn oder zwanzig Jahre jünger wären. Sie merken nicht, dass die Zeit, in der ein solches Verhalten passend war, vorbei ist – für sie. Es ist kein Zeichen eines ordentlich gestalteten Lebens, wenn ein älterer Mensch sich wie ein Jugendlicher verhält.
Ich hatte mit einem solchen »Junggebliebenen«, wie er sich nannte, häufig beruflich zu tun. Wenn wir uns trafen, kam er oft vom Sport. »Tennis ist mein Leben«, sagte er. Deswegen wollte er sich auch operieren lassen. Denn er litt beim Spielen seit Jahren unter Schmerzen am Knie. Die Ärzte sahen in diesem Schritt den letzten Ausweg – wenn er weiterspielen wollte. Ich versuchte es vorher noch mit einem Rat. Für alles gibt es eine bestimmte Zeit im Leben. Unsere Aufgabe ist es zu erkennen, wann diese abgelaufen ist. Wunden können hier eine wichtige Funktion übernehmen. Ich riet dem älteren Herrn, das Tennisspielen aufzugeben. Die Schmerzen hatten ihn darauf aufmerksam gemacht, dass es so weit war. Vielleicht würde er bei einer anderen Beschäftigung sogar mehr Freude haben, allein schon deshalb, weil er weniger Schmerzen verspüren würde. Er wird akzeptieren müssen, dass für junge Menschen andere Regeln gelten als für alte, für Babys andere als für Kleinkinder, für Schulkinder wieder andere und so weiter. Wenn er das nicht beachtet, wird ihm kein Coach helfen können, kein Therapeut und kein Arzt.

Einen besonders krassen Fall, bei dem diese eigentlich simple Regel gebrochen worden ist, habe ich bei einer bekannten Schauspielerin erlebt. Prompt endete sie in einer schweren Krise. Sie war berühmt und beliebt und wunderschön. So war sie auch gealtert, wunderschön; sie hatte natürlich keine Schönheit mehr, wie sie ein junges Mädchen auszeichnet, sondern eine, die ihrem Alter gut stand. Doch wozu ließ sich diese Frau hinreißen? Als sie mich anrief, war sie zutiefst unglücklich. Sobald ich sie sah, verstand ich auch, warum. Sie hatte sich »unters Messer« gelegt und sich einer Schönheitsoperation unterzogen, Lifting, Fett absaugen, das ganze Programm. Was ihr Ziel gewesen war, fragte ich sie. Sie wollte wieder aussehen wie ein junges Mädchen, wollte sich nicht damit abfinden, älter zu werden, alt zu sein. Sie hatte sich aus der Ordnung ihres Alters herausgewagt. Nichts von dem, was sie noch im Alter schön gemacht hatte, war übrig geblieben. Sie war für den Rest ihres Lebens »entstellt«. Ihre Haut um Augen und Mund, zwar faltenfrei, war aber der Züge beraubt, die ihr Zeit und Erfahrung verliehen hatten. Die Würde des Alters, die so schön macht, war aus ihrem Gesicht unwiederbringlich herausgeschnitten. Wie hätte sie stattdessen in Ordnung kommen können, geheilt werden können? Sie hätte erkennen müssen, was an der Zeit ist. Das Leben jedes Einzelnen ist nach gewissen Rhythmen gegliedert, denen wir unsere Bewegungen anpassen müssen. Immer wieder ändern sich die Rhythmen. Um nicht »aus der Reihe zu tanzen«, sondern in der gesunden Ordnung zu bleiben, ist ein heilendes Ein- und Unterordnen erforderlich. Nicht die Ordnung aufzugeben, sich auf sie einzulassen macht frei für die Möglichkeiten und Chancen jedes Alters. Aber die Eitelkeit, also der Wunsch, sich fremden Bedürfnissen zu unterwerfen, hemmt die persönliche Entwicklung, die auch mit dem Älterwerden einhergeht, und stemmt sich vergeblich gegen das Wirken der Vergänglichkeit.

Heilsame Übung

Schmerzen weisen auf das Ende

Gehen Sie in Ihrem Leben zurück. Was haben Sie als Kind gemacht, was als 20-Jähriger, als 30-Jähriger und so weiter? Welche Unterschiede stellen Sie fest? Was machen Sie jetzt? Haben Sie bei diesen Tätigkeiten, privat, beruflich oder sportlich, Schmerzen irgendwelcher Art? Könnte dies vielleicht ein erstes Anzeichen dafür sein, dass eine Zeit in Ihrem Leben vorbei ist? Wie reagieren Sie auf diese Schmerzen? Setzten Sie sich zur Wehr, wenn Abschnitte im Leben vorbeigehen, etwa als Sie die Schule verließen, den Beruf wechselten, Kinder bekamen, Wohnungen wechselten, in Rente gingen? Täglich entsteht Neues, ohne dass Ihnen die Möglichkeit gegeben ist, sich zu wehren. Das Neue entsteht auch dadurch, dass Sie aufgrund äußerer und innerer Voraussetzungen nicht mehr am Bisherigen teilhaben können oder wollen. Die Übung zeigt, dass dieses Wechselspiel von Teilhaben und Aufgeben Ihr ganzes Leben bestimmt hat und weiter bestimmen wird.

Oft zieht ein Schritt, der aus der Ordnung führt, einen anderen nach sich, der wiederum einen weiteren nach sich zieht. Das führt zu einem Leben völlig außerhalb der Regeln, die eigentlich für uns gelten. In diesem Spiel können wir nicht mehr gewinnen, es sei denn, wir beschließen, uns wieder an die Regeln zu halten und den nicht mehr gültigen Teil unseres Lebens aufzugeben. In vielen Fällen erledigt sich das allerdings von selbst, und die »Scheinordnung«, die wir unserem Lebensentwurf gegeben haben, bricht zusammen. Wenn wir die Ordnung verlieren, verlieren wir auch uns selbst, den Kontakt zu unserem inneren Führer. Dann müssen wir warten und erst einmal zur Ruhe kommen, bis wir ihn wieder hören. Erzwingen lässt sich der Kontakt zum inneren Führer nicht. Aber oft kommt der Anstoß zur Umkehr von einer Seite, von der wir es gar nicht erwarten.

Wenn die Ordnung nicht mehr in Ordnung ist

Die bunte Fassade der Scheinordnungen fällt in sich zusammen, wenn sie mit der Wahrheit in Berührung kommt, und gibt oft den Blick auf eine graue, traurige Konstruktion frei. Ein zufälliger Anruf, eigentlich mit einem ganz anderen Ziel geführt, offenbarte eine solche Tragödie in einer Familie. Eines Tages meldete sich der Mitarbeiter einer Bank bei der Frau eines Unternehmers. Sie wunderte sich, weil der Bankangestellte nicht in der Firma ihres Mannes anrief. Dorthin war er wie jeden Morgen gefahren. Die Frau erlitt einen Zusammenbruch, als sie am Telefon erfuhr, dass die Firma nicht mehr existierte: Ihr Mann war mit seinem Unternehmen Pleite gegangen. Seit geraumer Zeit schon hielt er aber mit der größten Anstrengung den äußeren Schein aufrecht, als ob die Ordnung noch in Ordnung wäre. Er sagte seiner Familie nichts und änderte auch nichts: weder den Tagesablauf noch seinen Lebensstil. Wir können den inneren Druck nur ahnen, unter dem der Mann gelitten hat. Aber er ordnete sich bedingungslos den Ansprüchen unter, denen er sich ausgesetzt sah. Es war eine Tragödie, denn er stürzte nur noch tiefer in den Abgrund, seine Familie riss er mit.

Viele Menschen halten eine solche Scheinordnung aufrecht, obwohl das System, worauf sie einst gebaut hatten, zusammengebrochen ist. Aus Angst, zu sich selbst zu stehen, nehmen sie eine andere Ordnung an, nämlich eine äußere, die ihnen nicht (mehr) entspricht. Sie passen sich an, ordnen scheinbar ihr Leben und sich dabei aber dem Image unter, das von ihnen erwartet wird. Einfacher gesagt: Sie machen sich etwas vor. Hier führt der Weg in die Ordnung nur über die Zerstörung des Scheins, auch wenn es wehtut. Manche Ehe muss eben geschieden werden, wenn kein Miteinander mehr möglich ist. Manche Stelle muss eben gekündigt werden, wenn sich die Perspektiven dort mit den eigenen nicht wenigstens teilweise in Übereinstimmung bringen lassen. In beiden Fällen wird es schmerzhaft für die Beteiligten sein, sich auf das einzulassen, was sie wirklich wollen, denn auch die Unordnung, in der sie leben, hat ihre guten und bequemen Seiten: Sicherheit, finanzielles Auskommen und Ansehen in der Gesellschaft.

Es gibt unzählige andere kleine und größere Bereiche, in denen wir nicht mehr bereit sind, so zu leben, wie es »sich für uns gehört«. Schon der Ausdruck »sich gehören« klingt wie ein Relikt aus einer anderen Zeit, das keine Geltung mehr hat. Wie wenn ein Baum im Winter noch einmal Blüten triebe, katapultieren wir uns aus unseren Ordnungen im Familiensystem, im Alter, in unserer Entwicklungsstufe, in unserer Ernährungsweise. Warum sonst müssen wir an Weihnachten Erdbeeren essen und verschmähen Wintergemüse? Warum wollen so viele Menschen unbedingt zu bestimmten Zeiten eine Partnerschaft mit einem viel Jüngeren eingehen? Diese Beispiele sollen weder anklagen noch entmutigen, sondern zeigen, dass wir zu unserem richtigen Maß zurückfinden können, wenn wir erkannt haben, wo wir ein falsches angelegt haben. Das ist im Grunde ganz einfach, aber es schmerzt und erfordert viel Mut. Es ist nur ein Wort dafür nötig: »Nein!«
Ist doch ganz einfach, oder? Zu allem, das über das rechte Maß hinausführt, sagen wir ab jetzt klar und deutlich:

»Nein!« Natürlich ist es nicht so einfach. Vor das »Nein!« haben wir oft Schuldgefühle, falsche Hochachtung, scheinbare Zwänge oder sonstige unehrliche Gefühle gesetzt, die Ausdruck einer falschen, uns nicht gemäßen Moral sind. Der Hauptgrund, der gegen unser kräftiges »Nein!« spricht, auch wenn wir es noch so gerne wollten, ist der: Wir wissen nicht, was das Richtige ist, nachzugeben oder abzulehnen. Ich behaupte: Wir wissen es doch! Wir müssen nur lernen, auf unseren inneren Führer zu achten.

So wie ich bin, bin ich gut

Keiner von uns hat es nur leicht im Leben gehabt. Immer wieder gab es Kämpfe, in deren Verlauf wichtigste Entscheidungen getroffen werden mussten. Die allermeisten von uns haben solche Situationen gemeistert. Denken Sie nach, auch Sie werden Beispiele in Ihrer Vergangenheit finden. Dabei war fast nie Zeit, jemanden um Rat zu fragen. Wir haben uns also aufgrund der Kompetenz einer einzigen Person entschieden: uns selbst. Und nach solchen Leistungen wollen wir uns nicht mehr zutrauen, uns mit »Nein!« gegen eine Sache auszusprechen, die uns offenbar schadet? Jedem sollte der Rückblick auf seine Leistungen, gerade auch nach seinen Fehlentscheidungen, beweisen: »So wie ich bin, bin ich gut und tüchtig. Ich kann selbst gut für mich sorgen.« Diese Selbstannahme sind wir uns nicht nur schuldig, wir können auch Kraft aus ihr ziehen. Denn mit ihr bestätigen wir, dass wir uns verlassen können – auf uns. Auch jener Immobilienmakler, von dessen Erfolgen ich Ihnen erzählt habe, konnte sich auf seinen Sinn fürs Business verlassen; er spürte, witterte es fast, wann er zugreifen und wieder verkaufen musste. Daraus können wir den Schluss ziehen, dass wir uns ruhig von den Sachen trennen können, die nicht wichtig für uns sind. Wir können »Nein!« zu ihnen sagen. Alles, was wir brauchen, haben wir in uns. Selbst wenn alles andere verloren gehen sollte, die Fähigkeit, mit Ihren Mitteln, mit Ihrer Ausstattung überleben zu können, wird Ihnen erhalten bleiben: Die Schätze Ihrer Anlagen, Begabungen und Fähigkeiten kann Ihnen niemand wegnehmen.

Leider überwiegt inzwischen die Angst davor, sich bei Arbeitslosigkeit oder nach einem Notfall im Leben nicht mehr behaupten zu können. Doch wo Angst herrscht, hat der klare Verstand nichts mehr zu bestimmen. Aber gerade ihn brauchen wir dann, denn er weiß eine Lösung, die zwar nicht detailliert wie eine Regieanweisung ist, aber einen Leitfaden darstellt, nach dem wir uns richten können. Es gibt einen inneren Führer in uns, den wir zu jeder Zeit fragen können. Wir müssen nur wissen, wie. Er hilft uns, zwischen dem, was uns nützt, und dem, was schadet, zu unterscheiden. Wenn nur die Angst nicht wäre. Was soll ich machen? Was wird passieren, wenn? Wir drehen uns im Kreis, kehren immer wieder zum Ausgangspunkt zurück und verhindern damit, ein Problem zu lösen. Solange wir derart verkrampfen, wird es keine Lösung geben. Hilfreich ist nur, wenn wir das Problem von außen sehen, sozusagen die Position wechseln, sogar im Wortsinne. Ein Spaziergang tut Wunder, eine Entspannung, eine Meditation, manch einer kann beim Sport eher »abschalten«. Oft haben wir für Fremde gleich eine Lösung parat, bei uns dagegen suchen wir vergeblich. Wir sollten wissen, dass wir die Lösung auch für uns selbst in uns haben. Nur ist sie in einem Bereich zu finden, der von Ängsten, Schuldgefühlen und Zwängen verschüttet worden ist. In den meisten Fällen trauen wir uns gar nicht, Fragestellungen mit aller Konsequenz zu Ende zu denken.

Probleme in Ruhe überdenken

Mit einem Freund habe ich vor Jahren angefangen, die folgende besondere Art von Übungen zu machen. Sie haben einen uralten indianischen Ursprung. Es ist kaum zu glauben: Wir treffen Tiere in unserem Körper, weise Tiere, die helfen, Probleme zu lösen. Mein Freund hatte sich beruflich zwischen zwei Optionen zu entscheiden. Was sollte er machen? »Mach dir das Problem klar.« Ich fragte ihn, mit welchem Körperteil er es wohl am besten lösen könne. »Mit dem Kopf.« Ich forderte ihn auf, er solle sich sein Gehirn vorstellen. Dann sollte er mir – ganz schnell – sagen, welches Tier ihm in den Sinn käme. »Eine Schlange.«, »Setze sie ins Gehirn. Stelle dir diese Schlange vor. Schau, was sie in deinem Kopf macht. Welche Eigenschaften des Tieres könntest du gebrauchen? Vielleicht sagt sie sogar etwas zu dir.« Nun, diese Schlange hat meinem Freund nichts gesagt. Sie ist einfach langsam weitergekrochen. Während sie mit einem Ende noch auf dem einen Ast lag, war ihr anderes Ende schon auf einem neuen angekommen. Und das war auch die Lösung des Problems: Langsam so weitermachen wie bisher und warten, bis sich die Gelegenheit ergibt, den einen Ast loszulassen und sich ganz am anderen festzuhalten.

Heilsame Übung

Das weise Tier in uns

Jeder hat eine Weisheit in sich, auf die er zurückgreifen kann. Setzen oder legen Sie sich hin, entspannen Sie sich. Schließen Sie die Augen und atmen Sie ruhig. Stellen Sie sich das Problem vor, das Ihnen Kopfzerbrechen bereitet.

Überlegen Sie, mit welchem Teil Ihres Körpers Sie es wohl am besten lösen könnten. Konzentrieren Sie sich darauf. Dann lassen Sie dort – ganz spontan – ein weises Tier erscheinen. Nehmen Sie das erste, das Ihnen in den Sinn kommt. Wie sieht dieses Tier aus, wie bewegt es sich, in welcher Umgebung hält es sich auf, in welcher Entfernung von Ihnen steht es? Ist es auf oder in Ihrem Kopf, hängt es an Ihnen oder befindet es sich in einiger Entfernung, womöglich sogar am Horizont oder eher am Rande? Schauen Sie diesem Tier jetzt in die Augen und fragen Sie es, ob es eine Botschaft hat: »Welche Botschaft hast du für mich? Was kannst du mir sagen?« Beobachten Sie genau, was das Tier jetzt macht oder sagt: Darin liegt die verschlüsselte Lösung Ihres Problems. Gehen Sie dieser Antwort nach.
Mit dieser Übung gelingt es, Ihren inneren Führer zu aktivieren. Sie gewinnen dadurch auch Abstand von Ihrem Problem und können von den Vorteilen der Sicht von außen profitieren.

Zur Ruhe kommen wir auf gar keinen Fall, wenn uns eine Gedankenwelle überrollt, die wir nicht stoppen können. Wir haben gesehen, dass wir nur verkrampfen und uns im Kreis drehen, wenn wir ununterbrochen an Probleme denken. Kluge Entscheidungen sind da nicht zu erwarten. Zudem sollten Entscheidungen, die in einem solchen Zustand gefällt werden, nicht Grundlage eines weiteren Lebensabschnitts werden. Deshalb können wir lernen, dieses Karussell zum Stehen zu bringen, und uns bemühen, die hartnäckigen Gedanken fortzuschicken, wenn sie wieder auf uns einhämmern, was lange dauern kann und mit Schwierigkeiten verbunden ist. Aber wir sind den Gedanken nicht ausgeliefert, schließlich kommen sie aus uns. Wir selbst haben das Steuer in der Hand. Wir können sie »vertrösten« auf eine Zeit, die uns besser passt, wenn wir den Kopf eher

frei haben. Es gibt Orte und Zeiten, in denen es sich lohnt, über Schwierigkeiten nachzudenken, zum Beispiel wenn wir spazieren gehen, wenn wir alleine sind oder wenn wir Musik hören, sogar wenn wir schlafen. Dann können wir überzeugt sein, dass wir das Problem nicht verdrängen, sondern uns nur eine bessere Zeit aussuchen, um zu einer Lösung zu finden. Zuerst sollten die Probleme aufgeschrieben werden. Vor dem Einschlafen könnten wir meditieren, beten oder, wem dies schwer fällt, die »Kräfte der Nacht« bitten, uns mitzuteilen, was sie zur Lösung zu sagen haben. Wir versprechen auch, ganz wach für ihre Antwort zu sein. Aus diesem Grund wollen wir Bleistift und Papier bereitlegen, falls wir aufwachen und uns eine Lösung »eingefallen« ist. Oft ist die Lösung auch in einem Traum versteckt, genau in dem Teil eines Traums, der uns am meisten berührt.
Auch Krisen gilt es mit allen Problemen und Aufgaben, die sie uns stellen, ihrer Ordnung gemäß und wachsam zu durchschreiten. Wer nicht zu Ende trauert, wer sich nicht richtig verabschiedet, wer sich also nicht gründlich mit seinen Wunden beschäftigt, der wird stets neu unter ihnen zu leiden haben.

Würde – der Schlüssel zur Ordnung

Wenn wir sagen, jemand hat Würde, drücken wir uns nicht genau aus. Denn eigentlich besitzt er sie nicht von sich aus, wir räumen sie ihm ein, gestehen sie ihm zu, indem wir ihn würdigen. Wir verleihen ihm diese Eigenschaft. Sie beruht auf einer Gegenseitigkeit, die sich nicht auf Worte, sondern auf Taten gründet. Ein Lehrer mag alle Voraussetzungen der Würde haben, wenn er sie aber nicht dementsprechend ausfüllt, werden sich seine Schüler nicht würde-

voll verhalten. Umgekehrt zerbricht jeder Ansatz einer würdevollen Begegnung, wenn die Schüler nicht bereit sind, der Person und der Position des Lehrers die angemessene Anerkennung zu zollen.
Nicht »Nein!« sagen zu können ist auch ein Vergehen an der Würde des Menschen, an seiner eigenen und an der seiner Mitmenschen. Und es ist ein Zeichen von fehlender Aufrichtigkeit im Umgang mit den Menschen. Sich auf sein Gegenüber einzulassen, ist nicht nur eine Frage der Zeit. Es gilt, ihn zu beobachten, ihm zuzuhören und auch auf die Zwischentöne dessen zu achten, was er sagt oder nicht sagt. Diese Aufgabe lässt sich nur erfüllen, wenn man sich ihr mit ganzem Herzen widmet; dann geht man nicht unbedacht und leichtfertig mit jemandem um, sondern begegnet dem Wesen des anderen wohlwollend. Nur mit einem hohen Maß an Achtsamkeit für einen anderen Menschen tritt man der Würde seines Alters entgegen, lässt ihn in seiner Ordnung und akzeptiert diese. Einen 70-Jährigen wird man anders behandeln als einen 20-Jährigen. Wir brauchen uns nicht zu fragen, was wir tun sollen, wenn wir diesen oder jenen treffen. Wir haben gesehen, dass unser Herz, unser innerer Führer, immer weiß, was zu tun ist. Darauf können wir uns auch beim Umgang mit Menschen verlassen. Wenn wir ihre Eigenarten, ihren Eigensinn und ihre Eigenheiten nicht tadeln oder ändern wollen, sondern sie ihnen lassen, weist uns das den Weg zu ihrer Würde. Denn wir berücksichtigen ihre Ordnung.
Das schließt zwei Dinge nicht aus: Erstens brauchen wir uns mit unseren Bedürfnissen nicht hintanzustellen; zweitens dürfen, ja müssen wir einem anderen auch etwas verweigern. Wir leben in vielen Strukturen, die alle ein anderes Verhalten erfordern: die Familie, die Arbeit, der Freundeskreis. Überall gelten andere Ordnungen, wir müssen unsere eigene auf sie abstimmen. Wer sich und anderen

Grenzen setzt, hat es leichter. So würde ich meinen Kunden gewisse Dinge nicht erfüllen, wenn sie außerhalb meiner Grenzen liegen. Ich würde sie nicht therapieren wollen, weil ich kein Therapeut bin. Auch ein Angestellter wird gewisse Forderungen von Seiten des Arbeitgebers wohl ablehnen, wenn sie mit seinem Gewissen, der Instanz für seine innere Ordnung, in Konflikt stehen. Es gilt, sich untereinander hinsichtlich seiner Ordnungen auszutauschen und sie aufeinander abzustimmen, damit ein Nebeneinander möglich ist. Im Idealfall wird sogar ein Miteinander daraus. Aber auch eine Trennung kann das Ergebnis eines würdevollen Umgangs miteinander sein.
Doch dazu gehört zwingend das »Nein!«, um sich nicht nur gegenüber Personen abzugrenzen, sondern auch gegen Dinge, Forderungen und Meinungen. Wer als Kassierer eines Supermarkts einem 12-Jährigen den Kauf von Zigaretten oder Alkohol untersagt, achtet dessen Würde, wie sie seinem Alter entspricht. Zu dieser Achtung gehört es auch, Scheinordnungen nicht länger aufrechterhalten. Wer einem Freund, der offensichtlich Probleme mit Alkohol hat, dies nicht zu sagen wagt, der behandelt ihn »unter seiner Würde«. Zu tun, als sei seine Welt noch in Ordnung, wird den Leidensweg sicher nicht verkürzen. Wer aber ohne zu tadeln und zu urteilen die Scheinordnung des anderen entlarvt, hat vielleicht den Schlüssel benutzt, der den Freund wieder in Ordnung bringen kann. Ob und wie er sich daraufhin entscheiden wird, das wiederum steht außerhalb unseres Einflusses, wie wir schon gesehen haben, weil wir machtlos sind. Aber wir haben uns dafür entschieden, in der Ordnung zu bleiben, die offensichtliche Wahrheit auszusprechen, und so deutlich gemacht, dass wir nicht an der Scheinordnung des Freundes teilhaben wollen.

Wir haben die Wahl

Wie wir seine Würde gewahrt haben? Wir haben ihm die Wahl gelassen, so zu handeln, wie er es wollte, auch wenn er sich mit seinem Verhalten schädigt. Ohne Wahl blieben hingegen eine alte Frau und ihr Mann, der unheilbar an Krebs erkrankt war. Nicht die Krankheit nahm ihnen die Würde, sondern ihre beiden Söhne. Denn sie verheimlichten nicht nur ihrem Vater, sondern auch ihrer Mutter lange seinen Zustand. Sie hatten die Ärzte instruiert und ihnen verboten, dem Mann die Wahrheit anzuvertrauen, denn sie wollten die Last der tödlichen Krankheit auf sich nehmen. Sie ließen die Zeit verstreichen, ohne sich vom Vater zu verabschieden und ihm die Gelegenheit zu geben, sich zu verabschieden, wie es erforderlich gewesen wäre. Sie beraubten den Kranken der Wahl, wie er mit den letzten Monaten seines Lebens umgehen wollte. Stattdessen fuhren sie ihn von einer Therapie zur nächsten, während der alte Mann verzweifelte, denn er konnte nicht begreifen, warum er nicht gesund wurde, nach all den Operationen und Behandlungen.

Das Entsetzen war groß, als die Mutter einen Anruf aus dem Krankenhaus erhielt. Dabei erfuhr sie von der unheilbaren Krankheit ihres Mannes und auch, dass er wohl nur noch einige Tage zu leben hatte. Sie erlitt einen Herzinfarkt, und zu den Schmerzen kam die Demütigung ihrer Söhne, die sie wie ein unmündiges Kind im Unklaren gelassen hatten.

Einen der beiden Söhne traf ich zufällig nach der Beerdigung, und er erzählte mir die Geschichte. Trotzdem, so sagte er, sei sein Vater in Frieden gestorben. Denn nachdem er von seiner Krankheit erfahren hatte, sei die Nervosität der letzten Monate schlagartig von ihm abgefallen. Ganz ruhig sei er dann geworden, bereit für den Tod. Die

Söhne hatten innerhalb ihrer Möglichkeiten das Beste für den Vater gewollt, waren aber an Grenzen gestoßen.
Erinnern wir uns an die Familie vom Anfang des Kapitels, in der die Mutter ebenfalls an Krebs erkrankt war. Dort nutzte man die letzten Monate, um sich voneinander zu verabschieden, keinem wurde eine falsche Hoffnung vorgegaukelt. Daraus folgt nicht, dass wir in schwierigen Stunden die Hoffnung fahren lassen sollten. Aber die Hoffnung ist ein Teil der Wahrheit. Sie entfaltet dann ihre tröstende Kraft, wenn unsere Erwartungen in beide Richtungen gehen: in die eines schlimmen Ausgangs und in die eines guten. Die Bereitschaft, mit beiden Ausgängen zu rechnen, eben auch mit dem tragischen, schafft einen Ausgleich zur Verzweiflung. Die Mutter erfuhr also ohne falsche Beschönigungen von ihrer Krankheit. Man ließ ihr die Wahl, ihrem Wesen gemäß damit umzugehen, man ließ sie in ihrer Ordnung, der Ordnung einer todkranken, sterbenden Frau und lenkte weder ihre Gedanken noch die ihrer Familie einseitig auf die Hoffnung zu überleben. Im Folgenden begegneten ihr die Kinder und ihr Mann in der gebotenen Form, ohne die Heuchelei der Verschwiegenheit, sondern mit der Würde der Wahrheit.

Ordnung ist ein Grundprinzip unseres Lebens. Geht sie verloren, hält die Krankheit Einzug. Nur wer Situationen und Menschen zu würdigen weiß, kann ihnen in einer Art und Weise begegnen, wie es ihm und anderen entspricht. So können wir den Ballast erkennen, den wir unnötigerweise bei uns tragen und der uns den Weg zur eigentlichen Bestimmung erschwert.

Zusammenfassung

1. Was wir eigentlich wollen, sagt uns das Herz. Ihm zu folgen bedeutet Gesundheit. Krankheit ist ein Zeichen von Unordnung.
2. Was normal ist, muss noch lange nicht in Ordnung sein. Jeder hat seine eigene Ordnung.
3. Der richtige Abschied vom Alten ist ein ordnendes Prinzip. Wir können auf diese Weise neue Dinge unbelastet anfangen. Wieder in Ordnung zu kommen heißt sich versöhnen, sich entscheiden, Dinge zu tun, die zu tun sind, und Dinge auszusprechen, die zu sagen sind.
4. An Kreuzungen im Leben haben wir die Chance, das Vergangene zu bilanzieren.
5. Wir können die Wunden der Vergangenheit, die wir erlitten und zugefügt haben, nicht ungeschehen machen. Aber mit einer geänderten Einstellung schaffen wir eine gesunde Basis für die Zukunft. Dies gebietet die Selbstachtung. Sonst lassen wir uns von Schuldgefühlen leiten, die uns nicht gemäß sind.
6. Aber fortan soll die Regel gelten, das rechte Maß in allen Dingen einzuhalten. Wunden können uns darauf hinweisen, dass wir dieses überschritten haben. Ein einfaches »Nein!« hilft, Grenzen einzuhalten.
7. Unser innerer Führer leitet uns dabei. Wenn wir auf unsere Bedürfnisse achten lernen, können wir auch die der anderen besser berücksichtigen.

So werden Sie Ihr eigener Krisen-Regisseur

Rituale haben eine starke Heilkraft auf unsere Wunden.

Bewegung ist ein bestimmendes Merkmal des Lebens. Nichts bleibt ab dem Zeitpunkt, an dem die Bewegung einsetzt, mehr das Gleiche wie vorher. Leben ist also ständige Veränderung, auf die eine Reaktion das Innehalten oder Verweigern ist, was eine trügerische Sicherheit vorgaukelt. Denn zu viel Bewegung, zu viel Veränderung verursacht Angst, die erst einmal dazu führt, dass das sichere Alte und Bekannte aus Verunsicherung festgehalten werden soll. Doch die erhoffte Sicherheit lässt sich nicht dauerhaft realisieren, sie erweist sich vielmehr als ein trügerisches Gefühl, wieder alles im Griff zu haben. Die Zeit lässt sich jedoch nicht anhalten. Was folgt, ist die Flucht in eine scheinbar heile Welt. Dort macht sich eine lähmende Starre breit, die in Lethargie enden kann, wenn wir für die Versprechungen und Herausforderungen der Zukunft verkümmert sind. Das ist der Weg, der unweigerlich in den inneren Tod führt: ein Zustand, in dem es keine Hoffnung mehr gibt, nur in Angst gepresstes Leben.

Eine andere Entwicklung als die, sich ein Leben ohne Zukunft einzurichten, verspricht uns eine reichere Ernte. Aber sie wird uns nicht geschenkt, wir müssen schwer arbeiten und sowohl von uns aus Bewegung riskieren als uns auch bewegen lassen, bevor wir die Früchte genießen können. Die Entwicklung beginnt damit, dass wir bereit werden, uns immer wieder neu auf das Abenteuer des Lebens einzulassen. Es muss nicht jedes Mal ein Anfang vom absoluten Nullpunkt oder ein grandioser Auftakt sein, besser ist ein kleiner Schritt. Ein bejahender Gedanke, eine ehrliche Antwort, eine innere Stimme, diese scheinbar so unscheinbaren Kleinigkeiten setzen gewaltige Veränderungen in Gang. Ein noch so leises Zustimmen zu dem, was jetzt ist, lockert schon den schraubstockartigen Griff, mit dem wir das Alte zu retten versuchen. Aber auch wenn wir uns noch so sehr daran klammen, weiß unser Herz schon, dass es besser ist, die Ungewissheit zu wagen. Wenn wir den Mut haben, dem Herzenswunsch zu folgen, werden wir loslassen und riskieren, auf unsicherem Terrain zu landen. Eine reiche Ernte fällt niemandem von selbst zu, weder wenn er sich an alte Hoffnungen und längst gewesene Gewissheiten klammert noch wenn er nur darauf wartet, dass er die ultimative Chance bekommt; viele sind überzeugt davon, dass sie ihnen zusteht, und nicht minder enttäuscht, wenn sie nicht eintritt. Gehen Sie in die Tat, fragen Sie nicht nur: »Was soll ich tun?« Verharren Sie auch nicht, handeln Sie! Selbst die kleinste Handlung kann später reiche Ernte bringen. Es geht um Ihre neue Lebensform, um den Eintritt in eine höhere Qualität der menschlichen Reife, letztlich um Ihre individuelle Vollendung, um Ihre Verwirklichung und um Ihre Freiheit.

Bezeichnen wir Krisen als Übergänge, so kennzeichnet das Leben eine ganze Reihe von Übergängen. Dass damit zeitgleich oft die Frage nach der Verantwortlichkeit gestellt wird, belastet zusätzlich, zumal Menschen in schwierigen Umbruchsituationen dazu neigen, nach Schuldigen für ihr Leid zu suchen. Sie machen sich die Lösung doppelt schwer, indem sie sich für etwas verantwortlich fühlen, worauf sie keinen Einfluss gehabt haben, und sie vergeuden darüber hinaus wertvolle Kräfte mit der Schuldfrage, anstatt sie auf die Lösung ihres Problems zu verwenden.

Was habe ich nur falsch gemacht?

»Was habe ich nur falsch gemacht?« ist die wohl klassische Frage, manchmal um den Zusatz erweitert, »dass es so weit gekommen ist«. Die Geschichten, die in dieser Frage zugespitzt sind, ähneln sich. Der Frage nach dem eigenen Anteil an der Krise kommt eine wichtige Bedeutung zu, denn eine ehrliche Antwort entlarvt nicht nur unsere Schwächen, die wir für die Zukunft ausmerzen können. Leider ist die Frage »Was habe ich nur falsch gemacht?« oft auch ein Ausdruck der Resignation, der Verzweiflung und des Selbstmitleids; im günstigsten Fall markiert sie aber eine Wende des Dramas.

Schauen wir doch nach, was da falsch gemacht worden ist. Wenn Kinder in die Pubertät kommen, stellen sich die meisten Eltern die gleiche Frage. Eine Mutter beschrieb es mir einmal so: »Bisher hat meine Tochter alles mit mir besprochen. Jetzt zieht sie sich zurück und will nichts mehr von mir wissen. Ich habe das Gefühl, dass sie sich von mir entfremdet.« Wie traurig die Frau davon erzählte! Sie verstand es einfach nicht. Ihre Tochter steckte nur noch mit ihren Freundinnen zusammen, was sie mit ihnen unternahm, blieb zu Hause ein Geheimnis. Überhaupt sprach sie wenig, und wenn, dann wechselte sie zwischen einem gleichgültigen und aggressiven Grundton, was weder ein Gespräch noch eine Diskussion ermöglichte. Die Mutter machte sich darüber hinaus Sorgen, weil sie seit einiger Zeit schlechtere Zensuren als vorher bekam. Bot sie ihrem Kind Hilfe an, wurde sie verweigert, versuchte sie es mit Strenge, erntete sie Trotz. »Aber sie hat doch immer gemacht, was ich ihr gesagt habe!« Die Zeiten waren vorbei. Aber daran trug die Mutter keine Schuld. Allein diese Gewissheit erleichtert die Situation, wenn man sie zulässt. Aber kann eine Mutter, die ununterbrochen für ihr Kind da gewesen ist, solche Gefühle zulassen? Ihren Beruf hatte sie nach der Geburt an den Nagel gehängt, erst lange nachdem ihr Kind in die Schule gekommen war, hatte sie sich einen Halbtagsjob gesucht, dessen Anforderungen weit unter ihren Möglichkeiten blieben. Damit konnte sie gut leben, denn ihr Hauptberuf blieb »Mutter«, eine Rolle, in der sie aufging. Sie half bei den Hausaufgaben, kümmerte sich sonst um die Angelegenheiten in der Schule und managte die Freizeit ihrer Tochter: Geburtstage, Sportverein, Musikunterricht oder Ausflüge mit Klassenkameraden, nie war ihr ein Weg zu viel oder die Zeit zu knapp. »Und jetzt bin ich abgeschrieben!«, klagte sie bei mir.

Es half der Mutter nicht, als ich sagte, dass sie dafür nichts könne. Diese Entwicklungskrise nimmt ihren Lauf, ohne dass wir etwas dagegen unternehmen könnten. Ganz gleich, welche »Vorleistungen« sie erbracht hätte, das Ergebnis wäre das gleiche gewesen. Denn die Phase der Ablösung von den Eltern, durch die ihre Tochter ging, gehört zur Entwicklung aller Menschen. Warum aber litt die Mutter so darunter? Ein Hinweis lag in der Befürchtung, ihre Tochter entfremde sich von ihr. Sie räumte ihr das Recht auf dieses innerliche und äußere Entfernen von sich nicht ein. Es war deshalb so verletzend, weil sie es auf sich selbst bezog. Der Maßstab für die Beurteilung einer anderen Person lag nur in ihr selbst, deswegen endete sie in dieser Krise. Sie sah ihr Kind nicht in einem Entwicklungsprozess, der normal war, sie sah nur sich in ihren Erwartungen enttäuscht und wegen ihrer mütterlichen Leistungen gekränkt. Obwohl sie wusste, dass alle Menschen durch diese Phase gehen, wurde sie von Selbstzweifel ge-

plagt. Denn sie war mit einem Verhalten ihres Kindes konfrontiert, auf das sie keine passende Antwort entwickelt hatte. Ihr Verstand fand in ihrem Verhaltensrepertoire keine Möglichkeit, den pubertären Problemen angemessen zu begegnen. Die anfängliche Unsicherheit wuchs sich zu einer Handlungsohnmacht aus. Ihre Erlösung bestand in der Erweiterung ihrer Handlungsoptionen. Sie musste sich erst durch die neue Situation bewegen lassen und sich selbst bewegen, dann war sie auf dem besten Weg, eine Krisen-Regisseurin zu werden.
Der innere Schmerz über die Aufmüpfigkeit der Tochter war derart groß, dass sie nicht erkennen konnte, dass der Weg, den ihre Tochter eingeschlagen hatte, »ein guter Weg« war. Sie hatte vor lauter Sorge keinen Platz für die Hoffnung in ihrem Mutterherz gelassen. Als ich ihr das sagte, konnte sie nicht begreifen, dass ich die Partei ihrer Tochter ergriff. Sie mache sich doch nur Sorgen, dass das Kind auf »die schiefe Bahn« gerate. Hier klangen wieder Selbstvorwürfe an, die auf dem Eingeständnis einer imaginären Schuld beruhten. Denn in ihren Mutteraugen hatte sie schon einen Fehler gemacht, den sie sich nicht verzeihen wollte: Sie hatte die Kontrolle verloren.

Rollen tauschen

Anders gesagt: Mit ihren bisherigen pädagogischen Mitteln – »Machtspielchen« nannte sie ihre Tochter bezeichnenderweise – kam sie nicht mehr weiter, das nagte an ihr. Liebe, ein bisschen Strenge, ein bisschen Nachsicht waren das Rezept, mit dem sie das Mädchen großgezogen hatte, verbunden mit Pflichterfüllung und Disziplin ihrerseits. Diesen Entwurf hatte ausgerechnet der Mensch ins Wanken gebracht, dessentwegen sie sich für ein Leben, wie sie es führte, entschieden hatte: ihr Kind. »Aber ich muss doch ...« färbte viele ihrer Entscheidungen. Sie musste für die Tochter da sein, sie abholen, sich um sie kümmern. Es war kein Zwang, vielmehr eine grundlegende Regel ihrer Aufgabe als Mutter, ihr Kind an die erste Stelle zu setzen. Jetzt sollte in der Umkehr die Chance liegen, einen Ausweg aus der Krise zu finden. Wieso nicht einmal zuerst an sich denken und fragen, was gut für sich selbst ist und nicht für das Kind? Offensichtlich lieferte dies den Beweis, dass es den gewohnten Grad und die gewohnte Form der Fürsorge nicht mehr brauchte; die Mutter verstand es hingegen so: »Mein Kind mag mich nicht mehr.« Tatsächlich hatte sie einfach mehr Zeit am Tag, der bisher dichter ausgefüllt war. Die Leere, die dadurch entstand, verstärkte ihre Leiden. Diesem Sturm auf Gefühlsebene haben wir zunächst wenig entgegenzusetzen, zu Anfang können wir mit Vernunft eine Gegenposition aufbauen. Ich bat die Mutter, sich – rein rational – auf die Situation ihres Kindes einzulassen. Ich ließ sie beschreiben, welche Phase ihre Tochter durchlebte, sie sollte in die Rolle des Kindes schlüpfen. In dieser Zeit werden die Gleichaltrigen wichtiger als die eigenen Eltern, die Freunde sind der Mittelpunkt ihrer Welt, die Aufmerksamkeit für die Schule nimmt ab, das Verhalten ändert sich grundlegend.

Heilsame Übung

Seien Sie Kind!

Lassen Sie sich zu einem Rollentausch bewegen. Stellen Sie sich vor, Sie seien Ihr eigenes Kind. Was macht es durch, wie erlebt es Sie als Vater oder Mutter? Warum handelt es so, wie es handelt? Warum verletzt Sie das?

Was erwartet Ihr Kind jetzt von Ihnen? Was braucht es? Dies sind spannende Fragen, weil sie von Ihrer Sichtweise ablenken und eine neue Perspektive ermöglichen. Die Übung zeigt Ihnen, dass Ihre Vorstellungen und die Bedürfnisse des Kindes in wesentlichen Punkten divergieren. Machen Sie sich eine Liste – oder fragen Sie einfach Ihr Kind. Überlegen Sie dann, wie Sie sich bewegen und bewegen lassen können, um die neue Rolle als Mutter oder Vater eines pubertären Kindes zu erfüllen.

Die Mutter war noch zu enttäuscht, um das Verhalten ihrer Tochter als positiven Schritt in deren Entwicklung zu interpretieren. Den Mut, sich gegen die Werteordnung des Elternhauses aufzulehnen, führt das Kind in die Freiheit, die es als Erwachsener braucht. Es findet zu sich selbst und zieht sich dabei von seinen Eltern zurück, was die Frau entsprechend der Identität und Intensität ihrer Mutterrolle als »Entfremdung« empfand.
Eine Aufgabe der Mutter sollte es nunmehr sein, herauszufinden, was unter diesen veränderten Vorzeichen ihre neue Rolle sein könnte. Selbst wenn die Tochter mit einer Frage oder Problemen zu ihr käme, sie würde keine Lösung von ihrer Mutter erwarten, keinen Befehl, wie es zu gehen hat; sie würde sich wahrscheinlich sogar gegen ein »Mach es so!« sträuben. Die Tochter kann diese Aufforderung nicht mehr als einen Rat oder Vorschlag akzeptieren, sie fühlt sich gegängelt und macht gar nichts. Viele Jugendliche empfinden solch eine Situation als »Stress«, der ihnen auf die Nerven geht. Hier ein Rat an alle Jugendlichen, den sie gerne annehmen werden: Macht weiter so! Mag diese Vorstellung für Eltern eine Horrorvision sein, aber genau diese Reibung, diese Form des Protests führt zu mehr Eigenständigkeit. Wenn die Kinder »schön brav« wären und den Eltern nur gehorchten, fehlte ihnen ein ganz wichtiger Teil

ihres Lebens. Nie würden sie lernen, sich mit Autoritäten auseinander zu setzen. Das eigentlich Schädliche ist also nicht der Streit, sondern die negative Bewertung dieser Krise. Geschrei, Protest, Zank – das ist das Gesunde.
Sie sehen, eine ganzheitliche Sicht auf die Erziehungsproblematik führt zu einer Uminterpretation der Verhältnisse, die bei der Lösung helfen kann. Allerdings muss ich zugeben, dass es ein mitunter nervenaufreibender Akt ist, eine Auseinandersetzung als einen heilsamen Akt der jugendlichen Selbstwerdung zu sehen, der dazu gehört. Um diese auszuhalten, empfiehlt sich die große Perspektive, wie wir sie bereits im zweiten Kapitel kennen gelernt haben. Dazu gehört vor allem auch die Erkenntnis, dass es schon immer so war.

Zuhören statt Probleme lösen

Jugendliche brauchen einen Zuhörer, einen Gesprächspartner, der nicht gleich mit Rezepten aufwartet. Aus der mütterlichen Problemlöserin aus unserem Beispiel müsste die Zuhörerin werden. Bis es so weit war, hatte es die Mutter weiter mit Strenge versucht, hatte die Maßnahmen verschärft und die Kontrolle erhöht. Die Folge war das Gegenteil dessen, was sie erreichen wollte: In einer Art Reflex zog sich die Tochter noch mehr zurück, ihre Handlungs- und Ausdrucksweise war völlig überzogen, sie grenzte sich ganz aus. Zu Recht fühlte sie sich überhaupt nicht verstanden. Erst dann sah ihre Mutter ein, dass sie an ihre Grenzen gekommen war. Sie stellte sich die entscheidende Frage, was für sie selbst gut sein könnte, und definierte ihre Aufgabe neu, zunächst einmal nur theoretisch. Sie musste sich eingestehen, dass vieles plötzlich weggefallen war, nachdem ihr Kind oft außer Haus ging –

ihr Lebensgefühl war nun von fehlender Erfüllung geprägt. Erinnern Sie sich, was wir über Menschen gesagt haben, die am liebsten alles kontrollieren würden? Ein Konzept, das auf »ich muss« beruht, endet leicht in Allmachtsphantasie. Die ersten Schatten von Schuldgefühlen fallen, wenn man es nicht schafft, sich um alles zu kümmern, nicht alles selbst zu machen. Aber zum ersten Mal entscheidet das Kind selbst, was ihm gut tut. Natürlich will eine Mutter nur »das Beste« für ihr Kind, aber sie kann nicht ununterbrochen alles kontrollieren.
Hier wird noch eine Wunde zu bluten beginnen: Das jugendliche Unabhängigkeitsstreben löst Ängste aus, der Überblick geht verloren. Die Jugendlichen kommen mit Menschen in Kontakt, von denen die Eltern nichts erfahren. Doch wir können in die kindlichen Kräfte vertrauen. Vater und Mutter werden weiterhin gebraucht, nur in einer anderen Weise. Damit eröffnen sich nicht nur Chancen, seinem eigenen Leben neue Impulse zu geben. Es ist auch Zeit für ein kleines Aufatmen nach einer längeren Periode, denn schließlich ist wieder ein Stück der Erziehungsaufgabe geschafft, ein neuer Abschnitt hat begonnen.

Heilsame Übung

Auch Sie waren ein Kind

Erinnern Sie sich an Ihre eigene Jugend und Ihren Ablöseprozess. Rufen Sie sich diese Zeit so genau, wie es geht, in Erinnerung. Was hätten Sie sich damals von Ihren Eltern gewünscht? Was waren Ihre Forderungen an sie?
Diese Erinnerung hilft, die eigenen Kinder besser zu verstehen. Sie hilft aber auch, die eigenen Ressourcen zu entdecken. Denn was Sie sich gewünscht haben, das können Sie

jetzt Ihren Kindern geben. Fragen Sie sich, wie Sie deren Ablöseprozess fördern können.

Natürlich liegt in der Zeit der Pubertät eine Gefahr, die zweite Bedeutung des Wortes *Krise*. Denn nicht alles, was die Jugendlichen machen, ist in Ordnung. Gerade wenn eine solche Phase länger andauert, ist Vorsicht angebracht. Insofern sind Sorgen der Eltern gerechtfertigt. Für manche Eltern bricht während dieser Zeit eine Welt zusammen, weil das Kind »auf die schiefe Bahn« gerät. Aber was ist hier zusammengebrochen? Haben die Eltern die Realität aus den Augen verloren, lebten sie in einer Scheinwelt? Schuldgefühle sind fehl am Platz. Sie können sich beruhigt eingestehen, nichts falsch gemacht zu haben. Ihr Kind will sich finden und tut dazu Dinge, die gegen die Ordnung, manchmal sogar gegen das Gesetz verstoßen. Eine neue Wunde klafft, die Enttäuschung. Lassen Sie Ihr Kind nicht fallen, weil Sie den Teil nicht lieben können, der sich illegal verhält. Versuchen Sie herauszufinden, wogegen sich die Auflehnung richtet. Meist ist es ein Ordnungsprinzip Ihrer Welt, dem pubertäre Attacken gelten. Oft geschieht es dann, wenn Kinder sich einer Sache, einer Anforderung oder einer Aufgabe nicht gewachsen fühlen. Was könnte das sein, welcher Protest liegt im Verhalten des rebellischen Kindes? Die Eltern sollen gekränkt werden, indem ihr Wertesystem quasi auf den Kopf gestellt wird, sie dort verwundet werden, wo es sie am brutalsten trifft. Der Konflikt lässt sich lösen, wenn Sie als Eltern anerkennen, dass es noch andere Wertsysteme gibt, nicht nur das eigene. Der Weg zum Herzen des Jugendlichen sollte nicht mit Vorwürfen gepflastert sein, sondern mit Verständnis.

Hier ist Vorsicht geboten, denn die erste Wunde der Enttäuschung kann zu einer zweiten führen, wenn als Reaktion auf die natürliche Krise, die mit der Pubertät auftritt, die Enttäuschung einen dauerhaften Bruch zwischen Eltern und Kind bewirkt, der unter Umständen sogar bis zum Tod und darüber hinaus anhält.

Entwicklungsbedingte und schicksalhafte Krisen

Wir haben gesehen, dass die Pubertät ein biologisch erzwungener Ablöseprozess ist, ein Übergang vom Kind zum Jugendlichen. Erfahrungen, die wir in solchen Zeiten sammeln und positiv verarbeiten, lassen sich später in ähnlichen Situationen wieder in Anwendung bringen. Umgekehrt gilt, dass schlechte Erfahrungen aus solchen Übergangszeiten unter ähnlichen Umständen zu Krisen führen können.

Der bedeutendste durch die Entwicklung bedingte Übergang, eigentlich mehr ein Weltenübertritt, ist die Geburt, ein fast gewalttätiger, lebensgefährlicher Vorgang, den man lange Zeit als einzigen Entwicklungsprozess sogar medizinisch unterstützen zu müssen glaubte. Psychotherapeuten sagen, dass der Mensch sich zeit seines Lebens mit diesem Thema auseinander setzt, natürlich auf einer anderen Bewusstseinsebene. Einer der nächsten Übergänge, den die Entwicklung fordert, liegt zu Beginn der Schulzeit. An den kleinen Menschen werden nun völlig neue Anforderungen gestellt, er wird einer ungewohnten sozialen Umgebung überantwortet und er muss sich umorientieren. Denn dort gelten andere Werte als die, die er bisher gekannt hat. In diesem Licht gesehen erscheinen auch Kinderkrankheiten als Wandlungsprozesse, in denen sich der Körper reinigt und dadurch für die Anforderungen in seinem Leben stark macht. Weiter geht es mit fundamentalen Veränderungen,

wenn man sich zu einer Partnerschaft entschließt oder eine Familie gründet. Das Zusammenleben funktioniert nach anderen Regeln, stellt sich Nachwuchs ein, zwingt dies zu Umgestaltungen in der Beziehung zwischen Mann und Frau. Wenn die Kinder aus dem Haus gehen, müssen die Rollen von Vater und Mutter neu überdacht und Perspektiven für die zweite Lebenshälfte entwickelt werden, die nächsten Richtungsänderungen sind beim Austritt aus dem Beruf gefordert. Der letzte Übergang, den wir verarbeiten müssen, ist der in den Tod.
Des Weiteren sind wir den schicksalhaften Krisen ausgesetzt, die sich aus Einflüssen von außen ergeben, auf deren Verlauf wir keinen Einfluss haben, etwa bei Naturkatastrophen, Krieg, Arbeitslosigkeit, einem Unfall, dem Verlust von Besitz und dem Tod von Eltern, Freunden und Kindern. Doch schon wenn sich ein solcher Verlust zum Beispiel durch eine schwere Krankheit nur abzeichnet, kann es zur Krise kommen.

Viele müssen diese Erfahrung machen, wenn sie in der Mitte ihres Lebens stehen: Plötzlich sind sie mit der schweren Krankheit ihrer Eltern konfrontiert. Das Schicksal nimmt sich das Recht, auf seine grausame Weise zu zeigen, dass alles ein Ende hat. »So geht es nicht mehr weiter«, ziehen wohl viele ein Fazit, jedenfalls nicht so wie bisher. Wie bei der Mutter der pubertierenden Tochter gerät bei Menschen, die sich mit Krankheit auseinander setzen müssen, alles Bisherige ins Wanken. Das biologische Uhrwerk der Evolution verlangt gnadenlos ein Umdenken. Aus Vätern und Müttern, die für ihre eigene Familie sorgen, werden wieder Töchter und Söhne, die sich zusätzlich um ihre Eltern kümmern müssen. Treffend bezeichnet man sie als *Sandwich-Generation*, die ihre Verantwortung verdoppeln muss, für die nachfolgende und die vorausgehende Generation. Die Last, die ihnen aufgebürdet wird, wiegt dann bleischwer, wenn die Älteren nicht von ihrer Elternrolle lassen können. Sie waren es ihr Leben lang gewohnt, für ihre Kinder und Enkelkinder zu sorgen, und kommen nicht damit zurecht, jetzt auf diese angewiesen zu sein. Die Hilfe der ihren nehmen sie nicht an, sie lehnen sie glattweg ab. Sie können nicht mehr aus ihrer Elternrolle schlüpfen. Dieser Stillstand des leidenden alten Menschen endet nicht selten in einer Krise beim Helfer, der, meist in der Mitte seines Lebens, selbst in einem Veränderungsprozess gefangen ist.

In der eigenen Familie habe ich erlebt, welche Seelendramatik sich beim Anblick einer todkranken Mutter entwickeln kann. Im Bett liegt ein alter, schwacher und von schwerer Krankheit gezeichneter Mensch, für den Zukunft nur noch ein Begriff ist, ein Sinnbild für den Verfall des menschlichen Lebens. Dagegen stemmt sich die Erinnerung. Hat dieser Mensch einem doch das eigene Leben geschenkt, war er doch immer ein Quell von Kraft und Hoffnung, oft auch der letzte Anlaufpunkt. Auf seine Stütze konnte man sich verlassen. Das kleine Kind im erwachsenen Mann hat die Zeit nicht vergessen, als seine Mutter alles auf der Welt war. Zwar war der Junge inzwischen selbst Vater, selbst zu einem unübertrefflichen Vorbild geworden, trotzdem traf ihn mit der Krankheit der Mutter eine tiefe Verunsicherung, ein Gefühl der absoluten Einsamkeit. Im Grunde war es die Angst vor dem Verlust des eigenen Lebens, die Todesangst, entfacht von dieser einst so starken Frau, die im Sterben lag und jetzt die Hilfe ihrer Kinder brauchte. Sie mussten umschalten von der Empfänger- zur Geberrolle: »Unsere Mutter braucht jetzt Hilfe von uns!«

Durch Mangel wachsen

Gleichzeitig wurden alte Themen wieder aktuell, tauchten längst vergessene Konflikte wieder auf. Am schlimmsten waren die Vorwürfe: »Ach, hätte ich doch nur ...« Es könnte dann noch die Möglichkeit bestehen, über diese Themen zu sprechen, sogar um Verzeihung zu bitten. Meine Erfahrung war die, dass sich vieles im Angesicht der Endlichkeit relativiert, wenn nur kurze Zeit bis zum Abschiednehmen bleibt. Die ganz wichtigen Dinge, sie mussten schon wirklich wichtig sein, um dann noch Bestand zu haben. Aber oft wollten die Schuldgefühle nicht weichen. Irgendwo spukte der Gedanke, etwas mit der todkranken Mutter versäumt zu haben, wozu jetzt keine Zeit mehr blieb. Ich zweifelte daran, ob ich genügend zurückgegeben hatte, ob ich genügend gedankt hatte. Diese Wunden brachen immer wieder auf, dazu kam der Schmerz, die eigene Mutter alt und gebrechlich zu sehen.

Aber auch das muss ich gestehen. Bei all der Trauer und dem Schmerz, dem Mitleiden und Mitfühlen, spürte ich auch Wut. Sie war weniger auf die Kranke bezogen als auf das, was sie meiner Meinung nach versäumt hatte, mir mitzugeben. »Die anderen hatten mit ihren Eltern ein angenehmeres Los gezogen, vieles war für sie leichter«, dachte ich und: »Wenn es doch auch bei mir so gewesen wäre!« Ein irrealer Wunsch der Vergangenheit, das sagte der Verstand, das Gefühl widersprach. Mir half folgende Übung, die Situation leichter zu ertragen:

Heilsame Übung

Was wäre geworden, wenn ...?

Gehen Sie zurück zu einem Punkt in der Kindheit, den Sie selbst bestimmen. Was hat Ihnen dort gefehlt, aus der Sicht des heute Erwachsenen? Was hätten Ihr Vater, Ihre Mutter tun müssen, um Ihnen dieses Gefühl des Mangels zu ersparen? Hätten sie mehr mit Ihnen spielen, mehr unternehmen sollen? Oder waren es Kleinigkeiten, die Sie sich wünschten?
Jetzt stellen Sie sich vor, sie hätten Ihnen genau das gegeben, was sie Ihnen damals nicht geben wollten oder konnten, was Sie ihnen jetzt als Fehler anrechnen. Was hätte das in Ihrem Leben geändert, wer wären Sie eventuell in Ihrem Leben geworden? Spielen Sie diesen Gedanken bis zum jetzigen Zeitpunkt durch.
Diese Übung hilft, die innere Einstellung zu so genannten Fehlern der Eltern zu relativieren. Durch die Imagination verlieren sie ihre Strahlkraft und stehen sogar in neuem Licht da. Sie wären gar nicht das geworden, was Sie heute darstellen, ohne diese »Fehler«. Vielleicht haben diese Fehler Sie erst richtig stark gemacht. Manche Menschen sagen sogar, im Nachhinein seien sie froh, manches nie bekommen zu haben.

Auch wer im Streit gelebt hat und zunächst denkt: »Eigentlich bin ich ganz froh, dass der Tod der Beziehung ein Ende setzt«, wird merken, dass sich Freude nicht einstellen wird. Zu eng sind die Bande, sie müssen in Ordnung gebracht werden. Dazu gehört, sich mit den Vorwürfen, die im Raum stehen, auseinander zu setzen. Die *Heilsame Übung* kann wertvolle Dienste leisten. Mit ihr kann man die eigene Lebensgeschichte von einem anderen Punkt aus betrachten, der die Chance lässt, sich in die Eltern und ihre Motive einzufühlen. So könnte Ablehnung in Verständnis gewandelt werden. So könnte auch die Anerkennung der eigenen Leistung im Leben wachsen. Dies bringt die Erkenntnis, es auch ohne das so lang vergeblich von den Eltern Ersehnte geschafft zu haben. Irgendwo in mir, sagte ich mir, gibt es eine Kraft, die das alles »trotzdem« zuwege gebracht hat. So hat mir meine Mutter dadurch, dass sie mir nicht alles geben konnte, was ich mir gewünscht hätte, doch etwas gegeben, was ich allerdings erst später kennen und schätzen lernte: Es ist ein Stück meiner Identität, das geworden zu sein, was ich bin. Zum ersten Mal fühlte ich, was andere schon vor mir als »identisch mit sich selbst« genannt hatten. Die Fehler hatten mir geholfen, das Fehlende selbst zu entwickeln. Wer beispielsweise selten unterstützt wurde, wird es später als Geschenk verstehen lernen, Vorhaben auf eigene Faust in die Tat umsetzen zu können. Diese Hartnäckigkeit wird ihn kennzeichnen, Teil seiner Identität und Individualität sein.

Ich habe bei meiner Arbeit einige Menschen getroffen, die sich trotz naher endgültiger Trennung von den Eltern nicht zu einem Abschied durchringen konnten. Viele Gespräche wurden später notwendig, um Schlaflosigkeit oder Albträume zu verarbeiten, manche klagten gar über körperliche Beschwerden. Hätten sie das Sterben als eine Chance gesehen, endgültig alte Wunden zu heilen, wäre ihnen das erspart geblieben.

Chance, aber auch Gefahr

Krisen sind, das haben wir gesehen, das ganz Normale. An ihnen können wir wachsen und reifen. Sie setzen uns Gefühlen wie Bedrohung, Angst, Verunsicherung, Ohnmacht,

Orientierungslosigkeit und Verzweiflung aus, oder es klafft eine schier unerträgliche Leere in uns. Dies gehört zum Erleben jedes krisenhaften Zustandes. Allerdings bleibt im Normalfall jedem ein Rest seiner Steuerungsfähigkeit erhalten. Manchmal müssen wir sie erst suchen und wieder aktivieren. Danach rückt ein Neubeginn wieder ein Stück näher.

Werden Menschen aber, und das darf ich nicht verschweigen, immer wieder von solchen Zuständen derart überwältigt, dass es ihnen wirklich aus eigener Kraft nicht mehr möglich ist, ihre Steuerungsfähigkeit zurückzugewinnen, dann ist der Zeitpunkt gekommen, an dem professionelle Hilfe durch einen Arzt oder Therapeuten nötig wird. Denn in der Krise lauert auch die Gefahr. Sie beeinträchtigt nicht nur die Lebensqualität oder das Lebensgefühl, sondern sie bedroht auch das Leben selbst. Das Erlebte stellt dann alles andere in den Schatten, Schicksalsschläge werden als etwas erfahren, dessen niederschmetternde Wucht man nicht mehr aus eigener Kraft meistern kann. Leichtsinn im Umgang mit dieser Ausprägung von Krisen kann fatale Folgen haben.

Darüber hinaus gibt es Wunden, die sehr tief gründen, vielleicht ist der Zugang zu ihrem Verständnis nur noch über verborgene Ebenen der Seele zu schaffen. Unbemerkt oder höchst geschickt verdrängt bleiben die Verletzungen unbehandelt und beeinflussen unser Denken und Verhalten. Manche Wissenschaftler vermuten dort die Ursachen etwa für chronische Krankheiten

Eine weitere besondere Form der Wunden muss hier noch einmal erwähnt werden. Sicher haben Sie schon erlebt, dass Eltern und Kinder die gleichen Krisen haben oder dass in einer Familie immer wieder die gleichen Krisen auftauchen. Ein Schreiner, mit dem ich bei einem Interview auf dieses Thema kam und der gerade Vater geworden war, sagte frei heraus: »Ich bin der Erste aus meiner Familie, der kein uneheliches Kind hat.« Er selbst und sein Bruder waren in den Jahren des Wirtschaftswunders auf die Welt gekommen, ihre Mutter war nicht verheiratet, damals ein durchaus noch scheel beäugter »Zustand«. Die Vaterlosigkeit war ein ständiges Thema in der Kleinstadtfamilie. Sie stand als Warnung über dem Weg der Kinder ebenso wie als Schande über der Mutter. Der abwesende, aber bekannte Vater war das Ziel von großer Sehnsucht der Mutter, starkem Hass der Großeltern und Ablehnung der Kinder. Erst 30 Jahre später meldete sich eine fremde Frau bei der Mutter der beiden unehelichen Brüder. Sie lebte im Ausland, und wie sich herausstellte, war der Großvater der beiden in dem Land für eine Zeit im Krieg stationiert gewesen. Er hatte ebendiese Frau kennen gelernt, und aus ihrer Verbindung war eine Tochter hervorgegangen, die ebenfalls unehelich aufgewachsen war und ein uneheliches Kind hatte. Das Beispiel zeigt, dass sich nicht erlöste Wunden einer Generation auf die nächste übertragen. Die Herausforderung, der die Eltern nicht gewachsen sind, kann zum Schicksal für die Kinder werden. Sie haben jetzt die Chance, sich das Beispiel der Eltern vor Augen zu halten und zu entscheiden, ob sie dem eigenen Lebensentwurf deren Schema zugrunde legen wollen oder ob sie lieber eigene Bilder neben das »Vorbild« der Eltern stellen.

Der Anfang vom Ende der Krise

Wir haben in vielen Krisen die Chance, auf unsere eigenen Ressourcen zurückzugreifen. Aber selbst dann wird der Betroffene zunächst nicht zugänglich für rationale Argumente oder auch *Heilsame Übungen* sein, so sehr schottet sich die Seele vor weiteren Schäden ab, wie wir bereits gesehen haben. Dann dürfen wir es uns nicht als Schwäche auslegen, die Hilfe von Freunden und Partnern anzunehmen. Es ist im Gegenteil ein Zeichen von großer Stärke zu erkennen, dass man Unterstützung braucht - und auf diese zurückzugreifen, sei es von Freunden, sei es von Ärzten und Therapeuten. Nicht selten kommt es vor, dass der Außenstehende die Gefährlichkeit der Krisensituation besser einschätzt als der Betroffene selbst.

Die Neigung, sich in schwierigen Situationen erst einmal zurückzuziehen, nenne ich den menschlichen Krisenreflex. Wir möchten dann am liebsten alleine sein und alles auch am liebsten selbst lösen. Dabei liegt eine der größten Chancen, ein rettendes Seilende zu ergreifen, im Gespräch mit einem anderen Menschen. Aber gelähmt vom Schicksal gehen wir auf Distanz und leiden in der Isolation. Wir sind auf der Flucht, vor Menschen, vor Veränderungen, vor der Realität. Aber der Fliehende agiert nicht, er reagiert nur, er lässt sich hetzen, ohne sich bewusst zu machen, dass er hetzt. Das Gehetztsein wird zum Lebensgefühl. Gehetzte Menschen fühlen sich dann, als ob sie das Ruder nicht mehr in der Hand hätten. Sie haben es auch nicht selbst in der Hand. Ihre Phantasie rudert sie in eine permanente Überforderung. Sie wissen nicht, wo sie anfangen sollen, so groß ist die Last, die sie auf dem Rücken tragen müssen, wo sie sie nicht sehen können. Leichter wird sie erst, wenn sie den Sack abstellen und ihn anschauen. Oft steckt viel weniger darin als befürchtet.

Eine der überraschendsten Übungen, die ich die Leidtragenden dann machen lasse, funktioniert nach diesem Prinzip: Sie sollen ihre Krise vor sich hin stellen und sie befragen. »Wer bist du?«, »Was willst du mir zeigen?«, »Warum bist du gekommen?« Das hat nichts mit dem von Selbstmitleid getränkten »Warum gerade ich?« zu tun. Es geht um eine echte Auseinandersetzung mit dem Erlebten.

Die Flucht endet mit dem Anfang eines Dialogs. Bisher unterdrückte das Gefühl, nichts ausrichten zu können, jeglichen Handlungsansatz. Dadurch wuchs das Gefühl der Ohnmacht, gleichzeitig sank der Glaube an die eigenen Fähigkeiten. Mit den Fragen haben wir eine Möglichkeit, aus der passiven Rolle des Opfers herauszutreten und aktiver zu werden, ehrliche Antworten vorausgesetzt. Einen Dialog anzufangen ist der Anfang vom Ende der Krise.

Heilsame Übung

Krise, sprich!

Nehmen Sie ein Blatt und schreiben Sie alles auf, was Ihnen zu Ihrer Krise einfällt. Es braucht nicht geordnet zu sein. Dort können Wörter wie Mutlosigkeit, Enttäuschung, Trauer oder Wut stehen. Versuchen Sie erst, wenn Sie fertig sind, eine Ordnung herzustellen. Benutzen Sie dafür drei konzentrische Kreise. In den äußeren gehört das, was am wenigsten wichtig scheint. Der nächste Kreis nimmt Existenzielleres auf, etwa Verlorenheit in der Welt, Ausgeliefertsein oder Ähnliches. Im innersten Kreis wird das stehen, was Sie als schrecklichste Botschaft hinter der aktuellen Krise sehen.
Diese Übung hilft, die eigene Steuerungsfähigkeit zurückzugewinnen. Strukturen schaffen, für Ordnung sorgen, Verhältnisse klären – all das sind Merkmale von Steuerung, die Sie verloren zu haben glaubten und die Sie mit dieser schriftlichen Übung aktivieren können.

Manchen Menschen, mit denen ich arbeite, gebe ich noch mehr schriftliche Hausaufgaben, so auch der Mutter der pubertären Tochter. Zu wissen, was zu tun ist, erleichtert die schwierigsten Aufgaben und lenkt von der Panik ab. Feuerwehrleute, Polizisten oder Ärzte im Einsatz sind dann am effektivsten, wenn jeder Handgriff sitzt; dafür müssen sie ihre Aufgaben aber genau kennen. So hat die Mutter ihre neuen Herausforderungen aufgeschrieben: »Das Alleinsein lösen!«, »Abschied nehmen!«, »Die Hand reichen!« Zwar wird dadurch das Problem der Einsamkeit nicht gelöst, der nötige Abschied ist noch nicht genommen, und die versöhnende Hand nach einem Streit ist noch nicht gereicht. Aber in einer bis dahin undurchschaubaren Nebelwand von Problemen sind Punkte zu erkennen, an denen wir uns orientieren können. Diese Art der Konfrontation zeigt, in welchen zentralen Angelegenheiten wir tätig werden müssen. Richten wir diese nach konzentrischen Kreisen aus, werden uns auch die Prioritäten klar.

Arbeitslos und gedemütigt

Die Übung mit den Kreisen hilft, wieder in der Realität aufzuwachen. Was für Eltern gilt oder für Menschen, die einen Abschied von Geliebten verkraften müssen, gilt auch für das Schicksal der Arbeitslosigkeit. Acht Stunden und mehr pro Tag, jahre- und jahrzehntelang ausgefüllt mit Pflichten, liegen plötzlich brach. Diese Leere gilt es auszufüllen. Am Anfang steht immer die Frage, die auch die Mutter gestellt hat: »Was habe ich falsch gemacht?« Sie ist in diesem Fall auch berechtigt, denn Arbeitslosigkeit ist keine biologisch bedingte Wandlung im Laufe der Entwicklung. Einige der Kollegen haben unter Umständen ihre Stelle behalten, eine Tatsache, welche die Fehlersuche bei sich selbst verstärken sollte. Voller Selbstmitleid bezichtigen sich viele Entlassenen indes des Versagens. Hier wird ihre Wunde sichtbar: ein verletztes Selbstbild, das in

der neuen Situation eine Demütigung sieht, weil die eigene Unfähigkeit zur Schau gestellt wird. In solchen Situationen schämen wir uns: vor den Kollegen, vor Nachbarn, Partnern und Freunden. Vielen scheint der Boden unter den Füßen weggezogen, weil sie Angst haben, ihre Familie nicht mehr ernähren zu können. Zum einen ist die Sicherheit weggebrochen: Nichts ist mehr, wie es immer war und wie es geregelt war. Zum anderen liegt das Kommende noch im völligen Dunkel. In diesem Spagat zwischen nostalgischer Sehnsucht und furchtvoller Ablehnung hat die Wirklichkeit keinen Platz. Sie wird nicht gewollt, nicht wahrgenommen und nicht als Ausgangsbasis für Zukunftspläne genutzt. Deshalb ist es hilfreich, sich nicht nur die Frage »Was habe ich falsch gemacht?« zu stellen, sondern sich danach auch einer ehrlichen Antwort und ihren daraus folgenden Schlüssen zu stellen.
Das Notieren der Dinge, die jetzt zu tun sind, erleichtert das Ankommen in der Realität, ohne das die Krise nicht überwunden werden kann. Mit Träumen und Hoffen hat es noch niemand geschafft, nur mit einer Tat, und sei sie noch so einfach wie die, sich Notizen zu machen. Es mag fast zynisch anmuten, aber fragen Sie sich, was Sie jetzt machen wollen.
»Jetzt kann ich wenigstens mal das probieren, was ich schon immer machen wollte, auch wenn ich weniger Geld verdiene. Dann soll es wenigstens Spaß machen.« Ein Informatiker, dem gekündigt worden war, hat auf diese Weise versucht, sich selbstständig zu machen. Innerhalb weniger Tage hat er sich der Hilfe der zuständigen Ämter versichert und seine erzwungene Untätigkeit gegen seinen Traumberuf getauscht: Er fing an, für Motorradzeitschriften zu schreiben. »Ich habe nur eine Chance, wenn ich richtige Freude für das empfinde, was ich tue.« Dann nämlich springt dieser Funke auch über. Nach seinem Empfin-

den wurde ihm nämlich nur deswegen gekündigt, weil er gewisse Kriterien nicht erfüllen konnte, weil er zu wenig Ahnung hatte. Natürlich war dem nicht so, er war genauso erfahren wie seine Kollegen auch. Aber die Toleranz wird geringer, wenn man in einer Krise steckt. Man neigt dazu, alles auf sich zu beziehen und alles negativ zu interpretieren. So hat sich der Informatiker gefragt, und das war sehr mutig, ob er wohl auch deswegen seine Stelle verloren habe, weil sie nicht die richtige für ihn war. Nachdem er also einige Zeit nach der Kündigung gelitten hatte, fragte er sich weiter: »Was ist wohl mein Ding?« Als er »sein Ding« ausgemacht hatte, schoss ihm sofort ein bitteres Gefühl der Kränkung ins Herz, denn er merkte, wo seine Defizite lagen, an denen sein Wunsch zerschellen konnte. Aber er ließ sich nicht beirren, er fand heraus, wo Wissen und Ratschläge zu holen waren. Ich habe ihn oft getroffen, und seine Aufträge tröpfelten nur spärlich, die Verdienste lagen anfangs sehr niedrig. Ohne staatliche Zuschüsse hätte er diese Zeit wohl nicht überstanden. Das gab er unumwunden zu. Aber er war tätig, das war wichtig. Er antwortete auf die Krise nicht dadurch, dass er sich mit permanenter Resignation belastete, sondern mit Kreativität und Handlung. Jetzt richteten sich seine Sorgen auf die Zukunft, wie an Aufträge heranzukommen war, worüber er schreiben könnte, welche Ideen noch auf Verwirklichung warteten. Es war sicher nicht leicht, aber er hatte sich in einer schier ausweglosen Situation eine Aufgabe gegeben, die ihn ausfüllte und die ihm Freude bereitete. Er war ein Krisen-Regisseur geworden.

Rituale, Helfer in der Krise

Als mein Sohn noch klein war, erwartete er mich jeden Abend, wenn er nicht schlief. Kaum hatte er gehört, dass die Haustür aufging, rannte er mit kindlichem Geschrei und strahlenden Augen auf mich zu. Er wusste, sein Papa würde jetzt in die Hocke gehen und die Arme für ihn ausbreiten. War er dann glücklich gelandet, konnte der Abend beginnen, seine kleine Welt war in Ordnung. Wir beide machten das jeden Abend. Es war etwas, worauf er sich verlassen konnte, was sicher war und Sicherheit gab. Lief es so ab, war alles gut für ihn, lief es nicht so ab, fehlte ihm etwas, und er war traurig. Es war sein Ritual.
Gerade bei Kindern wird deutlich, wie Rituale wirken. In einer Welt, die sich permanent und mit rasender Geschwindigkeit ändert, ist nichts mehr sicher. Wir können uns nicht mehr auf das verlassen, was gestern war, denn heute könnte es bereits anders sein. Die Balance zwischen Altem und Neuem, Sicherheit und Freiheit hat sich verschoben: zu viel Neues, zu wenig Sicherheit. Wir wissen nicht mehr, was bleiben wird. Dies macht Angst. Hier erfüllen Rituale eine wichtige Funktion. Sie markieren Übergänge oder signalisieren: »Etwas bleibt gleich.« Die Menschen hatten früher eine Menge Rituale, die es heute nicht mehr gibt oder die an Bedeutung eingebüßt haben. Vieles ist uns auch nicht mehr bewusst. Es gab weltliche Rituale und solche, die religiös verwurzelt waren. Sie alle waren Eckpunkte im Tages- und Jahreslauf, die man ansteuerte und auf die man sich verlassen konnte. Manche bekamen eine zusätzliche Bedeutung, indem man sie feierte, zelebrierte. Denn es gehörte schon zum Wissen unserer Ahnen: Rituale habe eine starke Heilkraft für unsere Wunden.

Heilsame Übung

Schaffen Sie sich Rituale

Erinnern Sie sich an Rituale aus Ihrer eigenen Kindheit. Wie reagierten Ihre Eltern, als Sie sich fürchteten, wenn Sie sich verletzt oder Angst hatten? Rituale kann man aber auch erfinden. Bauen Sie in Ihren Tagesablauf zu verschiedenen Zeiten Rituale ein. Beginnen Sie Ihren Morgen etwa mit einem schönen Frühstück, treiben Sie zu einer bestimmten Uhrzeit Sport oder gönnen Sie sich einfach eine Auszeit. Wichtig ist, dass Sie dem Ritual eine Bedeutung geben, sich darauf freuen und es einhalten, immer zur gleichen Zeit oder zum gleichen Anlass.
Dies wird Ihnen helfen, den Tag zu strukturieren und schwierige Situationen in kleinere Einheiten zu gliedern. Gleichzeitig schaffen Sie sich Punkte, die im Wandel etwas Gleichbleibendes signalisieren.

Ich möchte näher auf Rituale eingehen, denn in ihnen liegt sehr viel von dieser Kraft, die uns zur Heilung verhelfen kann. Das Geheimnis besteht in ihrer richtigen Anwendung, denn erst die innere Bereitschaft macht eine Handlung zum Ritual.
Nach dem Stress eines langen Arbeitstages kann eine Dusche reine Wunder wirken. Doch kaum hat das Wasser aufgehört zu rauschen, haben uns oft die Probleme des vergangenen Tages wieder eingeholt. Ideal wäre es, die Wirkung der entspannenden Dusche nicht mit dem letzten Tropfen auf der Haut wegzuwischen. Dafür müsste man allerdings schon ganz anders beginnen. Seine Handgriffe »einfach so« zu setzen, weil man es immer so gemacht hat, ist bestenfalls eine gute Gewohnheit, die keine Kraft hat, uns die Lasten der Seele zu erleichtern. Aber wir können

die Gewohnheit mit dieser Kraft aufladen, indem wir nach dem Sinn unseres Tuns fragen. Was wollen wir mit der Dusche erreichen? Sie soll das Ende der Arbeitszeit markieren, wonach wir unbeschwert von deren Sorgen einen anderen Abschnitt des Tages beginnen wollen. Mit dieser geänderten Einstellung adeln wir einen einfachen Vorgang mit dem Prädikat »Ritual«, wenn wir ihm die Würdigung und nötige Achtsamkeit entgegenbringen.

Der Tagesablauf bietet eine Fülle von Möglichkeiten, zu denen wir in der richtigen geistigen Haltung Rituale einbauen können, die wir brauchen, um uns zu entspannen, zu verabschieden oder willkommen zu heißen. Dieses Wissen bedeutet das Ende der morgendlichen Hetze vom Bett ins Bad und vom Frühstückstisch ins Büro. In Zukunft könnte Ihr Wecker etwas früher klingeln, die zusätzliche Zeit schenken Sie sich zum langsamen Aufwachen, damit Sie nicht in den neuen Tag stürzen, sondern ihn in aller Ruhe erwarten. Prüfen Sie zum Beispiel vor dem Aufstehen, wie sich der Körper fühlt, welche Regionen Stärke ausstrahlen, welche heute eher geschont werden müssten. Vor dem Griff zum Frühstücksbrötchen, ob allein oder in der Familie, könnte eine kurze Besinnung, ein Gebet oder das Vorlesen eines Gedichts den Beginn der Mahlzeit zu etwas Besonderem machen. Das Gewohnte wird in seiner Tristesse enttarnt und gewinnt wieder einen Sinn, den wir nicht mehr erkannt haben. Rituale helfen uns, Alltäglichkeiten wieder ihre Bedeutung zurückzugeben. Es gab eine Zeit, als das Aufstehen keine Qual war, sondern den Beginn eines spannenden Tages für uns bedeutete, das Frühstück bot damals die erste Gelegenheit, mit den nahe stehenden Menschen zusammen zu sein. Die stetige Wiederkehr garantierte uns Sicherheit: Lief alles so ab wie immer, war das ein Zeichen dafür, dass alles in bester Ordnung war.

Selbst wenn in anderen Bereichen Schwierigkeiten aufgetreten waren, auf das Liebgewordene war Verlass. Es bot einen sicheren Hafen für die Seele, die sonst von Zweifel und Ängsten aus der Vertrautheit getrieben worden wäre. Erst in der permanenten Wiederholung manifestiert sich das Sichere und Vertraute, mit dem wir rechnen können. Kleine Kinder schlafen erst ein, nachdem sie ihre Gutenachtgeschichte gehört haben, sie wiegen sich dann in Sicherheit, gleich was der Tag ihnen an Problemen aufgeladen hatte.
Doch irgendwann im Laufe der Wiederholungen kann das Ritual zur Routine verhärten. Es birgt einen tieferen Sinn in sich, den wir nicht mehr zu erkennen in der Lage sind. Oder wir haben das Ritual ganz aufgegeben, weil wir uns seiner Bedeutung nicht bewusst waren. In der Folge leiden wir an entritualisierten, weil routinierten Abläufen. Weder auf einen Beginn noch auf das Ende lassen wir uns in einer solchen Weise ein, dass wir ihre Tragweite ermessen könnten. Aber genau darin liegt der Sinn von Ritualen: unser Handeln in Relation zur unermesslichen Kraft der Schöpfung zu setzen. Ein belangloses »Ciao« oder »Tschüss«, meist achtlos bei anderen Tätigkeiten dem Gehenden hinterhergeworfen, missachtet, welche Folgen ein Abschied haben könnte: Wer geht, der könnte nie wiederkommen. Diese Grausamkeit hält das Schicksal für jeden bereit. Ein Abschied in diesem Bewusstsein ist ungleich tiefer, vollzieht er sich doch in der Hoffnung und nicht in der Gewissheit, den lieben Menschen wieder zu sehen. Denn die jetzt miteinander gesprochenen Worte könnten die letzten sein. Und wie anders wird die Begrüßung nach einem solch tiefen Abschied ablaufen? Statt eines blutleeren »Hallo« erwarten den Wiederkommenden die ausgestreckte Hand und ein freundliches Wort. Auf beiden Seiten begleitet die Dankbarkeit das Geschenk des Wiedersehens.

Der Feind des Rituals ist die Routine

Bei sehr kranken oder alten Menschen, von denen wir uns nach einem Besuch verabschieden, kann uns diese neue Haltung stärken und uns während des unausweichlichen Trennungsprozesses zu einer Einstellung und einem Verhalten verhelfen, die der Situation angemessen sind. Fast täglich besuchte ich eine meiner Tanten, die im hohen Alter aufgrund ihres schlechten Zustands ins Krankenhaus eingeliefert worden war. Je näher sie ihrem Tod kam, desto intensiver wurden unsere Gespräche. Wir beide hatten erkannt, dass dem jetzigen Abschied keiner mehr folgen könnte, dass keine Zeit mehr bleiben könnte für weitere Worte. Die gemeinsamen Stunden wurden wertvoll, ich wollte nicht mehr auf sie verzichten. Belanglosigkeiten wollte ich fortan keinen Raum mehr geben, zu kostbar waren mir die Begegnungen, zu wenig Raum war für Routine. Ich hörte zu, wenn meine Tante sprach, ließ sie zu Ende reden und schenkte ihr all meine Aufmerksamkeit. Damals lernte ich die Macht von Ritualen zu schätzen. Der Handschlag zum Abschied, der Kuss oder eine liebevolle Umarmung waren keine Selbstverständlichkeiten, sondern wiesen mich in die Ordnung und bereiteten mich auf die letzte Konsequenz vor: den Tod. Jeder Abschied, bei dem wir uns mit Hilfe von Ritualen der Endlichkeit stellen, macht das endgültige Loslassen ein wenig leichter.

Das Bleibende im Wandel

Das Gleiche gilt natürlich auch für die Begrüßung, denn so wenig, wie wir es erwarten dürfen, jemanden wieder zu sehen, so wenig dürfen wir davon ausgehen, dass eine verabredete neue Begegnung stattfindet. Das haben gleich mehrere Teilnehmer eines Workshops erlebt, die mit mir auf den letzten Teilnehmer warteten. Er hatte schon angerufen und angekündigt, dass er etwas später kommen werde: »Ich bin gleich da, stellen Sie sich darauf ein.« Im Hintergrund war das laute Geräusch seines Wagens zu hören, weil er mit hoher Geschwindigkeit zu uns unterwegs war. Er kam nicht an. Ein weiterer Anruf setzte uns in Kenntnis über seinen Unfall und darüber, dass er unverletzt geblieben war. Noch nie hatte ich eine Begrüßung wie diejenige am nächsten Tag gesehen, als er den Seminarraum betrat. Fremde umarmten ihn wie einen Freund. Sie waren sich in dieser Zeit der Krise uralter vergessener Willkommensrituale bewusst geworden. Denn der Unfall erinnerte sie an die eigene Verletzlichkeit, mit der die Schöpfung sie in den Grenzen der Sterblichkeit hielt. Das Schicksal des Ankömmlings hatte sie zu Achtsamen gemacht. In der Dankbarkeit für die Rettung des anderen lag die Anerkennung der eigenen Machtlosigkeit. Mit einer achtlosen Begrüßung hätten sie diese Erkenntnis fast entweiht. Sie waren aus dem Trott gekommen, ja fast aus der Trance aufgewacht, in die sie eine bewusstlos machende Welt versetzt hatte.

Heilsame Übung

Rituale oder Routine

Forschen Sie nach gleich bleibenden Handlungen in Ihrem Tagesablauf. Sie könnten schon zu einem Trott verkommen sein: ein Handschlag, wie und wo Sie Ihren Mantel hinhängen, was Sie zuerst in Angriff nehmen, bevor Ihre Arbeit beginnt, wie Sie die Arbeit beenden. Machen Sie diesen Trott dadurch zu heilsamen, beruhigenden, anregenden

Ritualen, dass Sie ein wenig innehalten, bevor Sie mit ihnen beginnen. Wenn Sie etwa nach der Arbeit Sport treiben, machen Sie es nicht zwanghaft, sondern versuchen Sie, in ein anderes Körpergefühl einzusteigen. Sprechen Sie sich dies laut vor und warten Sie ein oder zwei Minuten, bis Sie anfangen. Mit dieser Übung machen Sie Ihren Sinn für das Neue frei, mit dem Ritual nehmen Sie dann auch leichter eine andere Einstellung ein.

Unsere besondere Art zu leben fordert uns noch mehr als früher auf, in Ritualen Schutz vor gravierenden Wunden zu suchen. Schon Kinder werden aus ihrer gewohnten Umgebung herausgerissen, weil die Eltern aus beruflichen Gründen die Stadt wechseln müssen. Die Erwachsenen ermessen dabei nicht, wie schrecklich ein Schulwechsel sein kann, wie schwer der Verlust von Freunden wiegt oder wie unsicher eine neue Umgebung machen kann. Statt die Kinder mit Ritualen auf dies alles vorzubereiten, lassen sie zu, dass diese von neuen Eindrücken völlig überflutet werden.

Von heute auf morgen ist alles anders: So beschreiben Kinder eine Katastrophe. Hier helfen so genannte *Übergangs-Ichs*, die schwere Zeit zu überstehen. Ein kleiner Teddy war schon lange vor dem Umzug immer dabei. Er repräsentiert das Bleibende im Wandel, das Alte im Neuen, an ihm kann sich die kindliche Seele festhalten. Aus der Gewissheit heraus, dass manches Wichtige beständig ist, auch wenn sich noch so viel ändert, wird sich das Kind auf das Neue einlassen. Es wird merken, dass vieles geblieben ist, wie es war, und wird sich weiter darauf verlassen können. An der Hand der Erinnerung wird es in die Gegenwart geführt. Auch ein Erwachsener kann sich ähnliche Hilfsmittel zunutze machen. Beim Umzug oder beim Wechsel der Arbeitsstelle kann man leicht etwas Gewohntes mitnehmen, manchmal sogar den Platz so gestalten, dass er dem bisherigen Umfeld sehr ähnlich sieht. Einer meiner Klienten bat nach einem langen Coaching, das ihn auf eine Bewerbung vorbereiten sollte, um einen »kleinen Trick«, der ihn an all das Besprochene erinnern sollte. Ich gab ihm einen kleinen Stein von meinem Tisch mit, mit dem er vorher unbewusst gespielt hatte. Auch solche *Hilfs-Ichs* können eine wunderbare Kraft entfalten, wenn wir uns von ihnen nicht auf Dauer abhängig machen. Bei meinem Klienten wirkte dieser Trick.

Rituale sind die Bausteine einer strukturierten Lebensführung, die dann wieder Sinn stiften, wenn alles sinnlos geworden ist. Denn oft resultiert die Sinnlosigkeit aus dem Verlust von Ritualen. Sich auf sie wieder zu besinnen und in vollem Bewusstsein ins Leben und Denken zu integrieren bedeutet, sich auch in der schwersten Zeit Inseln der Ruhe und der Hoffnung zu bewahren. Das Gewohnte und Bekannte, das uns wichtig ist, überdauert den Wandel, den wir mit Hilfe von Ritualen ordnen und kreativ gestalten können. Durch Rituale behalten wir auch in schweren Krisen einen Rest von Handlungsfähigkeit, die uns erlauben, als Regisseur zu agieren, und uns nicht zwingen, nur als Opfer zu reagieren. Dieses Bewusstsein ist nötig, um sich vom Alten leichter zu lösen und die Lektion zu lernen, die uns die Krise aufgibt: sich bewegen und sich dazu bewegen lassen, die immer gleichen Denk- und Handlungsmuster zu überdenken, zu überarbeiten und sinnvoll neue zu übernehmen.

Zusammenfassung

1. Es gibt entwicklungsbedingte und eher schicksalhaft bedingte Krisen.
2. Nicht geheilte Wunden können eine zweite Wunde auslösen.
3. In Krisen liegt nicht nur eine Chance, sondern in besonderen Fällen eine Gefahr, die nicht auf die leichte Schulter genommen werden darf.
4. Werden Sie aktiv: Setzen Sie die Krise vor sich hin und befragen Sie diese.
5. Legen Sie schriftlich fest, worin Ihre neuen Aufgaben bestehen.
6. Sie können Ihre Lebensgeschichte und -leistung unter einem heilsamen Licht sehen lernen.
7. Rituale haben die Kraft, unsere Wunden zu heilen.

Der Weg zum Heilsein führt auch über die Krise

Eine geänderte Einstellung fördert Ihre Genesung.

Nach der Lektüre des Buches geht es Ihnen vielleicht so wie vielen meiner Klienten. Von Kapitel zu Kapitel sind sie mehr und mehr zu einem Experten geworden, ein Experte im heilsamen Umgang mit Lebenskrisen. Sie werden die Frau, die ihren Mann an eine jüngere verlor, auf eine heilsame Spur zu bringen wissen. Sie wissen, welches Leid eine Kündigung mit sich bringen kann und warum es so schwer zu lindern ist; sie wissen, dass die Angst nur zu überwinden ist, indem wir durch sie hindurchgehen. Und Sie werden nicht mehr so leicht in Versuchung kommen, die Wunden eines anderen Menschen heilen zu wollen, die bei Ihnen selbst nach Heilung rufen. Denn Sie wissen, dass wir zuallererst unsere eigenen Hausaufgaben erledigen müssen.

Sie müssen nicht mehr perfekt sein, sondern gehen bewusster und liebevoller mit sich und Ihren vermeintlichen Fehlern um. Vor allem richten Sie Ihren Blick nicht mehr auf den Mangel, dafür mehr auf den Gewinn aus dem, was Sie erleben mussten. Sie sind verständnisvoller, demütiger und weiser geworden. Das werden Ihre Mitmenschen zuerst erkennen und unterschiedlich darauf reagieren. Ihre Kompetenz im Umgang mit Wunden wird mit jeder neuen Konfrontation wachsen. Sie sind auf dem Weg, ein wirk-

lich lebendiger, mitfühlender und freier Mensch zu sein, ein Lebenskünstler.
Wenn Sie mit dieser Weisheit des Herzens durchs Leben gehen, umgibt Sie eine geheimnisvolle Aura der Schönheit und Würde. Sie finden Freunde, von denen Sie nicht zu träumen wagten. Sie sind beliebt, ohne es sein zu müssen. Sie verstellen, verschließen und verbergen sich nicht mehr. Sie werden sich nicht mehr kritiklos allen Anforderungen unterwerfen, nur um Anerkennung und Erfolg zu haben, und Sie machen sich nicht mehr so leicht von solchen Eitelkeiten abhängig.
Wenn Sie so viel Weisheit und Würde ausstrahlen, dann können Sie nicht anders als zu lieben: sich selbst und die anderen mit all ihren Fehlern. Denn Sie kennen das wirkliche Geheimnis der Wunden. Sie wollen anderen helfen, ihr einzigartiges Leben zu leben. Ich möchte für Sie kurz zusammenfassen, *wie* Wunden heilen, und Ihnen diese Worte ans Herz legen, in der Überzeugung, dass Sie es schaffen werden, Ihre heilsamen Lebenskrisen zu meistern.

Wunden haben ihren Rhythmus. Die Taktschläge fallen in unterschiedlichen Abständen, in Tagen, Wochen, Monaten, Jahren, Generationen und ganzen Zeitaltern. Die ersten Taktschläge gehen meist im Lärm des Alltags unter, nur ganz leise, nebenbei dringen sie aus der Ferne zu uns. Doch beharrlich werden sie lauter und heftiger, die Pausen zwischen ihnen werden kürzer, bis sie nicht mehr zu überhören sind. Jetzt begleiten sie uns ständig und geben den Takt für unser Handeln an. So gewöhnt sind wir an sie, dass wir schon gar nicht mehr merken, wie wir unser Handeln nach unseren Wunden ausrichten. Irgendwann steigert sich das Tempo zu einem hämmernden Stakkato, dem wir nicht mehr ausweichen können. Auch wenn wir noch so fest Augen und Ohren verschließen, die Krise lässt sich

nicht mehr leugnen. Die Wunde ist aufgebrochen, und sie schmerzt.
Die Erlösung liegt in einem Nebel aus Angst, Unsicherheit und falschem Selbstwertgefühl verborgen. Aber wir wissen in unserem Inneren, dass in den Schmerzen der Wunde die Heilung liegt. In der Krise begegnen wir einer anderen Dimension, der spirituellen, die zwar erfahrbar, nicht aber erklärbar ist. Denn es gibt Räume, die dem Verstand und der Logik verschlossen bleiben, in denen nur die Kraft der Liebe und Hoffnung einen Zugang hat.

Neubestimmung von Werten

Das Überwinden einer Krise ist deswegen so erfüllend, weil wir beide Bereiche erlebt haben: die Nähe zum Untergang, zum Versagen, zum Schmerz, zur Verzweiflung, zum Tod; aber auch weil wir mit unserer inneren Stärke und Macht in Berührung gekommen sind, weil wir gemerkt haben, wozu wir fähig sind, welche Kräfte wir mobilisieren können. Im Rückblick auf dieses Erleben wird sich vieles relativieren. Gesundheit, Freude und Ruhe gewinnen einen ganz anderen Stellenwert, den wir nicht so leicht aufs Spiel setzen wollen, nachdem wir erkannt haben, wie flüchtig diese Dinge sind. Aufgrund ihrer neuen Bedeutung werden wir ihnen Vorrang vor dem blinden Streben nach Erfolg, Reichtum und Anerkennung einräumen. Um zu dieser neuen inneren Haltung zu kommen, sind Krisen notwendig. Sie führen uns an Grenzen und lehren uns, mit der Angst umzugehen. Dadurch reifen wir für unser neues Leben.
Nach schweren Zeiten lässt sich auch unser Selbstbild korrigieren, sodass wir uns so sehen, wie es unserer Realität entspricht, und nicht, wie wir es uns in übersteigerter Eigenliebe vorstellen. In der höchsten Not erwarteten wir

ungeteilte Aufmerksamkeit, Mitleid und Hilfe, so als ob sich alles um uns zu drehen hätte. Stattdessen dreht die Welt sich einfach weiter, jeder andere ist mit seinen eigenen Aufgaben beschäftigt, wir selbst sind nur ein kleiner Teil des Ganzen. Die Erkenntnis, nicht einmal in einer schweren Krise die wichtigste Person zu sein, um die sich alles dreht, schmerzt. Aber sie birgt auch Chancen, endlich aus dem Mittelpunkt, in den wir uns stellen, herauszutreten und in eine neue Form der Geborgenheit einzutreten, in der wir uns nicht mehr durch Blicke getrieben fühlen, keine Aufmerksamkeit mehr erheischen müssen, sondern in der uns genügend Zeit für das Wesentliche bleibt.

Gnade, Demut, Dankbarkeit

In einer Krise spüren wir die eigene Ohnmacht ganz deutlich. Plötzlich nützen unsere herkömmlichen Strategien nichts mehr, und wir fühlen uns in unserer Hilflosigkeit gefangen. Wie es anders weitergehen kann, haben wir in diesem Buch gesehen. Die Befreiung können wir teils aus eigener Kraft schaffen. Aber dazu ist noch etwas anderes notwendig, für das wir gar nichts tun können, außer bereit und offen dafür zu werden: die Gnade, Hilfe als ein Geschenk annehmen zu können. Menschen, die leiden, wehren sich oft gegen Medizin oder den Arzt, der ihnen helfen will. Sie wollen es lieber alleine schaffen, obwohl der Kampf aussichtslos ist und obwohl Linderung so einfach wäre. Die besten Methoden scheitern daran, dass die Herzen der Leidenden verschlossen bleiben. Manchen gelingt es erst nach viel Leid und vielen vergeblichen Versuchen, gesund zu werden, mancher ist davon überzeugt, gar nicht erst krank zu sein. Selbst die besten Therapeuten und Ärzte sind dann überfordert.

Diese Offenheit für Hilfe zu erlangen ist ein Zeichen von Gnade; sie muss gewährt werden, für sie kann man nichts tun. Wir müssen uns nur im Vertrauen darauf üben, uns in Demut von unserem Schicksal führen zu lassen, auch in eine schwere Krise. Im Annehmen der Krise und in der Anerkennung der eigenen Hilflosigkeit vollziehen wir einen paradoxen, aber den einzig möglichen Schritt hin zur Erlösung. Der Satz »Ich kann nicht mehr!« ist zwar das Eingeständnis der Ohnmacht, nicht aber der Niederlage. Denn wer aufgibt, nachgibt und loslässt, der kann seine Kräfte in die Zukunft richten und ein neues Leben beginnen. Sind wir am Ende heil, sogar geheilt aus der Krise hervorgegangen, fühlen wir tiefe Dankbarkeit. Und sie ist umso größer, je mehr wir uns auf unsere neue Situation einlassen und unser wiedergewonnenes Leben nicht mit dem alten, hinter uns gelassenen vergleichen.

Entscheidung zur Krise

Eine Entscheidung ist immer auch eine Entscheidung, die eine Krise oder eine Vielzahl von Krisen nach sich ziehen kann. Wer sich für die Elternschaft entscheidet, tut das in dem Wissen, dass sich die Kinder nicht so entwickeln könnten, wie die Eltern es sich wünschen. Sie ergreifen vielleicht einen Beruf, der ihnen gänzlich missfällt, oder erkennen die Werte der Erziehung nicht an. Im Berufsleben kann sich die Entscheidung für einen neuen Arbeitgeber als Fehlgriff erweisen, die eigene, unter großen Opfern gegründete Firma nach nur wenigen Monaten zahlungsunfähig sein. Aus Angst vor solchen unangenehmen Folgen scheuen viele vor Entscheidungen zurück. Sie bleiben auf der Stelle stehen und lassen ihre Kraftquelle für immer ungenutzt. Von Zeit zu Zeit packt sie eine Sehnsucht nach

Veränderung oder Abenteuer, sie wollen »aus dem Trott« herauskommen, aber keinen Schritt auf die Seite treten. Ihre Antworten werden immer ungenügend sein. Entscheidungen jedoch, die in dem Wissen getroffen werden, dass nicht immer alles glatt gehen kann, bejahen die Krisen. Und sie bejahen das Leben.

Entscheidung zwischen Macht und Ohnmacht

Sich furchtlos auf Schwierigkeiten einzustellen und trotzdem den Schritt zu wagen bedeutet noch eine weitere Bejahung: die der eigenen Person. Denn Menschen, die vor möglichen Schwierigkeiten nicht zurückschrecken und sich auf ihre Sicherheiten berufen, haben zum einen Vertrauen in ihre Fähigkeiten. Sie fühlen sich mit dem nötigen Rüstzeug ausgestattet, um Probleme zu meistern, das gibt ihnen Macht. Zum anderen geben sie aber auch ihrer Ohnmacht in sich genügend Raum. Denn was passieren wird, liegt nicht allein in ihrer Hand und ist nicht detailliert planbar. In dieser Balance zwischen Macht und Ohnmacht liegt die Chance zu wachsen. Ein Bergsteiger weiß, welche Dinge ihm bei seiner Tour passieren können. Jeder Aufbruch ist zwar ein Wagnis, das er eingehen muss, wenn er nicht unten stehen bleiben will, sondern ganz nach oben klettern, sich also in Richtung seiner Grenze bewegen möchte, wo er seinen Horizont erweitern und wachsen kann. Er kann sich auf seine Erfahrung, seine Fähigkeiten und sein Schicksal verlassen. Schon beim Aufbruch beginnt das Wachstum, dadurch, dass er spürt, wie wenig Einfluss er auf das hat, was auf ihn zukommt.

In der Ordnung aufgehoben

Dort, wo beide Balken eines Kreuzes sich begegnen, liegt sein Zentrum, im Spannungsfeld zwischen Freiheit und Sicherheit, Eigensinn und Liebesfähigkeit. Je weiter oben oder unten das Zentrum des Kreuzes liegt, je einseitiger es ist, desto mehr ist es von der Mitte entfernt. Es ist wie bei den Menschen. In seiner Mitte ist, wer sein richtiges Maß zwischen Altem und Neuen, Bewahren und Erschaffen gefunden hat. Bei jedem sind die Gewichtungen anders gesetzt. Bei jedem wird es aber darum gehen, das ihm Wesentliche zu finden und sein Leben danach auszurichten: Jeder wird die Bereiche so gewichten, dass er sich dieses Wesentliche in allen wichtigen Lebensbereichen wieder findet: in der Familie, in seinem Beruf, in den Hobbys und so weiter. Wenn ihm das glückt, dann lebt er seinem Wesen gemäß, er ist wieder wesentlich geworden.

Ein lebenslanger Prozess

Dieses Glück ist kein Ziel, das man nach einigen schwierigen Stationen erreicht und für immer sicher hat. Es will stets aufs Neue verfolgt werden, denn die Umstände ändern sich laufend. Aber dieses Glück ist möglich. In diesem Sinn gewinnen unsere Krisen eine neue Bedeutung: Die Wunden, die uns in Krisen führen, bieten uns eine Ahnung davon, wie es sein kann, in seiner Ordnung aufgehoben zu sein. Denn alles Schmerzende trägt die Tendenz der Heilung in sich und damit das Versprechen, dass Heilung möglich ist.

Dank

Ich danke euch, der FeinSchreiberei Melanie und Otto Lapp, dir, Albert Pietzko, dir, Hans Christian Meiser, und vielen Ungenannten. Ohne euch wäre dieses Buch so nicht möglich gewesen.

Hans Kreis

Deepak Chopra

Das Tor zu vollkommenem Glück

Ihr Zugang zum Energiefeld der unendlichen Möglichkeiten

Jeder Mensch macht ab und zu Erfahrungen, die er als überraschend und bemerkenswert empfindet. So entdecken wir etwa beim Umzug das längst verloren geglaubte Foto eines alten Schulfreundes – und wenige Tage darauf ruft er bei uns an und kann uns wertvolle Tipps für die neue Arbeitsstelle geben. Zufall? Nein, nach Deepak Chopra handelt es sich hier um Synchronizitäten, um Verbindung schaffende Muster des Universums. In diesem bahnbrechenden Buch erläutert Chopra die hier zugrunde liegenden Kräfte und beschreibt, wie wir diese Kräfte beeinflussen, unsere eigenen »Zufälle« gestalten sowie unsere Chancen in allen Lebensbereichen nutzen können.

Knaur
MensSana

Erhard F. Freitag

Heilende Gedanken

Affirmationen für ein erfülltes Leben

Dieses Buch lädt uns ein, sich täglich mit positiven Gedanken zu stärken, um das bislang Unerreichte möglich zu machen – in allen Lebensbereichen. Es bietet eine Auswahl hilfreicher Affirmationen für

- mehr Lebensfreude,
- stabile Gesundheit,
- ein besseres Miteinander in Liebe und Freundschaft
- sowie Erfolg in beruflichen und finanziellen Dingen.

Heilende Gedanken wird unser Leben verändern und kann so wertvoll werden wie ein guter Freund!

Knaur MensSana

Vera Peiffer

ABC des Positiven Denkens

Das Nachschlagewerk für alle Lebenslagen

Schwierigkeiten in der Schule, im Beruf oder im Beziehungsalltag wirken sich negativ auf Körper und Psyche aus. Vera Peiffer stellt in ihrem Buch leicht nachvollziehbare Mentaltechniken vor, die uns darin unterstützen, die unterschiedlichsten Probleme zu lösen und das Leben wieder positiver zu sehen. Ob durch Affirmationen, Positiv-Skripts, Visualisierungen oder konkrete Tipps von A bis Z – die Möglichkeiten sind so vielfältig wie das Leben selbst.

Knaur
MensSana